"十二五"国家重点图书

17

财政政治学译丛

刘守刚　魏　陆　主编

上海高校智库
上海财经大学公共政策与治理研究院

市場と制度の政治経済学

市场与制度的政治经济学

金子胜（金子 勝）　著
徐一睿　译

上海财经大学出版社

图书在版编目(CIP)数据

市场与制度的政治经济学/(日)金子胜著;徐一睿译. —上海:上海财经大学出版社,2021.11
(财政政治学译丛)
ISBN 978-7-5642-3798-1/F·3798

Ⅰ.①市… Ⅱ.①金… ②徐… Ⅲ.①政治经济学-研究 Ⅳ.①F0

中国版本图书馆 CIP 数据核字(2021)第 101418 号

图字:09-2021-0414 号

□ 责任编辑 吴晓群
□ 封面设计 张克瑶

市场与制度的政治经济学

金子胜
(金子 勝) 著
徐一睿 译

上海财经大学出版社出版发行
(上海市中山北一路 369 号 邮编 200083)
网 址:http://www.sufep.com
电子邮箱:webmaster @ sufep.com
全国新华书店经销
上海华业装璜印刷厂印刷装订
2021 年 11 月第 1 版 2021 年 11 月第 1 次印刷

710mm×1 000mm 1/16 13.25 印张(插页:2) 203 千字
定价:65.00 元

总　序

成立于2013年9月的上海财经大学公共政策与治理研究院，是由上海市教委重点建设的十大高校智库之一。通过建立多学科融合、协同研究、机制创新的科研平台，围绕财政、税收、医疗、教育、土地、社会保障、行政管理等领域，组织专家开展政策咨询和决策研究，致力于以问题为导向，破解中国经济社会发展中的难题，服务政府决策和满足社会需求，为政府提供公共政策与治理咨询报告，向社会传播公共政策与治理知识，在中国经济改革与社会发展中发挥“咨政启民”的“思想库”作用。

作为公共政策与治理研究的智库，在开展政策咨询和决策研究的同时，我们也关注公共政策与治理领域基础理论的深化与学科的拓展研究。特别地，我们支持从政治视角研究作为国家治理基础和重要支柱的财政制度，鼓励对财政制度构建和现实运行背后体现出来的政治意义及历史智慧进行深度探索。这样一种研究，著名财政学家马斯格雷夫早在其经典教材《财政理论与实践》中就命名为“财政政治学”。但在当前的中国财政学界，遵循马斯格雷夫指出的这一路径，突破经济学视野而从政治学角度研究财政问题，还比较少见。由此既局限了财政学科自身的发展，又不能满足社会对运用财税工具实现公平正义的要求。因此，有必要在中国财政学界呼吁拓展研究的范围，努力构建财政政治学学科。

“财政政治学”虽然尚不是我国学术界的正式名称，但在国外的教学和研究中有其丰富的内容。要在中国构建财政政治学学科，在坚持以“我”为主研究中国问题的同时，应该大量翻译西方学者在该领域的内容，以便为国内财政学者从政治维度研究财政问题提供借鉴。呈现在大家面前的丛书，正是在上海财经大学公共政策与治理研究院资助下形成的“财政政治学译丛”。

“财政政治学译丛”中的文本，主要从美英学者著作中精心选择而来，大致分为理论基础、现实制度与历史经验等几方面。译丛第一辑推出10本译著，未来根据需要和可能，将陆续选择其他相关文本翻译出版。

推进“财政政治学译丛”出版是公共政策与治理研究院的一项重点工程，我们将以努力促进政策研究和深化理论基础为己任，提升和推进政策和理论研究水平，引领学科发展，服务国家治理。

胡怡建

2015年5月15日

中文版序言

亚洲金融危机是一个转折点

20年前，本书在日本出版之时正处于1997年亚洲金融危机暴风的漩涡之中。本书校完之时，泰国的泰铢开始暴跌，并开始向中国、韩国等东亚国家转移。20世纪90年代初，日本出现房产泡沫，1997年11月北海道拓殖银行、山一证券、三洋证券等大型金融机构纷纷倒闭从而引发了金融危机。亚洲金融危机使东亚各国对经济政策和经济学的思考出现了一个巨大的转折。从经济学角度如何来理解这一转折？本书意在对此背景提供些许帮助。

当时，新古典派经济学作为主流经济学占据着学术界的制高点。新古典经济学学派有几个主要方向。一是用挤出效应(Crowding Out)来批评凯恩斯财政政策的以米尔顿·弗里德曼(Milton Friedman)为代表的货币主义者(Monetarism)。二是由主张社会保障的扩大会导致生产性停滞、资本不足、储蓄过小的马丁·费尔德斯坦(Martin Feldstein)等人，以及主张因增加税负反而导致税收减少的阿瑟·拉弗(Arthur Laffer)等人构成的“供给侧经济学”。三是由罗伯特·卢卡斯(Robert E. Lucas, Jr.)提出的理性预期学派。这些都正如巴罗—李嘉图等价定理所表示的，人们对于未来的展望都是基于经济合理性来加以判断的，因此通过财政赤字来推动的景气政策并没有效果。宏观经济学需要以微观为基础，因此应用微观经济学开始兴盛。

这种新古典派经济学的潮流，在20世纪80年代美国里根政权和英国撒切尔政权提出的“新自由主义”政策中得到体现。这是由加强减税、削减社保、放宽政府限制以及民营化等着眼于优先市场体系的政策汇总。这种政策体系否定政府通过财政货币政策进行干预，推动放宽行政限制，尽可能把市场行为交给市场体系决定。美国的财政部、华尔街、国际货币基金组织(IMF)等把这种政策体系打造成了“华盛顿共识”并以此来推动发展中国家的结构调整,以金融自由化为轴心来推动全球化。

进入20世纪90年代,欧美各国在推动全球化的同时,为了解决国内收入差距问题纷纷开始推出“第三条道路”(Third Way)路线。各国在国内纷纷加大针对移民、年轻的临时短期就业者、单亲家庭等低收入、低学历人群的照顾力度,从而实现“社会的包容”;对国外则强迫他国推动“新自由主义”经济政策。事实上,1997年夏天以后冲击了东亚各国的金融危机正是按照新古典派经济学要求实施的IMF结构调整政策所引起的。面对出现的泡沫破裂,往往会要求更为激进的市场体系“改革”,其结果则是不言而喻的。

随着金融自由化的深化,世界各地进入了泡沫经济出现并崩溃不断循环的时代。在经济衰退期,中央银行的量化宽松货币政策成为主流,主流经济学基本上强调“泡沫=‘投机’”的“经济合理性”作用,而不太讨论其“破坏性”。因此,主流经济学并没有针对泡沫破裂后如何正确处理不良贷款的方法。

如果无法正确处理不良贷款,而银行是建立在信贷基础之上的,那么危机就会蔓延并引发金融危机。实际上,就不良贷款作弊的问题,各个银行可能相互怀疑对方是否会倒闭,从而产生所谓的交易对手风险(Counterparty Risk)。短期拆放市场(Call Money Market)会因为无法获取资金而使各个银行只能到处去寻找存款人。为了防止这种情况出现,只能采取以下两种方法来解决:

一种方法是对呆账银行进行严格的资产评估,根据破产的可能性,对需要注意的贷款与正常贷款的类别加以区分,为贷款损失积累必要的备抵金,然后对公司进行重组。因此,如果银行缺乏足够的资本,政府就需要注入公共资金。

另一种方法是,如同欧洲一样,先将银行国有化,把坏账部分切割后转入清算银行(坏账银行),之后再慢慢处理,把剩余的健全部分重新民营化。

此后,无论是20世纪90年代后期的纳斯达克泡沫,还是2008年9月雷曼兄弟(Lehman Brothers)倒闭引发的雷曼危机,政府资金在救市中都起到了重要的作用。但是,在经济学或金融论的教科书中,并未就这种不良贷款应该如何处置给出答案。关于反复出现泡沫经济并破裂的资本主义转型,也只有海曼·明斯基(Hyman P. Minsky)的金融不稳定假设给出了部分讨论。在主流经济学中,投机或泡沫是一种"合理的"解释,并没有积极地对其"破坏性"加以说明。泡沫破裂后处理坏账的政策总是被当作"例外",然而现实中却必须经常这样做。

安全网的理论化

20世纪80年代后期,随着泡沫形成与泡沫破裂的反复出现,经济危机时有发生,资本主义也发生了巨大的变化,安全网的重要性越显突出。众所周知,安全网是马戏团表演中的空中飞人节目不可或缺的安全措施,因为有了安全网,表演空中飞人的演员才能毫无顾忌地表演。

安全网是一个古老的制度体系。截止到1866年,不定期发生的经济衰退导致银行倒闭并带来经济大萧条。但是,1866年出现经济大萧条的时候,正如白芝浩(Walter Bagehot)在其著作《伦巴第街》(*Lombard Street*,1873)中把中央银行定位为"最后贷款人",他的这一建议被接受后,经济大萧条就戛然而止了。卡尔·马克思(Karl Marx)虽然希望把大萧条与革命联系起来,但也因为大萧条的暂停而失去了正当性。

另一方面,一些主流的经济理论家也主张建立安全网,但并没有把安全网纳入理论的基本框架中。甚至哈耶克也接受了安全网的观点。然而,对于强调市场机制自主性的主流经济框架而言,安全网也许只是个"例外"。

相反,本书则认为,如果不嵌入安全网,市场机制就无法发挥作用,并对一般均衡理论本身的框架提出了质疑。除上述金融领域的安全网外,在劳动领域也需要建立劳动保护立法和福利国家制度从而形成安全网。在土地领域则需要对租赁权、农业和自然提供保护。

在新古典经济学中,基本的生产要素——资本、土地和劳动力,被视为存在"稀缺性"(在市场中无法生产),最有效的资源配置方式应该通过市场机制。而那些在市场机制中无法得到正确处理的"薄弱环节"则应该由安全网破例去拯救。然而,当人们正视泡沫破裂和社会差距扩大所造成的经济社会危机时,基本生产要素中出现的市场化边界才是最主要的问题所在。因此,当人类因战争或经济萧条而面临生存危机时,新的安全网就会形成,新的制度体系也会从中形成。

然而，在全球化不断扩张的情况下，以安全网为基础的制度体系在贸易关系中往往产生摩擦。历史上每个国家的安全网体系形成的过程截然不同，因而贸易谈判者之间互相采用的制度基础也各不相同。如果贸易谈判不在一个相同的经济政策和经济体系上达成一致，那么又该如何让贸易谈判达成一致呢？

那是一个新古典主义经济学的时代。如果把一般均衡意义上市场的“自动调节功能”作为一个普遍原则，那么每个国家独立形成的安全网（以及由此产生的制度体系）在经济上反被认为是低效的。而且，因为它是贸易关系协议的阻碍，所以必须取消它。在双边谈判中，则由强国强加给弱国。这就是美国在世界范围内强加给他国的“新自由主义”的意识形态，而体现这种意识形态的正是美国财政部、国际货币基金组织和华尔街形成的华盛顿共识。因此，国际货币基金组织的政策加剧了 1997 年的亚洲经济危机。

那我们应该怎么做呢？如果没有内置的安全网，“市场”就不可能成立。如果是这样，就必须承认，只有相互承认对方历史上建立的安全网，才能促进彼此之间的自由贸易。只有通过特殊性才能实现普遍性。

博弈论、信息经济学

随着新古典经济学逐渐显现它的局限性，以交易成本经济学和信息不对称为主的经济学提出了有限理性的假设，此后博弈论开始崭露头角。说到底，这些经济理论的新发展只是针对那些“例外”的情况，并不适用于作为中心教条的一般均衡理论，却在一般均衡理论的框架内无休止地不断扩大。从外部收益/外部成本开始，信息不对称、有限理性、交易成本等概念也是如此。乍一看，它们是新的经济学，但从这个意义上说，它们本质上只是新古典经济学的变体。

罗纳德·H. 科斯（Ronald H. Coase）的“法与经济学”作为一个独立领域生存了下来，也有人试图跳出新古典经济学的束缚，比如用行为经济学来加以解释。但是，这些试图扩大范围来说明公共部门显然是不合理的。特别是道格拉斯·诺斯（Douglass C. North）从经济史的角度尝试用交易成本来解释国家，似乎说明了理性选择理论的局限性。普选权、福利国家制度、宪法规定的生存权和社会权利、累进所得税和大额间接税、大型产业结构性转型等形态都是因为战争、萧条、革命而造成的。围绕着市场的各种制度体系由于面临生存威胁，才促进了对旧制度的破旧立新。这不是经济上的理性选择下形成的。19 世纪末的大萧条、第一次世界大战、20 世纪 30 年代的大萧条、第二次世界大战、石油冲击，以及现今的"新冠"病毒，都代表着时代的变化。

交易成本经济学和信息经济学一般会用于解释企业的存在原因和组织方式。曾几何时，被称为"日本第一"(Ezra Vogel)的日本经济，醉心于泡沫经济。信息经济学往往会使用丰田汽车这一典型事例来解释日本汽车工业的国际竞争力。在工人中形成的公司内部的技能培训和多工种的在职轮换、看板法压缩库存、及时交货和组织良好的供应链被描述为横向网络。然而，如果你读完本书第五章就会发现，这些日本公司特有的机制实际上不能用个人主义的交涉模式来解释。模型的假设与现实中丰田的生产体系存在着较大的差异。相反，应该说它是通过熟练的劳动管理来巧妙地获取企业忠诚度的机制。

分析日本经济的特点的框架

回想此后发生的事情，"日本第一"的时代随着泡沫经济的破灭而结束，日本经济进入停滞阶段，最终进入衰退阶段。日本产品在许多零部件的连锁技术上有优势，但随着数字化的发展，这种优势随着零部件的模块化而丧失。1986 年和 1991 年的日美半导体协议，抹杀了曾经被称为"日之丸半导体"[①]的半导体产业的竞争优势。这是因为半导体的量产和学习效应造成的价格下降遭到倾销规则禁止，而进口 20%的配额又逼迫日本不断购买外国制造的半导体。此后，超级计算机和以 TRON 为代表的操作系统(OS)也逐渐失去了竞争地位，在物联网技术(IoT)和信息通信技术(ICT)领域也越走越慢。

日本经济衰退的过程不能用新古典经济学的普遍模型及其变体来分析。这是因为这种主流经济学基本上是以效率为标准，而"失败"只能说是信息不对称、交易成本等普遍模型所产生的"低效率"。它缺乏分析日本经济特点的

① 所谓日之丸半导体，指的是代表日本的半导体。日之丸在这里泛指日本。——译者注

视角。因此，本书以基本生产要素的所有权和安全网为主轴，对制度结构加以分析，进而阐述日本经济的特性。基于制度的结构特征，日本企业有其独特的积累行为，从中可以更清晰的角度观察日本企业走向衰退的过程。

首先，在“劳动”方面，日本一直没有出现跨企业的工会，由于日本工会是基于长期雇佣习惯的企业内部工会，工会在企业管理上是配合的。这也是自石油冲击以来，其薪资是随着生产性增长速度的提高而提高的原因。

其次，在“土地”方面，受战后农地改革和购房政策的影响，日本的小规模土地所有权根深蒂固。人口的增加，造就了一个“土地神话”。对于个人而言，土地和不动产比现金和金融资产的遗产税要轻。而对于企业而言，土地资产按账面价值征税，土地价格上涨带来的“未实现收益”并未成为课税对象，这既是减少企业税收的一种手段，同时也是导致自 20 世纪 80 年代末以来土地泡沫的因素之一。国内的流量价格随着工资增速的回落而被压制，而房地产的存量价格却在上涨，流量与存量的价格走势形成了明显的对照。20 世纪 90 年代泡沫经济的崩溃和不良贷款处理的失败，成为日本经济衰落的起点。

日本经济的这些特点，造成了宏观变量之间的独特关系。自石油危机以来，每当世界经济陷入衰退，日本都会通过诱导日元贬值和降低薪资来抵御外部冲击。在两次石油冲击和 20 世纪 90 年代泡沫经济崩溃后，日本经济也是通过日元贬值和降低薪资得以复苏的。但是，如上所述，1986 年和 1991 年的日美半导体协议导致半导体和计算机等先进技术逐渐被边缘化，信息通信产业的整体衰落导致日本的产业国际竞争力开始下降。

因此，日本的实际薪资（或每小时的名义工资）自 1997 年（即本书出版的那一年）以来一直呈持续下降的趋势。这种薪资持续下降在国际上也被视为一种非常显著的特征。20 年来，收入中位数从 1995 年的 550 万日元下降到 2015 年的 428 万日元，累计减少了约 122 万日元。尽管受老龄化的影响，从工薪阶层到退休一代的老龄化程度不断提高，但如此大幅度的中产阶级收入下降，意味着中产阶级的解体和差距的扩大。日本已经不是一个平等的社会了。

为了阐明日本经济的特征，笔者推出了经济学中不存在的“病理学验证法”。它不是像一般的经济学中的“普遍模型”那样，用演绎的方法来证明“普遍模型”的“正确性”,而是用归纳的方法来证明现实中的机制。

这一病理学验证法是笔者在2004年与儿玉龙彦合著的《逆向系统科学:理解市场与生命的机制》(岩波新作)一书中提出的,是基于千禧年人类基因组解码后基因组科学的进展而提出的一种全新方式。在决定人体形态的基因中,只有2%的基因起到重要功效,而98%的基因(也就是以前被称为“垃圾基因”的基因)实际上起到的是对人体调节制约的功效。同样,我们需要不断观测经济变量之间的反常现象,从中发现多重反馈关系的问题点,使其暴露病理,并找出相应的治疗方法。

国际经济秩序的动态性

由于生产要素市场化存在边界,因此,只解释一个国家的经济机制并无法看清经济的活力。全球经济层面发生的重大变化也会与一个国家的变化产生共鸣。从英国的“不列颠治世”(Pax Britannica)到第二次世界大战后美国的“美利坚治世”(Pax Americana),盎格鲁一撒克逊人推崇自由贸易、自由交易和民主主义。本书中对“美利坚治世”这一表面上看似强大但实际上摇摇欲坠的现状加以了探讨,并试图寻找“美利坚治世”的合法性功能是怎样受到损伤这一问题的答案。

首先,要想成为世界霸主级强国,就必须有军事实力和轴心货币。然而,拥有庞大的军事力量,以军队压制国内政治,并导致国家财政不断膨胀,这与作为“自由主义”国家来维持国际秩序是不符的。英国的不列颠治世通过将军事重担压在其殖民地——印度身上,“解决”了这一矛盾。然而,第二次世界大战后,由于殖民地纷纷独立,这种做法就变得不再可能。随着美国国际经济实力的相对下降,美国正面临需要减少世界军事和财政负担的艰巨任务。美国的特朗普政府不断要求日本、韩国和德国等第二次世界大战战败国承担起这个负担,很明显美利坚治世已经开始步入末路。

其次,需要维护美元在国际货币体系中的轴心货币地位。自1971年以来,美元在国际货币体系中失去了需用美元换黄金的交换义务,成为“纸币本位”。但它仍以其优越的金融技术主导了金融业,最大限度地发挥了“纸币本位”的炼金术,维持着自己的霸主地位。然而,伴随着金融自由化,大量金融衍生产品的产生使经济周期变成了“泡沫周期”，每隔10年就会重现泡沫形成和泡沫破裂这一过程。最终导致了2008年9月的雷曼危机。

最后，本书还提到了随着全球化发展所引起的国际劳工移徙问题。全球化正在引发民族主义，破坏国际经济秩序。在本书脱稿后的2003年，伊拉克战争的失败和随后的叙利亚内战带来的大量难民，使得这一问题更加明显。许多国家不得不接收因战争导致的难民，而时任美国总统唐纳德·特朗普和英国首相鲍里斯·约翰逊则不断推动反移民并宣扬民粹主义。“新冠”病毒大流行也随之而来。这些民粹主义的政府在抗击传染病方面彻底失败，而因“新冠”病毒而形成的地理边界似乎让特朗普和约翰逊之流的主张更加清晰。从中可以发现，盎格鲁一撒克逊国家并没有能力创造未来的国际秩序。

本书是在1997年东亚经济危机爆发之前写的，但笔者认为本书的分析框架依然有效。

我在此感谢专修大学徐一睿教授和东京经济大学佐藤一光副教授为本书在中国的出版所提供的帮助。他们两位以前是我在庆应义塾大学的研究生，现在我和他们是亦师亦友。希望中国的读者朋友能够喜欢我的分析框架。谢谢！

金子胜

2021年8月25日

制度经济学家——金子胜

非常高兴能够看到金子胜老师的《市场与制度的政治经济学》一书的中译本在中国出版。这本书是他学术研究的核心，虽然不是论文，但是一本质量极高的关于制度经济学的理论和论证的著作。作为金子老师的学生，在这里我想代表众多金子老师的学生为大家介绍一下金子老师的生平和著作，以供中国读者了解，并希望读者可以更好地了解并学习他的制度经济学。

金子老师授业于东京大学(1975 年毕业于东京大学经济系)。在东京大学学习期间，他师承日本马克思主义财政学大家林隆久教授和德国财政学大家佐藤进教授，在两位教授的教导下，开始了他的研究生涯。起初，他致力于日本财政史的研究，但由于他查阅的历史文献无法公开写入其研究论文中，因此他放弃了对日本财政史的研究并开始了对 19 世纪英国财政的研究。当时，世界知名的宇野弘藏教授的发展阶段论是东京大学马克思经济学的主流理论。宇野学派的发展阶段理论包括三个阶段：重商主义、自由主义和帝国主义。当时的学术界对于 19 世纪的英国的理解是，可将其视为处于亚当·斯密提出的自由主义阶段，并实现了以自由放任为基础的“小政府”。

然而，在不断“质疑”的信念下，金子老师对英国财政史重新做了梳理。他发现，当时学术界的观点与 19 世纪英国的状况存在许多差异，问题似乎并没有那么简单。那些表面上看似以自由主义为主导的行政和财政改革，其实是英国废除前现代养老金待遇等特权并建立现代官僚制度的过程中的产物。此外，尽管英国财政本身看似一个“小政府”，但实际上英国的财政是由其殖民地(印度)的财政支撑起来的。由于金子老师批判了当时东京大学马克思经济学主流的宇野学派，因此，他无法留在东京大学任教(当时，金子老师已经是东京大学的助教)。金子老师对经济学的批判以及对那种简单粗暴地用“小政府还是大政府”这一二元论的学术风格的批评，从他开始搞学术研究至今从未改变。

离开东京大学后，他曾在茨城大学和法政大学工作，2000 年进入庆应义塾大学经济系担任教授。在此期间，他与东京大学的神野直彦教授（当时）一起展开了针对“安全网”的共同研究。1997 年金子老师在出版了本书以后，又发表了大量的研究成果和著作。同年，他在自由派杂志《世界》（日本最著名的杂志之一）发表了一篇题为“本末倒置的财政结构改革”的论文，自此以后成为家喻户晓的新锐经济学家。他对政府和主流经济学家的犀利批评，使他在日本电视的论坛节目上也大受欢迎，但他对经济问题的见解并不总是被大家充分理解。这是因为，在本书中金子老师特别强调，制度并非单一存在的，而是堆积起来的制度体，要把劳动、资本、土地等无法在市场中得以生产的基本生产要素作为市场交易对象的关键在于如何设置安全网。这主要得益于他独特的经济学风格。接着我们会为大家介绍几本金子老师的著作，希望大家能对他的研究有个全面的了解。

在日本，马克思经济学与现代经济学在经济系中共存，这是世界上的一个例外。马克思经济学与现代经济学之间存在着抑制关系，但同时又对社会形成了一种互补的功效，发挥着平衡器的作用。然而，由于两次石油危机的冲击，作为两者之间的凯恩斯主义逐渐失去影响力，日本经济学界开始向美国经济学转向。市场原理至上主义的新古典派经济学的影响力不断高涨。金子老师在本书中主要想探讨的是市场自动调节能力的问题，对于那些导致“市场失败”的政策，金子老师从市场自由主义的角度对既有的政策提出了辛辣的批评，因此，本书可视为一本“反经济学”的著作。20 世纪 90 年代，日本经济在泡沫破灭后停滞不前，放松管制，利用市场调整来振兴经济，这是当时的主流观点，而金子老师则认为需要通过改变对金融业的监管方式，建立安全网，才能够让市场重新恢复活力。

金子老师的论点显然是对“小政府”路线的批判，但也并非主张实现以福利国家为代表的“大政府”。日本的经济政策历来以公共建设项目为中心，公共建设项目对于日本地区之间的经济差距起到了诱导功效。但是，随着经济全球化的进展，“大政府”路线显然也遇到了巨大的“瓶颈”。在《反全球化》一书中，除了对“小政府”和“大政府”这一对立轴加以论述，还从“全球主义”和“民族主义”这一对立轴的角度出发，论证了市场交易并没有很好地对跨越民族国家国界后做出好的修正。为了使劳动力、资本、土地等基本生产要素在市场上顺利交易，金子老师指出重塑安全网的制度经济学策略是不可欠缺的。超越了民族国家的安全网建设，不管是在作为超国家组织发展起来的欧盟，还是在亚洲，都没有得到很好的解决。

金子老师一直在挑战主流经济学，不管是对新古典经济学还是马克思经济学。本书正是他理论的根源所在。与此书相对应的是《市场》一书。在《市场》一书中，金子老师对社会科学的核心方法论中所提及的“要素还原论”和“作为方法论的个人主义”提出了质疑，并加以论证。他指出，每个个体都存在根据本性不断寻求竞争的“强者”一面，也存在超越个人寻求成为共同体成员的“弱者”一面。如果我们用“强者”作出假设并让人们投身市场，人们反而有可能无法自由行动，这与安全网理论一样，人们把自己交给共同体或者国家同样也无法保障人们的自由。因此，我们需要超越单纯的二分法，重新构筑新的安全网战略。

《安全网的政治经济学》一书就是在对理论进行探讨后提出的具体处方。《安全网的政治经济学》是一本专业性很强的体制改革的建议书。关于制度改革战略，书中主要提出了以下五种：

(1)需要重新调整因市场和社会变革而功能失调的安全网，即针对基本生产要素市场化的边界来修改制度和规则，进行填补。

(2)并不是要走放松管制从而实现“小政府”的路线，也不是要走凯恩斯主义的“大政府”路线，而是要走出一条以财政中立为主轴推动制度、体制改革的全新之路，即需要通过对社会保障和财政制度进行调整来应对现实情况。

(3)这些体制改革摒弃了陈旧的二元对立思维。在这里并不存在“小政府还是大政府”“市场还是政府干预”“效率还是分配正义”，而是以“市场是由非市场的制度体系来稳固的”“个人无法承担的风险是由社会整体分担的，只有这种社会共性才能保障人们的自我决定权”“竞争与合作是相辅相成的”等为基础的。通过制度改革来创建新的制度和规则的过程中，需要满足历史对公共性和社会结构的需要。

(4)安全网的不稳定并不限于国内领域,以美国为中心的国际经济秩序的不稳定性趋于明显,民族国家的生存空间在不断地被压缩,因此需要从上下两端即民族国家的区域和地方两个层面对安全网进行重新考量。区域是超越民族国家的国际框架,而地方是指将国家职能划分到地方的自治分权框架。

(5)需要加大对包括人口老龄化和环境问题在内的面向成熟社会的制度改革力度。高增长已经成为过去,但人们往往无法忘却过去的辉煌,不断追逐高增长,这样只会带来更多对未来的焦虑。

这五种策略在今天的日本依然适用,而且可以说其战略意义越来越重要。同样,这对今后的中国也会起到一定的借鉴作用。

金子老师作为财政学家所提出的建议,可以归总于与东京大学的神野直彦教授(当时)合编的三本书:《给予地方税源》《面向福利政府的建议》《阻止财政崩溃》。在《给予地方税源》一书中,两位教授批判了英国地方税改革的失败和新古典经济学的地区间竞争模式,并提出针对地方等级需要,根据工作福利(Workfare)原则展开征收所得比例税工作从而对安全网体系做出全面的更替。以工作福利原则为基础的所得比例税,针对那些在家庭内部和地区社会展开的共同作业和相互扶助等从事不产出所得的活动,可以降低税收负担。而那些没有提供维持社会劳动的个人,则可以用更多的时间从事劳动并从其劳动成果中拿出一部分来通过纳税为地区做贡献。这些税收将用于维持地区的人际社会服务,如老人护理和儿童抚育等。通过对地方财政制度的整合在地方层面需要形成一套具有互助功能的全新安全网体系。

《面向福利政府的建议》一书则侧重讨论在地方等级以上的民族国家层面上如何重新替代安全网的问题。书中列举了在地方层面上无法做到风险分享的老年人退休后导致收入损失的问题,并建议制定根据收入比例来决定养老金的方式和由税收来提供最低限度的养老金的方案。书中还强调了需要将养老金的管理与国家分离,并指出了对其进行民主管理的重要性。虽然同时会存在根据个人主义原则实施的个人通过储蓄方式积累的基金养老金,但过度集中的福利国家制度会造成官僚制度并走向家长制,进而会剥夺人们的自主权。自由市场取向往往与强势国家结合在一起,这是一种伪命题。金子老师认为用成本和收益来计算代际的得失,并不能增强人们的自决权。

在《阻止财政崩溃》一书中，金子老师从财政赤字和债务累积的问题切入，这可以看作国家管理的一个永恒性问题。即使凯恩斯主义政策可能导致财政赤字的扩大，在经济转型期也无法排除安全网出现的功能障碍。但如果贸然想要通过增税减支来实现“小政府”以解决财政问题，这样只会加速各种社会问题的进一步扩大。这时就需要采取债务管理型国家的策略，将永远无法完整偿还的债务保存下来。同时应该果断地进行分权改革，在地方上建起一套安全网，通过居民自决的制度，构建一套不受财政赤字和债务累积影响的安全网体系。

那么金子老师主张的重新铺设安全网策略及其理论依据又是如何构建的呢？这就需要从金子老师的制度经济学的思考方式和方法论中去寻找。我们可以从金子老师与东京大学分子生物学教授儿玉达彦先生（当时）共同撰写的《逆向系统科学》一书中找到金子老师对于安全网制度设计的思路。社会是由一堆制度和规则的多重反馈组成的制度体。即使能够对这种多重反馈的全貌做出解释，也无法从根本上解决社会的问题。这就像我们无法通过分析生物体的整个基因组来了解基因的功能一样。

新古典经济学试图以遵循物理学的方式来理解社会，但要理解由多重反馈组成的经济和社会，也许我们更需要以生物学的方式来考量。我们应该从正在发生的社会问题出发，找出支撑基本生产要素市场化的安全网到底哪里出了问题。解读社会的关键是控制系统（制度），它处于个体与整体的中间区域，无论是注重个体的要素还原论（方法论的个人主义），还是全体主义（如资本的结构主义），都无法触及市场的本质。在这种思维路径下，系统的功能并非通过演绎法来定义，而是要对各种制度体系的结合体所持有的控制系统中存在的多重反馈功能进行实证分析，从而接近经济和社会的整体问题，这正是金子老师提倡的“逆向系统学”。金子老师独特的制度经济学理论是在逆向系统学的思想下孕育出来的。

从金子老师写下此书到现在已经过去了二十多年，世界似乎已经发生了巨大的改变。发达国家全面陷入长期停滞，气候变化等环境问题没有得到解决，中美贸易战有了新冷战的雏形，人工智能和ITC的发展令人眼花缭乱，外加现今又出现了新冠肺炎（COVID-19）之乱。然而，正是在这个社会大变革的时期，本书的方法应该重新得到重视。因为正是在面临社会危机导致的制度非线性变化的时候，我们才需要通过逆向系统研究来暴露制度的失灵，从而重新设计出超越二元对立的解决方案。这个解决方案并不是指向因赤裸裸的个人竞争而出现的对抗和停滞，也不是指向因民族主义和全能主义而出现的压迫和排斥，而是需要根据共同体、公共性和公平性的精神实现每个个体可以做出的自我决定，只有这样，人类与社会才能不断发展。

东京经济大学 佐藤一光

参考文献

神野直彦、金子勝編著(1998)『地方に税源を』東洋経済新報社。

神野直彦、金子勝編著(1999)『福祉政府への提言:社会保障の新体系を構想する』岩波書店。

神野直彦、金子勝(2000)『財政崩壊を食い止める:債務管理型国家の構想』岩波書店。

金子勝編著(1996)『現代資本主義とセイフティ・ネット:市場と非市場の関係』法政大学出版局。

金子勝(1997)『市場と制度の政治経済学』東京大学出版会。

——(1999)『反経済学:市場主義的リベラリズムの限界』新書館。

——(1999)『反グローバリズム:市場改革の戦略的思考』。

——(1999)『セーフティーネットの政治経済学』ちくま新書。

——(1999)『市場(思考のフロンティア)』岩波書店。

金子勝、児玉龍彦(2004)『逆システム学:市場と生命のしくみを解き明かす』岩波新書。

序　章

对于经济学的研究者来说，经济学被重新嵌入政治与社会范畴完全是一种愚蠢的做法。亚当·斯密（Adam Smith）写下了《法理学讲义》《道德情操论》《国富论》，并据此把经济学构建成一套独立的学问体系，而现今可以将其视为一种"倒退"。为了在混沌的时代背景下彻底解释当今世界，就必须正确地面对经济学的基础上存在的问题。也许表明自己的信念也是一种方法，但质疑在新古典派经济学和马克思经济学中那些被视为"常识"的论点更为重要。在本文中会出现多个观点，但笔者想说的基本内容并不复杂。

第一，我们需要重新回到经济学的起点，先从瓦解作为经济学前提的以下二分法开始。一是公有（公共部门）与私有（私人部门）层面的所有权论二分法，二是国家与个人层面的二分法。这两种二分法与市场和非市场的二分法相互重合，构筑起了"市场＝私人部门＝个人"与"非市场＝公共部门＝国家"这一简单的形态。但是这与公共产品的理论不同，我们认为市场经济的边界——市场领域与非市场领域的界线，存在于作为经济学的出发点的三大生产要素中。这三大生产要素（或称为基本生产要素）分别为土地、劳动、资本。对于这些生产要素，普通的经济学教科书会提出"稀缺性"的定义，接着通过市场来实现最为有效的资源分配。但是，卡尔·波兰尼（Karl Polanyi）提出的虚拟商品概念中指出，这些生产要素其实并不完全能实现商品化，而是被人为地通过设置所有权来实现契约关系，将其构建成一种社会制度，并在局部的市场经济中实现交易活动。这里存在一个极为重要的问题，那就是如果从最为孱弱的部分开始依次从生产要素市场加以排除，那么，在某一个时点的市场社会整体的秩序就会走向崩溃。虽然出现的规模有大有小，但人类已经经历多次这样的结构变化。即使这样，主流经济学针对无法适应市场化处理的生产要素仅仅用“稀缺性”来加以解释，从根本上将其视为被排除对象来自圆其说，显然是有问题的。

在国家登场之前，土地、劳动、资本这样的生产要素的市场化边界由企业、工会、职业团体、宗教团体、地区团体和非营利团体等中间团体维持。当然在很多发展中国家，家族和共同体也发挥了重要的作用。国家的作用取决于这些中间团体所发挥的社会经济功能。因此，在绘制社会蓝图的时候，如何定位这些中间团体所起到的媒介作用极其重要。所以我们需要舍弃国家对个人的二分法。

第二，如果三大生产要素的市场化存在边界，那么，各个国家的国民经济是如何来解决这个边界从而让市场发挥应有的功能？这与各个国家所固有的制度体系紧密相关。追溯历史，市民革命以及在摆脱殖民地的过程中所确立的私有权原型是伴随着所有权结构以及整合所有权结构的社会组织原理的形成而出现的。这种原型，在经历了两次世界大战和大恐慌以及此后的石油危机后得以重组。市场经济并不能做到自我实现，制度结构是从市场经济的裂缝中产生的。这种裂缝的扩大导致既有的习惯行为方式无法对应，相互间所产生的摩擦使得制度不断进化。这种历史性的结构变化与以市场经济的等质性为前提的新古典经济学的框架完全不同，与以生产力和生产模式（或者复杂的组合）、上层建筑和下层建筑为前提的马克思主义的社会也不相同。

经济学不管是否有意识，在分析社会时已被赋予抽象的人格化假设。但是，新古典派经济学所展示的经济人（Homo Economics）毕竟是一种虚拟出来的产物，而马克思主义所构思的经济不平等也并不一定会带来阶级意识。所有的社会都无法回避是否可以把超越制度的人类本性抽象化。与之前相比，如今的规则是比较缓和的，其中可以包含各种文化和制度。我们不畏惧因为简单化而带来的错误，并且明确了近代人类生存的“个人的自我决定权”与“共同性”的紧张关系。这一观点很简单。首先，人们可以感觉到自己行使的“个人的自我决定权”，仅仅局限于由各个个人形成的“共同性”规范和道德准则。其次，为了保障“个人的自我决定权”，推动贯彻了三大生产要素（土地、劳动、货币)的私有权,会碰到市场化的边界这一壁垒,从而破坏了“共同性”的规范和道德准则。因此,两者之间必须实现相辅相成的结合。最后,在以上论述中已经提及某一个国家固有的所有权结构和社会组织结构原理会产生一种独特的“个人的自我决定权”和“共同性”的结合关系,我们需要在这两者存在的紧张关系中来思考社会的政治经济学。

第三,这一研究方向必然会朝着西欧近代的“普世价值”的相对化方向发展。至今,自由主义、民主主义、个人主义、地方自治等各类价值观都被视为在市场机制下能够实现自动协调。但是,在以三大生产要素的市场化为起点的“所有权结构和社会组织结构原理”中,这些价值观的内部存在着明显的紧张关系。但是,仅仅把西欧近代相对化依然不够,还需要将日本自身相对化。20世纪80年代以后,日本经济以开发主义(发展)为基础的讨论畅行。日本的普遍主义的讨论完全缺乏知性的平衡,只能够看到一些彻底的价值相对主义的普遍内容。特别是日本的社会科学,从福泽谕吉的“脱亚入欧”到西田几多郎、和迁哲郎,以及讲座派与劳农派的对立,再到在欧美近代普世主义与日本普世主义之间不断地来回摇摆。

第四,笔者认为,随着美利坚治世的动摇,生产要素(特别是资本和劳动)的国际移动的大幅度提高,现代世界主义(Internationalism)与民族主义(Nationalism)的相克关系将不断激化。资本和劳动的国际移动会让以国民国家为前提的经济政策和福利国家的各种制度产生巨大震荡。相反,由于土地是不可移动的非贸易商品,在浮动汇率制下伴随着金融自由化,土地将成为投机和泡沫的对象。而受限于土地和自然的农业在自由贸易体制下的边界也将逐渐明显。但是如果不存在单一的具有法律和行政权力的世界政府或者世界货币,上述以国民国家框架为前提的“摩擦和协调”的各种问题就无法得到很好的解决。

原本市场经济是从共同体和国家间产生的,不断地跨越界线、不断地膨胀起来的。资本主义,是因为需要完成劳动、土地、货币等生产要素的市场化这一国民国家的需求而人为构筑起来的。生产要素的国际移动不断激化必将导致原本完全不同起源的“世界市场”与“国民国家”这两种框架之间的冲突。为解决这一问题,世界主义与民族主义的冲突也将不断激化。如果要捕捉现代这一时代的“大转型”，就必须重温卡尔·波兰尼的著作。对霸权国家与“自由主义”理念的关系、国际货币体制和国际贸易体制的动态、国际劳动力移动与福利国家体制的动摇等进行逐一探讨。因为我们需要透视“现代”这一时代，对世界主义与民族主义的冲突，也有必要将这一时代的基石所存在的历史意义加以探讨。

目　录

第一章　市场领域与非市场领域
——超越所有权理论的二分法

第一节　公共产品的理论陷阱

首先从经济学的出发点开始。我们的问题很简单。资本主义经济中的市场领域与非市场领域的界线在哪里？不管是新古典派经济学还是马克思经济学，虽然给出的理由截然不同，但回答却是一致的，即所有权主体如果是私人部门，那就是市场领域，反之，所有权主体若是公共部门，则是非市场领域。这一关于所有权的二分法决定了市场领域与非市场领域的界线。那么哪些领域应该由政府或者公共部门来承担？新古典派经济学主张，市场行为才是最有效的，公共部门提供产品和服务会导致“政府失败”，应该彻底让市场发挥作用。但即使如此，市场经济中依然需要国家，也需要政府发挥其应有的作用，这又是为什么呢？

关于以上问题，新古典派经济学本身并没有很好的理论来回应。米尔顿·弗里德曼把规定财产权、货币制度、国防、警察、裁判制度等列为负面清单，并将这些视为“必要的邪恶”。这只是在理论的“外部”设定的一个“条件”。在第二章中会详细探讨建立在功利主义传统基础上的各种理论，以及无法从社会的内部导出国家与政府的理论。公共部门的存在和政府干预的作用只能从公共产品的理论以及外部收益/外部成本的角度解释“市场的失败”。虽然极端的新古典派经济学比起“市场失败”会更多地强调“政府失败”，但这一理论也并非无法与公共产品的理论共存。

在我写过的论文(法政大学比较经济研究所,金子胜,1996)中已经指出,公共产品的理论是建立在非常简单的假设基础上的。

其一,拥有非排斥性或者非竞争性的产品和服务可以称为公共产品。所谓的非排斥性,指的是没有支付费用的个人在消费产品和服务的过程中不被排斥的特性。非竞争性,指的是某一个个体的消费不会减少他人消费的特性。这种公共产品的理论,从产品和服务的本质上划出了市场领域与非市场领域的分界线。

其二,如果要寻求公共产品的最优供给水平,就需要把已经被排除在市场经济以外的公共产品重新放回一般均衡模型中(P. Samuelson,1954,1955)。即使并非以市场机制为前提条件,公共产品也需要假定设置一种内含价格(这里所指的是税收价格)。在同一条生产可能曲线上,公共产品和私人产品都是可代替的。从这里可以看出,个人在选择私人产品和公共产品时,被假设为能够独立地对效用做出明确的判断,具有极强的合理性。而且,各个个体内部存在的私人产品和公共产品的边际替代率的总和应该与私人产品和公共产品的边际转换率一致。这样才能得出满足了帕累托效率性的公共产品的最优供给水平。

其三,重新回归新古典派的出发点。公共产品的供给并非由市场决定的,而是由政治决定的集中供给、等量消费的过程。因此,只要不存在可以掌握每一个个体的供求曲线的全知全能的计划者,就无法对公共产品的需求做出正确的判断。对于公共产品的税收价格与私人产品的价格差,人们会刻意隐瞒。这就是所谓的"搭便车"现象。这种从理论的角度来求解公共产品的最优供给水平完全是建立在一种假设情况下的。为了很好地体现人们对公共产品的需求,需要对投票过程加以深入探讨。由此,社会选择理论应运而生。但是,在这种社会选择理论中,人们的偏好的组合如果不是单峰型(Single-peaked Case),就无法获取唯一的答案,从而陷入肯尼斯·阿罗主张的"投票悖论"中(K. J. Arrow,1963)。很明显,问题又回到了出发点。

对于新古典派的理论来说,从产品的性质出发,如果能够解除公共产品的理论前提,把包括"公共产品"在内的所有产品都能完成与私人产品的替代,那么,一般均衡模型的理论就会贯彻得更加完美。但如果是这样,遵循经济人行为的人们为什么要把共同的“公共产品”排除在市场之外而构建政府呢?这从理论依据上是无法解释的,至少作为新古典派经济学前提的经济人假设——追寻成本最小化的同时实现效用最大化的相互完全独立的计算功利主义的主体——无法支撑将某一个特定的产品从市场排除并通过共同化来形成政府部门。因此,新古典派经济学有必要事先对公共产品的非排斥性和非竞争性这两个特性的定义进行理论上的操控。因为根据产品的不同性质,政府的作用和范围是事先就已经自动决定的,所以就无须用经济人假设内生地解释政府部门的形成和存在依据,就可以把这些问题排除在一般均衡模型之外。

定义了产品性质的公共产品后,我们再把问题拉回到起点。为了获取最优供给水平,把公共产品放入一般均衡模型后,这些已经做出定义的具有非排斥性和非竞争性的公共产品则会重新面临与私人产品的竞争。由于个人的效用函数内部公共产品和私人产品之间需要进行比较衡量,因此市场机制仍然需要合理性选择这一前提条件。但是,新古典派经济学除了市场机制以外并非不存在个人的效用判断体系的理论依据。所以,公共产品只能重新从产品特性的规定来加以限制。

但是这依然无法解决问题,因为对“公共产品”的定义也存在问题。不管是从历史的纵向角度还是从国际比较的横向角度来看,作为公共产品标准的非排斥性和非竞争性都不是产品和服务本身附带的特有性质。比如,从警察服务来看,依然有部分服务是由私人的警备公司提供,自发组织的治安会等非公非私的组织在社会上也很普遍。同样,在发展中国家,军队作为“纯公共产品”,也并非完全是公共产品,大地主、大资本家往往拥有自己的小规模军队。在美国,个体公民自己可以持有武器来保护自己的生命和财产。军队和警察本身并不具有非排斥性和非竞争性,国家垄断了暴力,最终这些服务看似“纯公共产品”而已。因此,在不同的历史发展阶段,每个国家的供给方式是完全不同的。

法院也一样。事实上现今大多数的损害赔偿案件是由私人保险公司代理的。有的国家的社会内部通过习惯、道德、规则等取代法院系统来解决社会问题,比如在伊斯兰教、基督教、印度教等多宗教并存的国家,西欧近代的普通法和法院系统并不能得到很好的实施。再看医疗和教育等被称为有益品(Merit Good)和社会产品(Social Goods)(R. A. Musgrave,1973),其供应方式就更加多样了。如果要追寻作为公共产品依据的非排斥性和非竞争性,那么这些产品和服务的本质就需要超越社会结构和历史时点的不同而存在普遍性。但是,如上所述,就算是那些现今被视为"纯公共产品"的产品和服务,其实也并非完全由公共部门来提供,这些产品和服务是否由公共部门处理,与其说是由产品和服务的本质决定的,不如说是由每个特定的社会存在的社会关系决定的。

第二节　三大生产要素市场化的边界

如果要从产品和服务的本质这一实体经济规则出发,还不如从既有经济学出发点的资本、土地和劳动力这三大生产要素市场中寻找隐藏着的市场领域与非市场领域的分界线。这些产品本身就存在排斥市场行为的性质,因为这些产品的市场化本来就存在边界。所以,不管是哪个国家,都需要面对这样的市场化边界,在各个国家内部形成了一套各国所特有的生产要素市场的制度。这是各国存在不同制度结构并不断进化演变的根本所在。

如今随着国家之间相互依存度的高涨,各国的生产要素市场存在的制度差异是发生国际贸易摩擦的主要因素。每个国家生产要素市场的各种制度的不一致是不容置疑的。各国所发生的经济困难的根本原因在于生产要素市场化的边界问题。在石油危机后向浮动汇率制和金融自由化转移的过程中所带来的国际货币体制的不稳定,各个发达国家对土地和股票投机的扩散以及泡沫经济的崩溃,为解决债务累积和国内不良债权发展中国家的政府大规模干预市场,劳资关系和系列资本关系等制度的国际贸易摩擦问题,劳动人口的老龄化和福利国家体制的转换过程中伴随着移民、少数人群与社会大众的冲突,维持国际自由贸易体制和农业自由化等,都是生产要素市场化边界的不同表达。

但既有的经济学并没有很好地解决这些问题的框架。一般普通的教科书认为,只要对三大生产要素添加"稀缺性"的限制,接着就可以交给市场机制,在市场的框架下完成稀缺资源的最优分配。也就是说，生产要素的市场化的边界是当今最根本的问题，却被压缩在“稀缺性”这一抽象概念范围内，在理论的起点就做出了不存在任何问题的假设。在这种框架下根本无法解释世界正在面临的经济结构问题。那么，生产要素市场化的边界的根本是什么？

一、劳动力市场化的边界

首先来看劳动力。劳动力和土地、资本一样，所有权是人为设定的市场，但其交易的本质与土地和资本不同。土地和资本本身可以成为一种所有的对象，在个人间进行所有权转移，其主体与客体是分离的。人（主体）可以出售或者购买土地和资本（客体）。从中可以观察到“自由”的处置权（自我决定权）的存在。但劳动力则完全不同。所有人（主体）和客体之间完全无法分割，自己无法成为他人所有的对象来进行买卖（当然奴隶贸易除外）。从形式上看，如果能够确保移动和契约的自由，人们就可以自主决定把自己的劳动力卖给谁，但也只是把自己的劳动力卖给其他人。与其他的生产要素不同，人与人之间（主体和客体）是一种赤裸裸的面对面的关系。

因此，劳动力的购买者（人）把劳动力的出售者（人）作为一种商品行使自由的处置权，就有可能剥夺劳动力出售者（人）的自我处置权。出售者如果是简单的劳动力持有人，那就随时可能成为被替换的商品。正如马克思描述的，劳动力的出售者将面临丧失对自己的自由处置权。因此，在资本主义市场体系下，人们为了保障自我决定权，需要“凸显自身价值”，不让自己的劳动力成为一种单纯的商品。劳动力的出售者需要掌握“属于自己的”熟练技巧，让自己成为能与劳动力购买者对等的交涉主体。由于个人是劳动力这种资产的持有人，与其他生产要素（资产）一样，其持有的劳动力需要通过自我投资来不断积累。通过教育和职业经验，作为一个独立的个人不断积累熟练技能来提高投资主体的获利能力。虽然这并不属于洛克以后关于劳动的所有权论的理论体系，但是新古典派经济学展开的人力资本理论（Human Capital Theory）需要从方法上彻底贯彻个人主义，让以经济人为主体的市场机制在“个人自由体系”下“自成体系”。这是一种不可或缺的理论操作。

但是这个人力资本理论存在几个理论上的难题：

第一，在劳动力交易关系上，如上所述，从产品的性质上看存在着对立关系。劳动力的购买者可以通过机械（或者分工）来解除对熟练技能的需要，出售者的劳动力可以用那些谁都可以替代的商品来替代，从而提高劳动力购买者的自我决定权。与此同时，劳动力的出售者如果无法持有熟练技能作为自身的资产，就无法获取对等的自我决定权。如上所述，同样是人，购买者与出售者之间的分裂不断扩大，谁都想保证自己的决定权，而这将会进一步加深两者之间的对立。

在机械化和扩大分工的过程中，熟练技能的需求不断缩小，劳动力的出售者已经无法通过对个人的教育投资来确保熟练技能的资产保障。教育本来的目的并非提高个人赚钱能力，但现实中的教育投资根本无法保证一定能够获取成比例的收入回报。职业经验也是如此。人力资本投资或者职业投资是否能够得到认可，靠的是工会规则和社会规则，而非本人的个人主义因素。因此，劳动力出售者只有通过组织工会和实现公共教育制度来保障对熟练技能的社会制度认知。很明显，他们根本无法独立保障自己的决定权。他们需要集体和共同性的规则。但是，在社会制度化的过程中，他们拥有的熟练技能资产的特定性越强，则劳动力作为商品的可替代性越弱，劳动市场中可以工作的范围就越局限。

第二，从产品的性质看，人们的劳动力无法像资本品和机械设备那样折旧，出了问题也不能报废。即使不把劳动力看作商品而虚拟为资本，也无法解决问题。首先，在消费者主权体系下组成的市场理论条件下，教育投资和职业经验无法成为折旧的对象。除去义务教育的服务外，其他的产品和服务一样都是依靠消费者选择的消费产品。而且“教育投资”存在时间上的限制，这些教育投资大多数来自父母，而并非来自本人（个人）的收入。“教育投资”取决于家庭收入水平。因此，“人力资本”投资作为资本也无法折旧。事实上，个人所得税专项附加扣除、最低生活费保障，也无法用折旧的概念去套用。

对于劳动力的出售者来说，出现故障（生病）、耗损（高龄）、过剩（失业）等问题时，不可能像资本品、机械设备那样随意地报废。假如劳动力的购买者能够“自由”地解雇（废除）过剩的已经消磨的劳动力，那么对于劳动力的出售者而言将意味着失去“生存的自由”。也就是说，劳动力的商品化越彻底，人们失去自由的自我处置权的可能性就越大。不管是家庭、共同体还是福利国家，人类社会一直都会通过某种社会制度和习惯来保障失业人员、退休人员和老人的生存。虽然会有程度上的差异，人类为了维持自己的决定权就必须保障共同性。

二、土地市场化的边界

在新古典派的世界，买卖土地的市场和使用收益服务的要素市场只要成立(且其他的金融资产与资本品可以替代为前提)，地价则根据每年的收益和期待地价(在将来某一个特定时点的卖出价格)利率作为资本回报的土地的现值来决定。但是土地这一生产要素市场也存在边界。从土地的性质来看，使用“稀缺性”这一概念贯彻市场化就能实现有效的分配和利用的思维是一种误读。

第一，土地出售并非生产。因此，土地服务交易(地租)可以计入 GNP(国民生产总值)，但是土地的价值本身并不能计入附加价值生产，而且土地的价格受土地的形状、位置、外部环境、面积等条件的影响，不存在独立的价格。此外，土地只要被设置了排他的所有权，每一块土地都有相应的所有者。在一般情况下，土地的背后存在着各种生活、营业和社团活动，如果不是因为继承、借贷等不可抗原因，人们一般不会出售土地。如果不存在新的大土地或者可替代的土地出现，土地持有人一般不愿意移动。而且，土地本身就是不存在移动性的非贸易品。因此，即使形成了土地市场，这个市场也是片段的、有局限性的，且流动性受到制约的市场。当然，土地市场的不完整性也存在可变部分。比如，可以通过扩大基础设施建设、从农业的角度来看可以增加土地改良的投资、从工商业的角度来看可以通过建设高层建筑来改善土地的生产性等措施来改善部分制约。但是与其他产业的产品相比，土地市场需要的调整时间会更长。

第二，土地与其他的产品相比，价格更昂贵。如果完全依靠市场，土地必然会向富人持有集中。另外，由于土地的固定性，不会出现耗损，价值减少的可能性相对较低，土地可以被视为一种安全资产，可信用制度一旦动摇，土地就很容易成为投机的对象。不言而喻的是，土地向富人集中和投机的可能性会给人们的居住生活带来极为不好的影响。大多数国家会采取公营住宅、租金补助、城市规划、土地公有化等措施来保护人们居住生活的基础。

第三,"外部收益、外部成本"(或者外部性)的现象根本无法使用排他的私有财产权对土地和自然加以解释。"外部收益、外部成本"并不会产生"市场的失败",相反,是因为无法将土地和自然市场化,最终只能用"外部收益、外部成本"来解释。大海和河流的污染、汽车的噪音和废气等公害是外部成本的典型。但这些都是对土地和自然人为地导入排他的所有权后出现的现象。本来属于共同体的土地和自然是根据共同体成员之间的习惯和道德秩序得以维持并实现永久性使用的。在资本主义制度下,排他的私人所有权被导入,为了换取经济发展,共同体的习惯和道德不断地遭受破坏。

如果新古典派经济学理论存在一贯性,那就完全不需要设置例外,包括自然和土地在内,只要设置了排他的私人财产权,就不会发生任何问题。在已设定的领域寻求私利最大化就可以实现最优的资源分配。比如,对于大海和河流,自然公园也完全可以私有化,治水、渔业和景观等收取相应的费用即可。按照新古典派经济学理论,如果人们需要保存这些自然资源,只需要支付适当的费用即可。事实上,私人海滩、私人公园确实存在,根据新古典派经济学理论,各国公有土地的出售、水道和煤气等公益项目的民营化正在进行。但是,这些产品和服务在很多场合由公共来维持的原因并非出于非排斥性和非竞争性,而是这些产品和服务可能会出现自然独占问题、存在收入水平的差异等问题,这本身就违反社会的公平、公正,因此才限制土地和自然利用。关于自然问题,人们给出的"合意"并非导入私人所有权,而是共同维持和使用。

因此,把污染物和废弃物排入大海、河流,以及污染空气的行为,与新古典派经济学所说的"搭便车"问题在本质上是完全不同的。这种理论完全是反过来的。我们需要把人类社会共同维持自然和土地这一伦理价值判断作为前提条件,这样才能运用"搭便车"理论来批评此类问题。如果按照新古典派经济学理论,如科斯定理所指出的,只要一切事物都设定相应的私人所有权,包括损害、赔偿交涉在内,都能够按照契约关系来解决,所有人只需要各自按照效率/利益最大化而费用最小化原则进行,那么,一切问题就不成问题了。

三、资本和货币与市场

(一)方法的逻辑分析

资本(以及作为基础的货币)是资本主义的轴心,也是资本主义最为麻烦的存在。在讨论资本的时候,新古典派经济学的世界,"作为决定生产水平主体的企业"和"作为生产要素的资本"这两个主语在分裂的情况下,分别推动着理论前行。在属于古典派系列的理论中是将前者作为生产论、后者作为分配论来分别展开的,在新古典派的世界里,两者的理论领域之间的区分逐渐被淡化,主语被一分为二。

首先以企业为"主语",企业是追寻利润最大化的主体。企业在决定生产量时是根据边际收入(产品的市场价格)与边际成本一致的均衡点来做出决定的。也就是说,"企业"作为以成本决定生产量的主体首先登场。

接着,把作为生产要素的资本作为主语来展开决定要素价格的边际生产力命题。边际生产力理论决定技术选择和利润分配。首先在投入要素的边际生产力递减的条件下,投入的各种生产要素的边际替代率和要素价格比率均衡时,成本呈现最小化。各种生产要素的价格等于边际产品价值。也就是说,各种生产要素的要素报酬率全部一致时,可以达到企业利润最大化的条件。与此同时,在这个均衡点,可以最有效地使用资源。从短期来看,如果某一种生产要素(比如劳动力)的价格上升,则这个生产要素的投入量将减少,通过提高其他生产要素(比如资本)的投入量这样的技术选择,这种均衡就可以永久性维持下去。当然为了能够达到这样的关系,各种生产要素市场需要是完全竞争的市场,各种生产要素具有"稀缺性"的同时又完全可以被替代。如果是这样,那么生产要素的相对价格的变化和通过替代效果完成资源的有效分配将得以继续。企业选择由生产要素组合而成的生产函数,就可以保证市场的均衡。

如果生产要素市场是完全竞争市场而且具有替代性,那么,当企业的利润实现最大化的时候,根据各种生产要素的要素报酬率进行完整分配后,余额最终为零。因此最终不会出现企业利润的分配问题。因市场受消费者主权的限制,作为市场上的决策主体,企业本身最终也将在生产要素(资本)持有者中被分解殆尽。企业最后会成为什么都没有的空壳。即使所有与经营被分离，情况也不会发生转变。企业只是由资本的持有人（股东）的算数合计，它本身并不是实体，经营者也只是资本持有人的代理人。

但是，这种新古典派理论一直备受批评。首先来回顾一下那些被称为后凯恩斯派的理论。在 20 世纪 50 年代中期，J. 罗宾逊针对新古典派资本理论的要素还原主义问题提出质疑，展开了一场剑桥资本争论（J. Robinson，1979）。如果使用新古典派经济学的一般均衡理论体系中的边际生产力理论，就需要考虑所有的生产函数并加以汇总。为了满足这一条件，就需要把资本和劳动视为既有连续性（可分割）且可以汇总作为前提。但是如果要直接对资本设备进行量化统计，就需要假定所有的物品都必须是同质的。但“资本”是由不同的机械装备和设备存货组成的，完全无法还原为任何单一的物品单位，根本无法加以汇总统计。每个产品都需要按照个别的资本价值来用货币单位表达。为了实现个别资本收益的资本化（Capitalisation），需要算出利率并将其作为共通的分母。但是，如果把生产要素可以实现完全分配作为前提条件，那么利率与事后统计出来的资本的边际收益率应该是完全一致的。罗宾逊指出这是一种同义反复。尽管如此，在当今众多标准教科书中，依然将生产要素之间的可替代性作为前提，采用根据规模决定收益的科布－道格拉斯线性齐次生产函数。在这个过程中需要采用对数形式，这种对数函数计算的指数和并不是用加法而是用乘法来计算的，从理论上看，要统计出资本总和极为困难。

更大的问题在于由斯拉法提出的技术再转换问题（或者递归现象）（P. Sraffa，1960）。斯拉法以红酒酿造业为例，认为，如果利率上升，人们就会缩短酿造时间来推动劳动集约化，如果利率继续上升，就会导致储藏成本的上升，从而进一步推动向资本密集的技术转移。生产要素的相对价格比的变化并不会简单地而且合理地带动高价格的要素投入向低价格的要素投入的转换。也就是说，在同一企业内部，生产由不同资本和劳动比例的复数生产过程结合而成时，不同的技术选择的生产函数并不一定都是呈现凸型。此外，如果要废弃既有的设备就需要相应的废弃成本，如果这些设备和特定的熟练劳动与劳资关系紧密相连，那么资本和劳动的替代关系就并非可伸缩的。很明显，技术发展的问题已经远远地超出新古典派经济学的范围。

上述剑桥资本论争已经广为人知，在这里我们的目的并不是为了介绍这场争论。但是如今在大学讲堂教授的新古典派经济学中，对企业和资本的定义极其天真，我们需要对此做出相应的认知。新古典派经济学的资本理论的条件如下：(1)资本是可以分割的而且是连续可统计的；(2)生产要素市场是可成立的，可以根据相对价格进行替代；(3)产品市场遵循的是消费者主权的原则，是完全竞争的；(4)无论是生产要素市场还是产品市场，两者都可以达到没有时间限制的均衡。但是，以上这些条件在现实中还是成立的概率很小。方法的逻辑分析和没有时间限制的均衡论这些方法框架一旦崩溃，企业的利润为零这样极其空虚的理论就根本无法填补与现实的偏差。

当然，新古典派在原有的理论范围内做出了一定的修正，希望能够找到解决问题的方法。在第四章和第五章会做出更进一步的讨论，比如，最近应用了交易成本和信息经济学的企业论备受关注。但是，我们不能忘记那些被称为“异类”的经济学家已经提出了众多与新古典派不同的企业观。

他们首先看到了股份公司和个人股东的作用下降而公司的自律化程度提高的现象。范伯伦提出的以“营利企业体制”和企业之间交叉持股为基础的“企业资本主义”理论就是其中之一（奥村宏，1984，1992；间宫阳介，1993）。从股东所有权结构来看，除了包括伯利和米恩斯的“经营者革命”理论所提到的股权的分散化以外，机构投资者持股的扩大、控股公司和集团企业化或者如日本的企业之间交叉持股等的出现，从中长期来看个人股东的影响力在不断缩小。这对新古典派提出的企业是由个人股东集结而成的集合体的观点发起了挑战，个人股东和经营者之间的代理关系已经无法对此做出正确的解释。经营者们把发展企业作为体现自我价值的目标，他们发挥着技术人员的作用。正如鲍莫尔提出的，企业并不是追寻短期的利润最大化，而是通过实现销售额最大化来完成企业本身成长的目标。强调自我实现欲望极强与企业具有一体感的专家集团在企业内部不断积累的加尔布雷斯所提倡的技术结构理论（K. Galbraith，1967）也可以被视为同一系列。再从实际情况来看企业内部，劳动者并非以实际工资、实际利率或者税率为标准来决定劳动和休假的。在企业内部，通过各种措施如实现自我需要、保障员工体感等来提高劳动者的劳动欲望。从技术开发和选择的角度来看,采用生产要素的相对价格比可以说明的范围非常狭小。

此外,从企业生产的产品和消费者选择的关系来看,从范伯伦所提及的"商誉"或是加尔布雷斯所提及的"生产者主权"理论或是"广告依存效果"中都可以发现,企业生产的产品和技术开发并不完全由消费者主权所支配(K. Galbraith,1967)。另外,从消费者的消费行为来看,从范伯伦的炫耀性消费理论和礼仪消费理论(T. Veblen,1899)到鲍德里亚的符号消费理论(J. Baudrillard,1970)都可以发现,效用最大化和成本最小化根本无法全面说明问题。特别是在大众社会化过程中,个人内部固执的判断标准开始丧失,相反,依赖他人的偏好和偏好的互相依存性出现(D. Riesman,1961)。因此,消费在"个别与共同性"之间不断摇摆,差别化和同质化反复出现。差别化是以整体的关联性为前提的个性表达,而同质化则是一种流行现象。确实"和别人不一样"可被视为一种差别化的体现,但"和别人一样"的安心感也是作为差别化连锁反应的副作用而产生的。

新古典派经济学中的"企业"和"资本"这种毫无意义的主语分裂必须加以阻止。"企业"是"资本"的现实体现。企业是一个组织体,在无限制的自我繁殖过程中,三大生产要素的市场化边界需要在其内部加以处理。因此,资本从本质上看同样需要国家的存在。

(二)资本和国家

从历史上看,正如布罗代尔所指出的,要追寻资本主义的起源,流通过程中形成的巨大的商人资本不可忽视。这些商人资本在 $G\cdots G'$ 的过程中,将地理位置分开的市场组织起来,利用差别化获取利益(F. Braudel,1979)。"市场"如果并不存在实体,那么产业革命以后的市场经济体系的区别就只是从地理上的差异向时间上的差异发生了转移(岩井克人,1985)。在强调了拥有获利动机的商人资本存在的基础上,如果把作为关联性的"市场"作为主语,那就需要对把市场经济体系局限在产业资本主义成立以后的波兰尼的理论加以批评。此后本书会指出波兰尼提出的市场经济体系概念中存在的问题点,这种批评会抹杀他对实体经济分析的意义。

19 世纪以后成立的产业资本主义,资本品(机械设备)生产被嵌入市场经济不可或缺的部分，转换为 $W\cdots W'$ 的自转系统。为了实现这种自转，波兰尼指出，必须建立销售和购买的无限连锁，也就是说，所有的东西都可以随时买卖的社会。换言之，就是需要有一个生产资本随时可以买入原料和生产要素且生产出来的产品可以随时出售的社会。因此，伴随着货币制度，还需要设定土地和劳动力的所有权，从而形成生产要素市场。为了建立这一体系，即使是部分的，也需要人为地构建出超越民族和宗教等"自然"共同性的国民国家。虽然存在封建制度和共同体遭受破坏程度的差异，但为了构建生产要素市场，通过使用共通货币，互相承认土地和劳动力的所有权是具有排斥性的权利，并将其视为"共同"的游戏规则是大前提。为了维护游戏规则，以暴力为担保的近代国家的权力是不可或缺的。

市场的这种关系性并不能独善其身。事实上，商人资本建立的市场"自生的"组织化，并不一定会带动产业资本主义的建立。以美第奇家族为首的大商人资本的意大利并没有像其他欧洲国家那样首先步入近代国民国家就是一个很好的验证。意大利的大商人在中世纪以天主教为中心的地方形成并非偶然。天主教的世界主义与以共同体、地区间的市场为媒介的商人资本的全球化同步。而中世纪天主教的世界主义，外加上帝的绝对权威给予中世纪封建秩序的正当化信仰功能，正好成为意大利建立近代国民国家的阻碍（A. Gramsci）。在利益驱动下建立的市场经济体系本身确实也存在地区间和共同体间衍生出来的全球化特征。但产业资本主义的建立把世界市场用国民国家这个笼子给关了起来。世界市场与国民国家这两个历史起源全然不同的两个体系在历史上不断地发生摩擦。但是属于世界体系理论的讨论全然忽视了这个世界史上的大变化。

产业资本主义建立过程中需要近代国家的依据并非仅仅来自土地和劳动力市场化的必要性。资本本身的形成也必然需要国家政策的介入。如果土地和劳动力从自给自足的共同体中解放并投入市场需要较长的时间，那么把大量资本投入高价的机械所带来的巨大风险就有可能无法满足投资者的利润动机。比如，通过圈地来实现原始积累的过程中即使国家来推动也不够。因为，他们生产出来的产品要能够不断地出售，社会整体并不能保证发生"销售和购买的连锁"反应。为了做出保证，国家有必要通过各种政策进行干预。这对任何国家都是一个普遍的事实。这里所指的“任何国家”，当然也包括提出自由放任(Laissez-faire)[①]的祖国(19世纪的英国)。在第三章中会做详细分析，英国的棉工业在导入机械化之初碰到的最大竞争对手是印度的棉业，当时英国毅然采取了保护政策。当英国具有一定国际竞争力后，以印度为中心，暴力地推动了世界市场的建立。如果不能对商品做出“全力的保护”，那么资本就完全无法等待靠市场的“自生”来实现自给自足的共同体解体。资本如果有需要，就会通过暴力来推动非资本主义领域的瓦解，不断追寻可以实现“销售和购买的连锁”的全新的资本主义市场(R. Luxemburg，1921)。自由放任和自动调节机制只是以欧洲为中心的历史史观创造出来的神话。波兰尼也无法从这个神话的诅咒中逃离(K. Polanyi，1957)。

依赖于资本品生产的产业资本主义不断发展，需要巨大固定资本的重化工业逐渐成为轴心产业。巨大装置产业和机械装配产业的问题在于，正如卡尔多指出的，这里存在着规模经济性。这些资本密集产业，在销售市场和生产规模达到一定水平之前，对应资本投入量的收获会出现递增，从短期来看企业的长期平均成本曲线(Long-run Average Cost Curve)会出现递减。问题在于，如果存在无法确保一定规模市场的不确定性，巨大的固定资本会被套牢的风险极大。

从这个问题点可以引发接下来的几个问题：

其一，从历史事实来看，要确保一定规模的国内市场，即使是巨大企业也必然需要政府的保护培育政策。在这个产业领域，保护干预政策能够成功确立，而具有比较优势的国家为了扩大自身的出口，又往往会要求其他国家废除保护措施。相反，由于规模过大，处于培育过程或者衰退过程的国家，则因产业机构调整而带来的就业问题和贸易收支的恶化等因素，需要采取保护措施。因此，在重点产业领域，规模越大，对自由贸易体系带来的危机就越大。从19世纪后期至今的历史可以验证，霸权国主张优先本国产业利益、要求“公平贸

① “自由放任主义”一词最早出现在18世纪法国的重农主义中，以反对政府对贸易的干涉，但其真正得到发扬光大还得等进入19世纪的英国，1846年英国废除了谷物法，大英帝国采取了最接近自由放任的政策，许多历史学家也把1846年谷物法废除开始的这段时期视为自由放任的高峰期。故文中提及19世纪的英国是自由放任的祖国。——译者注

易”之时，这种危险性的现实意义剧增。

其二，需要巨大的固定资本意味着需要巨额资本，同时，巨大的固定资本会牵制住大量的资金，从而出现资金流动性制约的问题。为了解决这一问题，股份公司制度得以发展，但是在那些不发达国家，根本没有余力去等待这个问题自己解决。一般情况下，商业和贸易交易能推动短期金融市场的发展，但无法形成需要长期固定资本的长期金融市场。在这种情况下，就需要对银行资金集中管理、建立较小金额储蓄制度，或者成立长期制度金融机构，以填补政府的长期资金市场的不足。如上所述，一旦进入需要巨大的固定资本、规模经济性较大的重化工业阶段，虽然国与国之间有一定程度的差异，但会出现资本主义的“组织化”倾向。这就又回到了第一个问题，而贸易问题也将更为复杂。

（三）商品货币和货币商品

如上所述，资本与国家维持着不可分的关系生成和发展，要更深入地探讨该问题，我们就有必要追溯作为资本根源的货币。货币作为市场的轴心部分，其商品化（市场化）也具有边界。因此，我们需要从作为自动调节市场机制象征的金本位制度开始探讨。

金本位制的建立对于重商主义的历史具有重大意义。黄金是欧洲大陆财富和征服的象征。这个极为“稀缺”但又可以生产出来的商品货币，作为流通手段、支付手段、储藏手段等功能集为一体的货币在进入商品世界的时候，商品世界就好像成为一种可以自我终结的世界。但正如波兰尼指出的，货币的各种功能其实并非同时出现的（K. Polanyi，1977）。而且金本位制度建立的过程其实也是货币各种功能分离的过程。被神化为具有永久保存价值的黄金由中央银行集中管理，被隐藏在商品世界的最深处，随着市场交易的扩大，作为交换、支付和结算手段的银行券和存款货币、商业票据等也不断发展壮大。这时候，作为最终支付和结算手段的黄金和其他作为交换、支付和结算手段的货币之间的偏差不断扩大，两者之间的量化比例开始失衡。即使按照李嘉图那样把“黄金的生产费用”变化也放入理论中，但这就好比是一根根极细的“蜘蛛丝”，对调整这个偏差的作用不大。波兰尼认为金本位制保障了自动调节的市场机制，带来了“和平的 100 年”。但历史的事实是，在金本位制建立的同时，金本位制也暴露出它不是一个可以自成体系的制度，并显示了货币的本性。

众所周知，在经历了银行学派与货币学派的论争后，根据货币学派的主张在1844年制定了《英格兰银行条例》(Peel Banking Act of 1844，又称《皮尔条例》)。这一条例在恢复了银行券兑换黄金的同时，根据黄金的流出和流入(英格兰银行的黄金储备的增减)来调整银行券的发行量，进而达到稳定物价、防止经济恐慌的目的。但是这个《皮尔条例》事与愿违，它并没有建立起自动调节的规则。每当遇上恐慌，就会出现黄金兑换和黄金汇款(流出)，随着黄金储备的减少，货币发行量和信用供给不断萎缩，恐慌进一步恶化。每当出现恐慌，国家只能站出来叫停《皮尔条例》，恢复货币和信用秩序。

商品货币(黄金)与其他货币的偏差并不局限于此。随着金本位制的动摇，货币本身的"商品化"更为明显了。由于世界大战，各国发行了大量短期的财政部证券和长期公债，短期和长期的公债累积远远超出了实体经济的规模(GNP)。此外，股票市场不断扩大。虽然从克服固定资本的流动性制约的角度来看，股票资本具有贯彻"资本的商品化"(宇野弘藏，1962)的一面，但也不能说资本主义体系自成体系。货币资本运作与实体资本运作出现的偏差需要将股息也视为利率来处理，这完全是一种均衡理论。在股票市场，预测"市场心理"的投资家的"投机"行为会拉大股息与利率之间的差距。股市的稳定性依赖于货币制度和金融制度的稳定性。凯恩斯指出，在流动性和时间偏好为媒介的条件下，包括现金货币和股票在内的资产界线会变得极为模糊。这种"货币的商品化"的发展必然带动金本位制向管理货币制转移。以石油危机为契机，轴心货币(美元)的黄金兑换最终被遗弃，商品货币占据货币中心地位的风光一去不复返。

新古典派经济学通过废除黄金的商品货币地位最终战胜了劳动价值理论，但具有讽刺意义的是，新古典派自身同时发现无法实现自动调节的市场体系。众所周知，新货币数量论中，货币只影响物价水平而对实体经济是完全"中立"的，因此，只需要把货币供应量控制在经济增长的范围内就能够实现没有通货膨胀的经济增长。但是，正如从撒切尔的政策失败中可以观察到，货币主义者的理论中，矛盾随处可见(金子胜，1992)。推动金融自由化和控制货币供给这两种做法很难将两者区分开来。对于新古典经济学，为了促进资金分配的效率，就需要推动金融自由化，同时，金融自由化将带动"货币的商品化"，这将必然扩大“货币”的范围从而导致对货币量控制的下降。失去了核心的货币制度在金融自由化和控制货币量之间不断地摇摆。即使用较容易控制的高能货币(High-powered Money)来替代黄金设定指标,也依然会拉大与货币量的偏差。为了缩小偏差,把作为指标的货币范围从 M_2,M_3,M_4,…不断扩大,而这会导致政府和中央银行的控制能力的低下。最终,以货币供给外生论为基础的货币理论与以货币供给内生论为基础的信用理论的对立重新“复活”。

但是,问题的本质并不在此。失去了核心的货币制度就像失去了锚的漂流船,为了追求能保证永久的价值繁殖的港口,四处漂泊。“作为制度的货币”会变得极其不稳定。特别在设备投资水平开始下降、缺少良好投资对象的时候,或者出现通货膨胀导致货币价值减少的时候,资金会朝向那些有望能够从中长期提供价值保障和增值的资产(土地、股票和商品市场)流动。“预测市场心理”的投资者是根据“人们的期待”来投机的。但是,货币制度的中心(“均衡”的程度)正在陷落,通过金融自由化不断推出那些不需要银行媒介的货币产品或不断拉大投机活动与最终结算手段之间的偏差,并扩大把最终结算手段集中到货币的危险性。当收入的增长率与负债比率成正比地拉高的时候,这种危险性将出现(H. P. Minsky,1982)。届时,泡沫和投机将崩溃,金融秩序将面临崩盘。

发展中国家的问题会更严重。支撑起“作为制度的货币”稳定性的政府和中央银行自身也背负着巨额的财政赤字和累积债务,它们无法赢得人民的信赖。在这种情况下,如果推动金融自由化,就会导致超高通货膨胀和资本逃避(Capital Flight)的出现。相比本国货币偏好海外货币而引起的资本逃避,会导致本国的货币价值(汇率)暴跌,“作为制度的货币”将陷入功能丧失。20 世纪 80 年代的中南美国家,或者 90 年代以后的旧社会主义国家都发生过这样的事态。高通货膨胀会一直持续到国家债务的大部分削减。人们会带有恶意地称之为“国家的陷阱”,如果用市场的自动调节来称呼似乎有点太过激了。货币作为制度的本性最终将全面表现出来。

(四)金融制度的等级与货币制度的稳定性

货币是一种制度,它的象征性赋予了其流通性。但是,“人们因为相信货币,货币才能够成立”这种说法只不过从局部做出了解释。从广义来看,货币是从市场内生的，货币量和信用量会随需要而变动。问题在于，市场内生的货币是否能满足作为制度的货币的稳定性。至少货币制度为了获取人们的信任，金融等级结构的稳定性是不可或缺的前提条件。

金融等级结构的稳定性可以定义如下：

第一，中央银行作为“最后贷款人”而高高在上，是支撑起货币和信用制度信任的权力和强制力的最终担保。从古典的信用创造过程中也可以看到，市场内生创造的信用，随着景气过热负债比率也将提升，最终有可能带来信用量与最终结算手段的偏离。如果这种偏离快速发展，则货币需要发挥最终结算手段，作为“最后贷款人”的中央银行就需要做好准备来赢得市场的信任。最初提到中央银行这一功能的是白芝浩原则（白芝浩的中央银行理论的问题点请参照竹田茂夫《市场经济和中央银行制度》，法政大学比较经济研究所，金子胜编，1996）。

第二，政府和中央银行的货币政策手段的有效范围需要对货币交易和金融交易从法律上和行政上加以限制。如果抑制市场内生出来的各种货币商品和结算手段，就会对经济增长产生影响。但无限制的货币商品和信用的拓展同样会让金融出现不稳定。具有强制力的政府和中央银行需要站在两者之间，通过建立制度和规则来限制货币市场的范围和方向。广义的货币制度的稳定性依靠的是中央银行如何通过管控来减少“货币的非中立性”带来的坏影响。这种说法有可能具有一点讽刺意味。

第三，如后所述，为了不让弱小的金融机构的破产（或者危险性）影响整体的金融秩序，金融等级结构里需要安排相应的安全网。

这个金融等级结构的起点在于世界市场和国民国家的交接点。正如波兰尼所说，原本“对内货币”和“对外货币”的起源是不同的。这两者的连接点是由中央银行制度形成的。对外，中央银行通过对外支付来进行最终的贸易结算交易；对国内，中央银行独占着政府预算并集中发行银行券，承担着“最后贷款人”的作用。中央银行由于对内和对外都担负“最后贷款人”，信用制度的等级结构也随之产生。但是，即使在 19 世纪“自由主义”全盛期，金本位制也无法做到自成体系。当站在等级顶峰的黄金在失去其象征意义的时候，劳动价值论“自成体系”的商品世界在理论上也土崩瓦解。但是，货币本身的“商品化”盛行之时，新古典派经济学世界开始融化。金融自由化能够助推资金得到更有效的分配，这是对“自动调节”体系的强烈憧憬，但当真正打开新古典派经济学货币的“商品化”这个潘多拉魔盒之时，却发现货币商品已脱离国家制度管控而开始了永远的徘徊。如果货币转化为资本，则边际效益非但不会出现递减，反而会朝着能够提供永久保值，或者能够实现增益的货币商品（资产）开始全新的彷徨之旅。就在劳动价值论自成体系的商品世界开始崩溃的这一瞬间，马克思提出的无限的价值增值体这一资本规定开始复苏了。

但是从现状来看，瞬间席卷世界的电子货币可称为“赌场资本主义”，只不过是其中的一部分强调不稳定性。金本位制确实因为以黄金为中心可以保证一定的稳定性，但是恐慌所导致的黄金兑换狂潮的混乱也会在一定周期反复出现。随着货币“商品化”的发展，货币与轴心商品货币（黄金）之间的偏差不断扩大，为了阻止混乱蔓延，国家不得不站到最前线。这是19世纪金本位制留下的教训。因此，凯恩斯认为，在导入防止汇率变动风险的固定汇率制度时，为了保障各国金融政策的自由，不引发投机和混乱，对资本加以管控是必不可少的。

但是，如果根据货币“商品化”这个自动调节体系导入浮动汇率制度，国家间的资金将自行运动，汇率的浮动性会更加明显，这样反而会导致国际贸易不均衡的协调能力和景气的隔离效果的降低。但与此同时，由于浮动汇率制度体系下不存在需要维持的严格标准（中心），从某种意义上发生混乱的可能性也会随之下降。“稳定性”在某种程度上只有在与“不稳定性”进行交易的情形下才会成立。资本主义世界在“以某种轴心为基础的管理货币制度下，国家对货币和金融加以控制的欲望”与“将货币本身融入市场（商品世界）的欲望”之间不断摆动。这正是国际货币制度的论争汇集之处。

第三节　生产要素市场和安全网

以上并非从“公共产品”的理论，而是从基本的生产要素市场化的边界的角度围绕着市场领域与非市场领域的界线问题加以了探讨。生产要素市场化如果存在边界问题，那么围绕这个边界问题，生产要素市场如果无法用相应的制度和规则来加以制约，市场就无法发挥稳定的作用。因此，生产要素的市场化边界——市场经济无法实现自成体系的裂缝，才是制度结构发生和演变的根源。这些与一直以所有权理论的二分法为前提的“效率与公平之间的辩证关系”有着不可分割的关系。

自古以来，许多理论并没有把效率性与公平性的关系视为相互制约，反而认为两者之间存在着相互促进的关系。主张高工资（诱因）会提高劳动效率，这一理论可以追溯到 A. 马歇尔和 S. 韦布。而主张提高分配的公平性的土地改革，以及提高生产性的讨论可能始于 J. S. 密尔，他们都曾经提到两者之间的促进关系。此外，缩小公共部门与扩大私人部门（市场领域）的二分法思维过于单纯。在现实中，发达国家由于推动金融自由化而引发不良债权问题爆发，进而产生“政府临时性的干预和进一步的市场经济化改革”，由此，一连串“奇妙”的政策连锁不断发生。各个发达国家针对不良债权的政府干预的方法各式各样。具有讽刺意味的是，加强城市规划限制，并且导入了利息税从而导致资本外流的德国却躲过了泡沫经济的残害。在那些拥有大量债务积累的发展中国家，“政府临时性的干预和进一步的市场经济化改革”问题同样存在。从 1985 年的贝克计划和 1989 年的布雷迪提案中就可窥见一二。国际货币基金组织和世界银行在给予发展中国家债务保证和减轻债务（相当于“公共资金”）的同时，对这些国家做出强制要求，要求他们通过结构改革来实现市场经济化。

这些政府干预和市场经济化的连锁反应并不局限于金融部门。对于其他的生产要素市场，比如劳动市场，也产生了巨大的影响。首先，随着城镇化和核心家庭的发展，原本那些由无偿劳动和互相帮助支撑起来的领域也被卷入了市场化的洪流，家庭和共同体支撑起来的共同扶养功能开始衰弱，需要由社会保障制度来替代。但是，养老金制度等社会保障制度（公共部门）扩张得越快，城镇化和核心家庭的发展速度越快，市场领域的扩大速度也越快。相反，进入 1980 年以后，新保守主义（New Right）提出需要提高民间部门的活力，进而寻求摧毁既有的“社会保障和社会福利”之路。但经过冷静的观察，这一举措并没有扩大市场的领域，反而出现了一块由非营利组织和第三部门组成的即非市场领域又非非市场领域的灰色地带，并且在不断地扩大。发达国家无法重建社会的连带和合作关系，但又受到财政赤字的困扰，只能导入非营利性组织（NPO）和非政府组织（NGO）等非营利组织来寻求解决办法，这种做法根本无法保证维持福利国家体系。

但制度化的政治经济学并不是要对“所有权理论的二分法”和“效率与公平的辩证关系”中出现差异的那些个案加以汇总。如果基本的生产要素的市场化边界是制度形成的根源，那么需要讨论的问题就在于：生产要素市场中需要嵌入的制度和规则的结构应该是什么样的？

第一，生产要素市场中需要嵌入的制度和规则需要由个人的自我决定权与共同性，或者自我责任原则与社会的公共性，同时实现。在个人的自我决定权与共同性的关系中，虽然前者是主轴，但后者也并非仅仅是为前者提供辅助。如果不存在能够满足社会的公共性的规范和道德准则，就无法行使个人的自我决定权。这才是两者之间的关系。但是由于基本的生产要素的市场化存在边界，因此市场本身并不存在可以自主产生这些伦理规范和道德准则的能量。如果，对于不确定的未来，人们的“合理”认知存在限度，为了保障社会的公正，就只有当存在谁都可以信任的规范和道德准则时，人们才能以此为尺度来确认自己需承担的责任范围并对自身的行为做出限制。这一点，市场机制是无法通过自动均衡来实现的。如果这些规范和道德准则被自由主义的政策“破坏”，丧失了规则的人只能在“期待”他人的行为中做出自身的行为选择。事实上，如果欠缺了稳定的规范和道德准则，人们就无法从内部保障自己的自立。具有讽刺意义的是，在自由主义的名义下，当人们高呼“所有的都按照自己的判断去做”的时候，人们正在丧失“判断效用的个人之间的独立性”，而只能依赖对他人“效用的判断”。经济自由化以后发生的泡沫和投机的过程就是典型的例证。

第二，生产要素市场中嵌入的制度和规则需要连接被排除在市场以外的安全网。如果针对生产要素人为地设置所有权，那么，由于存在市场化的边界，就会出现无法归咎于自身责任的不断产出社会不平等的契约存在。在生产要素市场的构成主体中，如果弱小部分的生存空间被不断剥夺，就有可能导致在某一个特定的时点系统整体出现崩溃。社会被市场笼罩，人们的非市场领域不断被侵占，这种危险将不断扩大。因此，我们有必要未雨绸缪，制定防患措施，以及相应的制度和规则。只有这样，制度才能够获取人们的信任，市场才能稳定地发挥功效。在金融市场中作为“最后贷款人”的中央银行功能和存款保险机构，在劳动市场中成熟的社会制度化和福利国家的各种制度，在土地市场中保护农业用地和借地权的土地住宅政策、城市计划或者环境保护政策等，都可视为安全网。在这里讨论的不是凯恩斯主义者所说的“市场失败”，也不是货币主义者所说的“政府失败”。当然我们也并非针对效率至上主义而提倡分配的公平主义。最重要的是，人们对配置了安全网的生产要素市场的制度和规则的信任是稳定市场和相关的经济社会必不可少的部分。

但是，从不同的视角分析，制度的政治经济学存在三种不同的侧面：

其一，作为媒介，中间组织在生产要素市场的制度和规则中发挥着重要的作用。国家与个人并不是直接面对面的。生产要素的市场化的边界是由企业、工会、宗教、教育、地区等中间组织来甄选的。国家的作用是与这些中间组织的关系来决定的。这些中间组织有时候会成为与现体制对抗的主体，但在体制内部也不断出现成为社会安全网一部分的契机。中间组织的成员在“个人的自我决定权”与“共同性”之间如何做出选择是具有流动性的，其相互关系在各个国家内又呈现多样性。

当然，当中间组织较弱的时候，家族（血缘）和共同体的习惯可能会更有效。在经济发展的初期更是如此。生产要素市场只要存在边界，那就只有在“市场领域”与“非市场领域”合为一体之时才能发挥功效。但是，共同体留下的习惯本身并不能说一定是有效的或者是无效的。比如，撒切尔夫人提出了“回归维多利亚美德”。最为重视市场的她，在提出削减福利支出的时候希望依靠的正是由家庭和地区共同体等“非市场领域”来解决贫困问题。从中可以观察到这正是针对 19 世纪“自由主义”的一种逆向思维。也就是说，自由主义的全盛时期，正因为存在巨大的“非市场领域”，才使较小的公共部门体现了其“市场”的重要性。

其二，一个国家的安全网制度在更大的世界经济范围内也同样重要。特别在发展中国家，从世界角度来看，它们正处于生产要素市场的边界点上。因此，在国际货币制度和国际贸易体系中也需要嵌入安全网。先来看一下 IMF＝GATT 体系。这一体系在保证作为最终结算手段的轴心货币美元与黄金的兑换性的同时，可以向出现国际收支困境的国家给予 SDR 贷款并启动国际货币基金组织的紧急融资制度。如果实施了这些措施依然无法帮助这些国家克服困难，这些国家就可以导入固定汇率。如果这个国家的国际收支结构属于更为脆弱的发展中国家类型，则可以允许其对资本加以管控，通过使用一般特惠关税和安全例外来对进口施以数量限制。一个国家的安全网是和世界经济范围的安全网相互联动而形成的。因此，如果国际货币体制发生动荡，安全网失效，那么一个国家的生产要素市场中嵌入的制度和规则就无法避免发生动荡。

其三，生产要素市场的制度和规则具有历史性的一面。在近代国家形成的过程中，所形成的法律制度、道德规范和习惯性规则决定了生产要素市场中的个人和集体所有权所涉及的范围和方向。最终由安全网衔接起来的“市场领域”与“非市场领域”的相关性如果可以称为所有权结构，那么证明这个相关性的社会组织原则就是在与私人所有权形成的过程中相互联动而产生的。这个社会组织原则的内部包含了各个中间组织的制度和规则，并最终起到了把各个生产要素市场中的所有权结构相互衔接的作用。

但是，这些在历史长河中不断地发生变化。所有权结构和社会组织原则之所以被迫做出重大转变，就是因为出现了霸权国地位的动摇，以及市场机制的功能衰退，也就是两次世界大战、大恐慌和石油危机。安全网的制度化是以第一次世界大战、大恐慌，以及以第二次世界大战后出现的市场机制麻痹为契机而形成的。但是所有权结构和社会组织原则的起点在于针对生产要素最先形成所有权的欧洲市民革命，以及此后摆脱殖民地等的一系列过程。如果要对此进行探讨，我们就必须对以此为契机而形成的西欧近代政治思想加以深入探讨。

第二章 自我决定权与共同性

——西欧近代思想的悖论

第一节 西欧近代思想中的“个体与共同性”

只要人生活在群体中，与社会关系彻底隔绝的真空“个人”就不可能存在。进入近代以后，“个人”这一概念开始分裂。个人的自我决定权只有在共同的规范和规则中才得以确认。因此，西欧近代思想一直在“个体的自我决定权”与“共同性”之间不断摆动。在保障个体自由的同时如何保障社会整体的秩序？如何协调个人追求自身的利益和社会整体的利益？西欧近代思想最初要解决的近代社会的悖论主要就集中在这些问题上。

时代变迁，但人类社会并没有摆脱这一悖论。在不知不觉中把西欧近代思想作为前提的经济学也不例外。尽管在针对根本的生产要素的问题上，西欧近代思想人为地设置了私人所有权来解释“个体的独立性”，但当三大生产要素的市场化行为面临边界困境的时候，却不得不面临集体主义（Collectivism）的挑战。因此，从西欧近代思想理论对“个人的自我决定权”与“共同性”，或者“个人责任原则”与“社会的公共性”之间的关联性进行的深入探讨，可以从源头重新审视被捆绑在所有权理论的二分法中的经济学。

我们可以从经济学角度对西欧近代思想做如下三个系列的整理：一是以边沁为代表的功利主义，二是之前洛克的契约论，三是与两者保持一定距离并以普通法的传统为基础的自生自发秩序论。虽然在第三个归类中，学者之间存在着巨大的分歧，但是可以把伯克和斯密也包含其中。这三股潮流在现代经济学中相互渗透但并没有达成一致。第一股潮流是所谓的新古典派经济学，第二股潮流是以信息、契约和代理人关系为主的博弈论，第三股潮流则是以哈耶克为代表的自由主义理论。这三股潮流都推崇个人主义方法，都试图在保障个人的自由意志（或者个人的自我利益追求）的基础上，考察如何实现社会整体融合。

一、功利主义中的"强大的国家"

首先，我们将对边沁所推崇的功利主义的潮流展开讨论，而边沁的功利主义则形成于其对布莱克斯通自然法理论的批评。边沁的人生观认为，人的本质是追求增加快乐而减少痛苦的计算主体。而资本主义的本质在于解放个人的欲望，这是一种极为简单和清晰的表达方式。边沁认为，"有一万个人就有一万个法官"，其他人做什么抉择和自己没有任何关系，每个人都是"独立"做出自己的选择的。单一的个体根据自身利害关系追求效用的最大化，把每个人的效用归总计算后得到的"最大多数的最大幸福"将自动达成。新古典经济学就是建立在此传统基础上的。

当然，迄今为止已经出现很多对经济人假设的批评，这是以作为判断效用的个人间独立性为前提条件的。首先，现实中的人们，在面对大量产品做出选择的时候，根本无法想象自己可以成为对效用进行合理、独立地排序的计算主体（盐泽由典，1990，1997），而且在日常生活中，人们往往归属于某些组织，在衡量与他人关系的情况下才做出个人的选择。在考虑"最大多数的最大幸福"的时候，前提条件需要是基数效用，如果无法把人类社会中的个人假设为等质的个人，就无法把个人的效用函数累加来计算社会整体的福利。众所周知，针对基数效用，罗宾逊提出批评以后，新古典经济学开始以序数效用（只有效用的选择顺序是可以判断的）作为前提条件。

但是，这里并没有反复重复经济人假说的非现实性。问题在于，在追求私利和导出公共性之间功利主义理论存在的悖论。戴雪认为，建立在边沁主义（功利主义）传统上的理论内部存在着"各种利害的自然一致"与"各种利害的人为一致"的理论矛盾（A. V. Dicey，1905）。事实上，放任个人追求自身利益可以达到“各种利害的自然一致”的功利主义理论，在社会现实中不断碰壁。在功利主义的世界里，劳动是“痛苦”的，但拥有劳动却是提供最大“快乐”的手段。在无法自动达成均衡的情况下，比起“痛苦”，国家的“快乐”需要在市场提供人为的诱因。因此，功利主义者们作为解决贫穷问题、公共安全、卫生、教育的改革者，根据近代的处罚标准设置“规则”，在勤劳和懒惰之间导入“道德”的差异。福柯认为，这是看不到的“管理之眼”渗透到日常生活的过程（M. Foucalt，1975）。在19世纪英国的自由放任时代，边沁主义者才是背负创造强大的近代国家机构的承担者，而在近代，推动自由化政策的撒切尔主义者也是推动中央集权行政改革的承担者。在历史上不断出现的功利主义者既是“自由市场”的推动者，同时也是“强大国家”的推动者（A. Gamble，1988）。

放任计算快乐与痛苦的主体（经济人）自由选择各种利害就能够达成一致的理论在不知不觉中被搁置，计算快乐与痛苦的个人“本来的样子”变得不再重要，而是向“应有的样子”的规范原则发生转变。那些违反了规范原则的人则定位为绝对“恶”，应该由“强大的政府”来加以处罚，各种利害需要靠人为来达成一致。

但更加根本的问题在于，功利主义理论无法内生地导出“强大的政府”。在之前对公共产品理论做出批评的时候已经提及，在相互独立的效用判断的理论假设中，从共同的市场排除某一个产品从而形成政府部门的内生依据并不存在。因此，功利主义的各种理论只能在国家、法律规范和规则理论的“外侧”被赋予。为了在最小范围内抑制上述理论存在的内部分裂，只有把国家贴上“必要的邪恶”的标签。与此同时，由于内部不存在公共性理论，因此当各种利害原本应该达成一致的“自由市场”在现实中不断碰壁时，他们就轻描淡写地表述为“强大国家”是推动各种利害一致的助推者。

二、契约论的始点

（一）人的概念的扩张和博弈论

第二个西欧近代思想是由自然法、自然权和社会契约构成的契约论潮流。契约论是以自然状态（拥有自然权的状态）为基础，各个人在与之契合的基础上建立国家的理论依据。契约论与功利主义相比，虽然都依赖于个人主义，但契约论能够导出国家、契约和规则的内生理论。本文并不是想讨论近代自然法思想和社会契约论的思想史。但值得关注的是，每当以市场万能主义意识形态为标准的新古典派经济学碰壁时，契约论总能像不死鸟一般得到复活。众所周知，20 世纪 70 年代以后，以威廉姆森的交易成本经济学为主导的企业组织论再度登场，结论表述虽有所不同，但罗尔斯的正义论之隆盛也让契约论再次备受瞩目。20 世纪 80 年代随着新古典派经济学的破绽不断扩大，博弈论开始风靡。对于在方法上都以个人主义为共通规则的以美国为中心的主流经济学，功利主义和契约论就像棒球比赛场上相互对战的两只球队互相较劲。

嵌入博弈论中的现代"契约论"看似是把过去的契约论的各种前提条件都包括在内的一种理论。非合作博弈和合作博弈的分类可以追溯到近代的契约论。非合作博弈的原型可以追溯到霍布斯。霍布斯提出的"自然状态"，即人拥有基本的生命权(自我保存权)，由于人的本质存在着相互的不信任、竞争心、虚荣心，因此人与人相互不断竞争。这里会出现有名的"一切人反对一切人的战争状态"。在这里霍布斯提出了抑制无限制追求自身利益的"理性"概念。如果每个人都在不断地追求自身的权利，反而会因为争斗导致无法保障自己的生存权，只有和其他人一起互相承认对方的权利与自己一样，甚至放弃一部分自己的权利来得到相互的认可，社会契约才能够成立。但是，这里的权力如果不是绝对的权力，就无法保障各个人的自我保存权。在霍布斯的世界里，如果交涉决裂而回到原点(标准点)就意味着争斗的发生，这就是无法形成自发有约束性协定且非合作博弈的原型。

合作博弈的原型可以追溯到洛克。以个人的所有权为基础，洛克把和平状态定义为"自然状态"。如何使用自己的身体(劳动力)是自由的，通过个人的劳动，人们可以改造由上帝赐予的共有物(自然)从而获取属于他们个人的财产，并通过对这些财产的所有权来获得参加市民社会的权利。在这里不需要霍布斯所提到的否定理论。相反，由于不确定性和不稳定性的存在，为了保护每个人的生命和财产，每个人都可以自发地达成意向(结社)。在这个和平状态下，根据人民的信托而形成的权力，与霍布斯提到的没有权力就无法生存的权力不同，前者是由自发的具有拘束力的协定而成立的，因此允许更为明显的抵抗权的存在。是非合作博弈还是合作博弈，他们所设想的内容本身都包含在社会契约论中，并不是什么新的理论。

当然，如果局部地导入契约论理论，博弈论就可以放宽完整信息的假设，而且相较于新古典派经济学，能够使人的行为假设更为广泛。但具有讽刺意义的是，正如理性预期学派给予的例证，新古典派经济学的均衡理论范围只有在信息具有完整性的前提下才能成立。但是，共有的信息可以保障其完整性的合理预期，人们需要不断地按照市场的"铁规则"来行动。在这里并不存在个人的自由意志和自我决定权。所有的一切并不是由人来决定的，而是由市场来决定的。人只是市场机制中的一个零部件。

而在依据契约论的博弈论世界里，每个人持有相互独立的战略，在信息不完整、相互并不了解的情况下，可以通过互动来设定自身追求利益的情况。即使在短期内不能达到均衡，但可以通过把"名声"(Reputation)嵌入博弈，在反复博弈后，最终会达到长期均衡。在这种更贴近现实的状况下，可以更好地贯彻个人主义的方法论，从而实现对个人"独立"和"自由"的假设。

(二)道德和正义——经济社会动态过程中的作用

过于强调两者之间的差异也是不正确的。一般情况下，在经济学中应用的博弈论是以信息的不完整性和不对称性为前提条件的，因此就需要假设个人拥有更强的合理性。譬如预期效用理论，人们需要完全知道可能发生的情况和利益组合的概率分布，并且根据这一概率分布，人们可以保持一贯的偏好顺序。社会需要由这些具有极强合理性的均质个人所组成。当然，针对这样的预期效用理论已经有很多实验提供了反证的证据(Heap&Varoufakis，1995，p. 13&p. 22；佐伯胖，1980，第五章)。

契约论式方法还有一个根本的问题就是结论过于依赖在起点(博弈的标准点)假设的人的"本性"和博弈的规则。但是，也正因为这种契约论式方法所特有的问题，让博弈论变得更为自由。想要验证的问题只要取出部分片段，在起点根据不同的问题设置不同的人物即可。如果根据不同的分析对象不需要从社会科学的角度来做出一惯性的说明，这种方法就会非常有效。接着我们就导入"名声"这一因素来观察通过反复博弈达到长期均衡的情况。比如，在观察日本企业的长期就业偏好时，导入了"名声"这一因素来尝试说明日本企业的"经济合理性"(青木昌彦、奥野正宽，1996)。相较于新古典派的功利主义概念，"名声"一词与亚当·斯密提出的个人为了获得第三方观察者的赞许而抑制自爱(Self-love)的提法，在概念上更为接近。但是，问题在于"名声"背后如果无法形成长期雇佣是善的道德体系，"名声"就无法起作用。人与人之间，如果无法超越"合理性的共通理解"，在某种程度上共通的形成具有一贯信念(Belief)的序列，就无法解释这种长期的行为。除非我们假设是一个超理性的人，能够长期预见策略和收益，即使短期收益受损，也会不断地采取着眼于长期收益的行动，否则就无法解释。因此，包含契约理论的博弈论不能回避作为人们行为准则的道德的形成和社会公正(或正义)问题。

当面临制度转换或者体系转换的动态过程时，这个道德形成和社会公正就更加重要了。制度一旦形成，就会出现各种制度和规则之间的互补性，以及由此引起的制度惯性。制度形成或者转换是因为社会经济结构的变化，或是人们意识到社会公平正在崩溃所做出的自我牺牲行为而产生的。日本的长期雇佣制和年功薪酬制就是从第二次世界大战以后到20世纪50年代经历了激励的劳资纷争后形成的。在这个动态进程中，如果套用进化博弈论，则这些行为只能用环境变化和发生了突然变异来解释。但这意味着彻底放弃对因果连锁的说明。在进化博弈论中，在其原始点导入不同的遗传因子信息所得出的结论(制度进化)也是完全不同的。

那么，在实际过程中产生的社会经济的制度转换过程到底是什么样的？如果要按照更贴近现实的情况来加以考察，就需要提出与主流经济学完全不同的假设。首先，近代国家需要对基本生产要素设定所有权，但实际情况是，由于存在市场化的边界，生产要素的所有权所涉及的范围是有限的而且是可变的。因此，包括交换在内，人类所有的社会活动和经济活动即使有一定的差异，也都存在着"外部性"。而且，人类只要存在人际关系，不管是从法律上还是从习惯上，制度和规则就需要有强力和同意这两种要素存在。从权力强制的角度来看，制度和规则不但会带来"搭便车"现象，还会产生"被强制的乘客"(Forced Rider)出现。另外，从人们同意的层面来看，制度和规则的稳定性依赖于由社会公正形成体系化的正统性(或者是人与人之间一贯信念的序列形成)。这是由"语言维持的交流行为"作为媒介来实现的相互理解、相互影响的过程。如果制度和规则摇摆不定，人们就会超越狭隘的自身经济利益，站在正义和道德公正的角度去“说服”他人。当那些人意识到自己是先驱而采取自我牺牲的共同行为时，制度和规则就会发生重大改变。在历史上经常可以看到那些并不知道未来会怎样但依然我行我素的人。这些人如果置于既有的博弈论的规则中，那他们本身就把自己排除在纳什均衡以外。不断改变战略、不断重复返回标准点的博弈根本无法解释这种情况。因为博弈规则本身的稳定性就已经被破坏，人们的共同行为就需要改变既有的博弈规则。

（三）自由主义与平等主义

作为制度形成和转换的基础并非没有从社会的公正（正义）这一角度来展开契约论的讨论。相反，对于社会契约论，正义是作为政府成立依据的一贯重点。但是，在自然法思想的内部，针对自然人的本质，侧重点放在“重视自由行使所有权的自由主义倾向”还是“纠正因私有财产权而导致的不平等的平等主义倾向”，学者间对于不平等和纠正差距的态度完全不同。前者的代表是洛克（J. Locke，1690），后者的代表是卢梭（J. J. Rousseau，1755，1762）。契约论在其原点，自由主义与平等、利己主义与利他主义或者所有权与生存权，根据不同的侧重点，在考虑人类的“本性”和契约规则的时候，结论有可能是完全对立的。

现代，罗尔斯的《正义论》（J. Rawls，1971）再次挑战了这一问题。罗尔斯提出将两个原则即平等的自由原则和纠正差距原则作为正义的原则。首先，他用第一个平等的自由原则来应对功利主义原则。功利主义的理论认为，只要有效率，即使是奴隶制也应该予以承认，罗尔斯对此给予了批评。但是对于第二个纠正差距原则，他并没有像卢梭那样导入“原始状态”人类的平等主义倾向。因为，如果在自然人的内部导入自由与平等这一对互相对立的倾向，就根本找不到对立和解的理论标准。

为此，只能采取以下措施：

一是把社会的、自然的因偶然情况而获得的个人能力和技能视作社会共同财产，是应用在最为不利条件下的人们身上的一种社会共同财产。也就是说，把不平等的原因用社会的共同财产这种方式来包括在财产权规定中，这样就可以不必套用美国不存在的生存权规定从而回避第一原则（自由权）与第二原则（纠正差距）之间的对立来构成他自己的理论体系。

二是通过设置与博弈论相似的理论结构，正义可以从纯手续的正义概念获取正当性。首先，他假设的处于“原始状态”的人有以下几个特点：(1)正义原理的选择（合意）手续中拥有完全平等的权利；(2)对于人类社会存在“无知之幕”这一信息的不对称性；(3)完全不关心他人的利益，合理地实现自身利益的最大化（但是嫉妒被排除在外）。其次，在此前提下，他需要构思一套在反复试错的判断过程中不断地寻找“反省的平衡状态”的正当化手续。在这里，与传统的社会契约论不同，并不是指具体的契约而是指承认判断所需的各种标准和各种原则。但是，要达成各种原则的合意，就不能是只顾追求自身利益的个人，而需要能做出道德判断并遵守规则的个人。如果某一个个人只顾提出对自己有利的标准和原则，那就无法达到“反省的平衡状态”。导入这些量，就可以回避那些一直以来不断被批评的契约论的传统论点，即自然权的依据、社会契约的历史存在的问题或者自然法的循环论方法等。

三是正义的两个原则是根据弱势最大化（最大最小）原则（Maxmini Principle）选择出来的。当存在几个不同方法选项的时候，人们会选择比最坏的结果要好的方法，或者改善处于最低层面的保障。如此这般，两个正义原则的关系会出现如下结果：首先，自由只有为了自由才有可能受到抑制，因此会觉得应该把第一原则放在优先地位，不能为了增加社会整体的福利水平而牺牲个人的自由。但是，如果所有的当事人都无法从不平等中获得利益，这个不平等就是无法接受的，因此需要使用第二原则对纠正差距给出一定的标准。反之，如果不平等可以诱发人们努力工作，那么这个差距就是可以接受的……

但是罗尔斯的主张最终也无法摆脱契约论的悖论。如果在假设中把个人设置为“原始状态”，即使规定不是一般理论，但是也必须对人的行为动机给予相应的伦理价值判断。也就是说，分析者为了获取自己所需的结论就需要从无数个人的行为动机中决定哪些需要抽象化，哪些社会关系应该舍弃。罗尔斯所说的社会共同财产论中提到的人们的道德判断和公平竞争精神、弱势最大化原则等都是制约条件。当把这个理论运用于博弈论时，即使短期失败，但只要不断重复失败，就可以形成契约和规则。因此，可以回避契约论所特有的循环论。从表面上看这似乎可以回避法律实证主义的批评。但是仅仅依靠达成合意手续过程的公正是无法表达在原始点（或者标准点）的个人行为动机的。比如要解释个人主义倾向较强的美国和平主义与倾向较强的瑞典的不同之处，最终可能只有回到原始点“自然状态”的个人的行为动机中去寻找更为抽象的依据。即使反复博弈，也无法回避循环论方法之嫌。

把这些问题结合起来看，罗尔斯的主张：第一，关于判断效用的个人间的独立性和个人利益（期待效用）最大化行动的假设，其实与他试图批评的功利主义的前提条件是一致的。因此，社会的公平和平等化在可以促进人与人之间的协调行动的层面上被忽视了。第二，作为伦理判断标准被导入的弱势最大化原则也仅仅是最低保障。关于最低保障以上的群体，只要不影响劳动意欲，不平等就是可以接受的。这部分的“社会的公正”理论极为含糊。也就是说，只需要提高最低限度，在最低限度以上的部分即使存在极端的财富不平等，或者整体停留在贫困状态，也不会设置纠正不平等的具体分配原理（佐伯胖，1980，第六章）。

只要针对货币收入分配这一相对标准，就无法回避嵌入了契约论方法所存在的悖论。因此，寻求某种绝对标准理论来解释不平等发生的学术冲动从来就没有停止过。譬如阿玛蒂亚·森（A. K. Sen，1985），虽然表面上看也和罗尔斯一样主张针对贫困层的再分配需要提高效率，但再分配并非依赖于货币收入。他认为，由于缺乏“人力资源开发”，最贫困的人们无法发挥其潜在能力因而被排除在社会体系以外（如果转换成契约论的说法，就是被排除在契约主体以外），他尝试在这里找到纠正不平等的绝对依据。

三、出自普通法(Common Law)体系的自生自发秩序论的历史相对性

最后，我们从批评契约论的伯克出发，对被哈耶克推上巅峰的自生自发秩序论加以探讨。先简单地回顾一下伯克。首先，他在《对法国大革命的反思》一书中指出，以自然权和社会契约论为根源的人民主权论是多数者（群众）实施的暴力专政，并提出了“保存（Conservation）和修正（Correction）的两个原则”。伯克把光荣革命与法国大革命进行了比较，并对光荣革命做出了如下的评价：“不管是在革命的时候，还是现在，我们需要，我们所拥有的一切，以及那些从我们祖先留下的遗产中可以获取的东西。……至今，我们进行的改革都是基于尊重历史的原则下推动的。今后我们要推动的所有改革也一样，都需

要注意类似的先例、典故、实例。我希望如此，不，我确信如此。”（E. Burke，1790，p. 117）

这个保存和修正原则正是习惯法体系中普通法与衡平法（Equity）之间的关系。这意味着这并非根据先验的理论命题来构思应有的体制，而是根据以习惯为基础的归纳推论对于个别情况不断进行修改的方法。因此，伯克的做法是：(1)批评了那些激进派使用在历史上从未存在过的先验的命题来作为公民政府的成立依据；(2)认为自由与获取权而并非自然权的私有财产权是不可分割的；(3)在衡平法院的制度下确立了土地所有权，贵族可以拥有大量土地，并且通过设定继承财产权保障了土地的世袭。伯克的理论是对现有体制展开的保守讨论（金子胜，1982）。

伯克的政府理论，由于设定了继承财产，“永久性维持家庭财产的权力……最具有永久性维持社会整体的倾向”，因此成为主张地主贵族政治正当性的理论。亚当·斯密虽然也和伯克一样批评了原始契约理论，但没有形成可以让土地贵族政治正当化的继承财产的设定以及土地法上的信托理论。很明显，亚当·斯密希望从普通法和衡平法理论提出体制内部的改革，但这并非依靠“继承财产权的家庭”，而是从个人的内部来寻找理论的起点，从这个角度来看，亚当·斯密和伯克完全不同。当然，这是一种同感理论（A. Smith，1759）。针对亚当·斯密的同感理论，人们一直喜欢从市场自动调节的侧面使用道德哲学来加以评价，与此同时，从批评重商主义的角度，法律和正义的关系是一个最为基础的关键概念。

从亚当·斯密的著作《法理学讲义》（A. Smith，1762，1763）中可以看到，同感理论是以普通法和衡平法之间的关系构成的英国习惯法体系为基础的，其目的在于逐渐修正老式重商主义法律和政策体系。亚当·斯密认为，陪审员对个别案例持续的同感才是形成“有关正义的各种规则”的关键。比如，之前根据同感而形成的重商主义的实定法，如今由于这种同感失去了历史的依据而成为旧习。从人们的利益汇总而得出的公共利益中导出的实定法，如果没有同感作为基础，就不可能成为“一般的正义规则”。功利只是作为事后反省的判断原理来强调需要修改法律的必要性。这种构思包含了休谟以后对功利主义的批评，最终由哈耶克提出的“法治”理论继承。

哈耶克虽然承认人的内心存在抑制自我利益追求的内容，但并没有明确地使用斯密的同感理论。哈耶克强调人的理性和信息处理能力的边界，并指出从人们的个人内容中并不会给出什么明确的目的价值和倾向。哈耶克认为，要在回避凯尔森之后的法律实证主义对自然法的批评的同时，进一步对根据先验的理论命题形成的演绎法式的自然权思想、社会契约论进行比亚当·斯密更为彻底的批评，就需要拒绝把特定的倾向和动机作为一般理论强加给个人。此外，他之所以强调人的理性和知识都是有局限性的，是因为根据以理性为中心的建构主义(Constructivism)为基础的政府干预存在边界。这里所说的建构主义，主要指的是社会主义和凯恩斯主义。如果需要强调人的理性和知识的边界，否定根据先验的理论命题的演绎法，那么共同的规则只有靠不断地从反复失败和反省中做出判断而自生自发。因此，他的自由论的着力点在于彻底地针对他人(特别是政府)来保障"个人的自由"。为了保障个人的独立性和多样性，人们以所拥有的局部性知识为基础，每个人都可以朝着自己觉得最好的方向努力的状态可以称为自由。为了确保这种自由，他强调政府不可以使用政府权力恣意地、强制地对人们施加压力。

由议会多数投票决定的实定法也不允许侵犯上述"个人自由"。制约个人自由只有互相认为有必要为了保护不受强制和压力的时候才被允许。在哈耶克的世界里，伯克和亚当·斯密一样在实定法之上存在着"法治"。而且，这并不是如同自然权一样的先验的命题，应该像法律、语言、货币和市场体系一样是自生自发的。以功利主义为依据的实定法也存在边界。因此，哈耶克主张的作为"交换的游戏"(Game of Catallaxy)的市场与新古典派的市场模型也是不同的。哈耶克构思的人拥有有限的理性和知识，市场也是充满着不确定性的。因此，与新古典派不同，他无法保证市场能进行有效的资源分配而达到均衡。反之，市场是由自由的个人不断重复失败而形成一个具有一定共同性规则的过程，人们在不断反省的过程中，获取保障个人自由的自生自发秩序形成的空间。因此，市场不管会带来什么样的不平等(结果的不平等)，都必须保护个人自由(机会的均等)。

但是，哈耶克的主张，如果需要强调有限的理性和知识来批评"建构主义"，那么自生自发的秩序是否具有普遍的妥当性就需要用历史实证的方式来验证。作为自生自发秩序基础的市场、法律和货币等形成的过程，每个国家都有明显的个性。因此，我们有必要通过回顾伯克和亚当·斯密来追溯哈耶克理论的源流。在第三章中会更详尽地介绍，伯克的主张反映的是以财产权这个资本主义市场发生基础，尤其是土地所有权在英国形成的过程，即普通法与衡平法在互相作用的过程中，土地所有权是如何决定的。自生自发的秩序形成的依据只是优秀的英国的，受到特殊的盎格鲁一撒克逊的条件制约。因此，这个主张如果要适用于所有的国家证明它具有普世价值，就需要通过历史主义的相对化讨论。

问题不仅仅局限于此。自生自发的秩序论与功利主义和契约论相同，当碰到生产要素市场化边界的时候，其理论就会受到阻碍。之所以会通过某种方式产生“建构主义”，是因为随着市场经济化的发展，必然碰到生产要素市场化的边界问题。20 世纪 80 年代的金融自由化最终带来的是投机和泡沫以及此后的不良债权问题，至今仍历历在目。哈耶克主张的银行券的发券自由化理论和 EC 汇率自由化理论所带来的不稳定性，对于把这些称为正在重复失败的人来说，它的冲击对人们的生活产生的影响太大了。此外，市场带来的“不平等”如果只是为了保障极少数个人的自由，而且将跨越世代被继承下去，那么，一个人刚出生就有可能被剥夺“机会平等”的“自由前提”。并不是“建构主义”扭曲了市场的“自生自发秩序”，而是市场的“自生自发秩序”需要“建构主义”。

第二节　生产要素的市场化边界与集体主义

以上总结了三大主流经济学的西欧近代思想，并逐一做了讨论。这三大潮流在自由意志理论（Libertarian）的立场上是保持一致的，但以“个体的自我决定权”作为起点来讨论社会的公正和正义问题的时候，各个理论都碰到了难处。只要以西欧近代思想为基础，主流经济学也会碰到同样的问题。主流经济学站在自由至上主义的立场上，以土地、劳动和资本的私人所有权作为“个人独立性”的依据，认为在市场体系中进行交易才是最好的方法。但是，在第一章中已论述，只要市场化经济不断推动，就必然出现生产要素市场化的边界。在生产要素市场中嵌入的制度和规则每次发生动摇，主流经济学(其根本是西欧近代思想形成的理论)的困境就会浮出水面。主流经济学在表面上会不断出现替代，但是在这三种潮流间只是在西欧近代思想的悖论中反复来回。

经济社会每次碰上生产要素的市场化边界的时候，作为相应的对抗思想就会出现各种集体主义(Collectivsm)思维。紧随资本主义的诞生，社会主义也出现了。在这里使用“集体主义”这个19世纪的词汇，是希望能够回避因国有与私有这种二分法式的所有权论而覆盖那些真正的问题之所在。当然，“中央指令型计划经济与自由主义市场经济”这种通俗的二分法，对于现实的经济分析是没有任何意义的。从这个角度来说，传统的马克思主义本身也应该成为被重新审视的对象之一。

一、宗教秩序与平等主义

那么集体主义的历史起源到底在哪里？要回答这个问题比较困难。特别在市场经济化发展的初期阶段，宗教团体的作用不可忽视。从欧洲的角度看，集体主义的起源可以追溯到宗教改革。如果宗教改革可以如韦伯所说的那样“解放”了资本主义精神，但与此同时，解散修道院也可以被视为走向世俗化的一种体现。在第三章中会更为详尽地分析，推动了产业革命的英国在韦伯命题中存在着巨大的问题。因为韦伯彻底无视了基督教的人类平等主义(Egalitarianism)的世俗化所具有的对抗市场经济的“社会防御”作用。关于这一点根本就不用在历史长河中去寻找依据。最近在波兰、韩国和菲律宾等国家的民主化运动，教会往往会成为批评世俗权威的重要据点，在美国的黑人市民权运动的背后存在着浸礼宗(Baptists)和循道宗(Methodism)的福音主义。20世纪70年代英国工党左派的托尼·本(Tony Benn)在主张马克思主义和费边主义的同时，强调了自我行动原理的依据是基督教的人类平等主义(T. Benn，1979，Chap. 1)。

当然，在非欧洲社会也可以观察到同样的现象。譬如在伊斯兰社会，以清真寺为中心通过共同所有形式来经营不动产和果树园，并由瓦克夫(Waqf)来经营学校和医院并救济平民。但是随着私人所有权的普及，瓦克夫制度瓦解后，国家推动了以“自由主义经济原理”为依据的近代化政策，作为一种“社会防御”组织，伊斯兰原理主义运动死灰复燃。而且在医生、技术人员、教师等原本应该成为近代化和合理主义旗手的这些人中，大量的人成为推动传统的“复古主义运动”的主体。这本身就是一种悖论。他们这些原本应该成为近代化旗手的人，由于市场本身无法承担为贫民提供医疗、教育和互相扶助等“无形产品”，这些人被迫承担起这些社会责任，最终他们成为“复古主义运动”的支持者。

二、生产要素和社会化

在这里需要加以讨论的是世俗化的集体主义。近代以后诞生的社会主义和社会民主主义思想就是这样的集体主义。虽然这些集体主义的幅度很宽，但也并非全是分散的。追溯各种各样的社会主义和社会民主主义的思想起源，可以发现最终都会汇聚到三大生产要素市场化的边界问题上。虽然思想存在着多面性，但他们的发生源都是一样的。

在宗教改革以后，欧文的模范工厂和模范农园是以世俗化形式出现的。他们通过排除市场经济，直接构建共同的生活模式来对人们加以保护。但是，近代以后的社会主义是从经济学角度对基本生产要素在市场交易过程中碰到的问题为研究对象的，这与上述“隔离模型”是完全不同的。

第一，关于土地的社会主义。土地公有制理论本身可以追溯到掘地派运动(Diggers)，但经济学体系主张的起点应该是密尔。在密尔的《经济学原理》(1848)一书的分配论中，根据古典派经济学原理规定地租为不劳所得，并主张通过课税间接地实现土地公有化。密尔的土地公有化理论并不是政府直接接收所有权，而是通过税收来吸收地租，通过向保有大土地的个人征税来诱导土地保有量向适当规模靠拢。他认为，那些在自己保有的土地上通过自身的劳动获得成果可以提高农业的生产效率。以此为理论媒介，他认为通过课税实现土地的再分配(公平性)是最有效的。新古典派的始祖瓦尔拉斯同样主张土地的公有化，他还自称自己是社会主义者。

关于土地的社会主义，即土地国有化的理论，也包括土地课税理论，它的范围极其广泛，各种理论潮流交错复杂(戎能通厚，1995)。从系谱上看，密尔的通过课税来实现土地公有制的理论是继承了亨利·乔治的土地单一税理论。与此同时，密尔的自然独占理论流向了城市社会主义。早在19世纪70年代的伯明翰，水道和煤气的城市公营运动揭开了城市社会主义的序幕。韦伯从伦敦市政项目中针对包括公共教育、住宅、贫穷问题等行政和财政领域开展了国家最低标准的讨论。从此，在英国针对开发收益的课税以及对城市计划的约束等政策中都可以找到费边社会主义的源流。

第二，关于劳动的社会主义。李嘉图的“机器论”可以被视为首次导入了经济学的理论(D. Ricardo，1817)。从卢德运动(Luddite Movement)中可以观察到，在机器生产逐渐排斥手工劳动从而使大批手工业者破产、工人失业的这一时代背景下，出现了“人的劳动被机器所替代”这一重要课题。在这里李嘉图式的社会主义产生了分歧。

从理论上看，劳动的社会主义可以出现两个方向：一个是把熟练和技能作为社会的一种制度，在承认作为所有权主体劳动者“独立性”的同时，把他们嵌入市民社会内部；另一个是，不管是否拥有熟练和技能，针对劳动力的购买者(经营者)，以同质化为基础，让劳动力的出售者(劳动者)平等化。前者是以所有权的独立性为依据追求平等化，而后者是以生存权为依据的平等化。

马克思选择的是后者。劳动力的购买者存在着用机器来瓦解熟练和技能从而实现替代劳动力的冲动。马克思把人的劳动还原成抽象的等质的劳动，提出了劳动价值理论。他认为所有的人都具有相同的价值，并尝试找到所有的劳动力出售者团结起来的基础。劳动价值理论只有在这样的社会经济文脉中才具有实际意义。

相反，前者则需要克服以下的困境。为了确保作为劳动力私人所有的劳动者的“独立性”，需要有维持熟练和技能的社会制度，对于不掌握熟练和技能的劳动者，只有通过劳动组合来行使排除权，才能实现对掌握熟练和技能的劳动者的保障。以大战为契机，欧洲各国的劳动组合受到法律的认可，作为一种法律制度被包含在国家的内部。但是，熟练的社会制度导入的虚拟劳动所有者必然会把那些没有组织的劳动者、临时工、失业者和老年人等排除在外。这些被排除在外者如今同样被赋予普通选举权，成为拥有生存权和参政权的权力主体。因此，前者的劳动社会主义，需要对那些被熟练和技能的社会制度排除在外的人在消费层面的社会主义领域进行补偿。

譬如，英国学者韦布夫妇提到的社会主义是由关于劳动的产业民主制理论和关于消费的城市社会主义构成的(S. &B. Webb，1897，1920)。为了对抗以工会谈判代表(Shop Steward)为基础的激进派，韦布夫妇主张在追求劳资关系平等化时实现高效率、高工资(一种效率工资理论)。同时，在消费领域同样展开平等化战略。这与凯恩斯的理论是一样的。在凯恩斯的理论范围内，把隐含的劳动组合的社会基本权作为前提条件，导入工资的向下刚性，与此同时，通过收入再分配的福利制度和在消费层面上的总需求管理政策来拯救那些被赶到“圈外”的人的生存权。不管凯恩斯的政治信仰如何，作为工会重要基础的社会民主主义，在凯恩斯主义的前提下首次被赋予积极的意义。由于社会民主主义一直无法拿出一套独立的经济政策和政治方案，它往往被视为具有消极意义的表达词汇。

但是，凯恩斯主义的福利政策和总需求管理政策，必然需要对第三领域的货币加以管理。为了配合总需求管理政策，在推行财政货币政策时就需要以管理货币政策为前提的固定汇率制度。如果允许调整以商品货币(黄金)为轴心的货币量，在扩张期随着物价的上涨会出现进口和黄金结算的增加，在不景气时期会进一步出现信用收缩的危险。即使采用扩张性财政政策，由于利率上涨(如果资本移动是自由的，那就会导致资本流入带动汇率上涨)，景气扩张的效果也得不到发挥。因此，货币政策成为维持固定汇率制度的“帮凶”。在这种情况下，为了协调国际收支的长期不均衡，就需要在一定范围内允许对资本实行管制，定期调整汇率。这样可以通过国内裁量的财政货币政策来拉高总需求，而因此出现的通胀则可以通过配合工资上涨水平提高商品销售价格，这样就可以在一定程度上解决工资的向下刚性的制约。

如上所述，以三大生产要素的市场化的边界为依据，各种各样的集体主义随之产生。

三、波兰尼理论的边界

以上是从市场领域与非市场领域的界线来发现三大生产要素市场化的边界，并从思想史的领域加以了探讨。三大生产要素本身就不适合市场经济的考量，这本身并没有什么新鲜的内容。波兰尼对这个问题提出了自己的意见。

土地、劳动、货币的市场化创造出自动调节的市场体系，但波兰尼认为，三大生产要素“不能为了出售而生产”，因此，他提出了“虚拟商品”这一概念，并希望从本质上来发现问题。因此，从“制度的政治经济学”的角度，最后还需要对波兰尼的理论加以整理。

第一，波兰尼由于基本上遵循了新古典派经济学创始人之一的卡尔·门格尔的思想，对市场经济的自动调节能力做出了过高的评价。他认为，前资本主义时代是非市场经济的，而资本主义成立以后的才是市场经济的，这种二分法是最为明显的体现。虽然波兰尼在描述资本主义历史的时候，把拥护自动调节的市场的“经济自由主义原理”与为保护人类社会而摆脱市场控制的“社会防御原理”的双向斗争的情节描绘得淋漓尽致，但是他的历史解释太过于常识化。对于在19世纪出现的竞争的劳动力市场、金本位制、自由贸易是根据“经济自由主义原理”通过自动调节的市场来完成的这一观点，他并没有提出任何疑问。针对这一体系在19世纪末开始崩溃，20世纪30年代彻底失败的见解也没有任何新意。在第三章中会详尽分析，19世纪英国“自由主义”的黄金时代也只是一种虚像，如果从历史的真相来看，自动调节的市场在历史上就从来没有出现过，在政治领域独立的经济领域也未曾存在过。如波兰尼所说，如果基本的生产要素的市场化原本就存在边界，在19世纪自由主义的时代虽然发生了变化，但在这两个原理上依然存在着激烈的斗争。

第二，波兰尼虽然反复批评了新古典经济学，但这种批评只是一种针对新古典派经济学的理论形式内部的批评。波兰尼认为经济应该区分为形式上的内容和实体上的内容。但是他没有针对卡尔·门格尔的“形式主义”的经济学的内部加以批评。在第一章中已经指出，不管怎样的基本生产要素，其市场化行为都存在边界，新古典派经济学需要从形式理论的角度来加以阐明。如果缺乏批评经济学的观点，即使提及“不能为了出售而生产”而提出虚拟商品的概念，也只是把生产要素的“稀缺性”用实体经济加以转换。

波兰尼在他的《人的生计》(*The Livelihood of Man*)一书中，先介绍了卡尔·门格尔因为他的经济学无法适用于“未开发”的社会而郁闷的情节，后又笔锋一转，开始对前资本主义社会——市场被嵌入社会各种关系中的时代加以分析。在书中他给出了关于互惠和再分配(家政)等各种原理，并指出，人类并不是以个人的利益，而是以保护社会的地位和社会的资产为行动目标的。他通过介绍各种礼仪事例，希望大家知道关于自身利益的批评可以追溯到很久以前，经济人并不是人类普遍的本质……。以自动调节的市场经济的形态在没有任何批评的情况下被继承下来的新古典派经济学的形式本身，只是从很久以前的实体经济中延续下来的，并不是现代才会出现的问题。

第三，波兰尼缺少了针对资本主义国民国家成立以后形成的生产要素市场制度和规则的结构分析。波兰尼的理论特别缺乏对位于资本主义经济中心位置的企业组织和劳资关系的分析（关于企业组织，我们将在第四章和第五章中展开讨论）。由于生产要素市场化存在边界，因此制度和规则产生了，反之，如果没有这些制度和规则，市场经济就无法稳定地发挥其功效。

此外，波兰尼的理论并没有把作为一种人为制度的国民国家的权力性作为分析的对象。不管是设定生产要素的所有权，还是为了解决生产要素市场化边界的制度和规则，这些都需要以国民国家的权力来做担保。因此，制度和规则是由权力的强制和获取根据正义的自发同意为媒介动态地演变的。如果仅仅是把范围局限于“经济自由主义原理”与“社会防御原理”这两个原理之间的斗争，那对于制度的结构变化的描述就显得过于平凡了。现今，随着国家之间的经济相互依存度的提升，以国民国家为前提的制度结构的不同就成了国家与国家之间经济摩擦的主要原因。当今是发生源完全不同的世界市场与国民国家（Internationalism & Nationalism）这两个模板之间不断发生冲突的时代。今时今日，我们需要超越枯燥的世界体系论（I. Wallerstein，1974），从另一个视角重读波兰尼的“大转型”（在第七章中会对此做进一步探讨）。

以上我们对波兰尼的理论边界加以了探讨，在接下来的一章中我们将跨出思想史的狭小范围，对自由主义黄金时期的历史事实做进一步的探讨。

第三章　私人所有权的确立过程与社会组织原理

——西欧近代的自由主义和民主主义

第一节　私有财产权、课税协赞权[①]统治结构

一、光荣革命体制与统治结构

每个国家在确定基本生产要素私人所有权的过程中，都会出现其所固有的社会组织原则。在上一章，我们主要讨论了西欧近代思想理论上的悖论。在这一章中，我们将围绕历史事实，对在确定基本生产要素私人所有权过程中产出的自由主义、民主主义、个人主义、地方自治等西欧近代的“普世价值”加以讨论。在世界史上，剖析最早产出近代资本主义的国家——英国的历史事实，可以发现这些“普世价值”之间并不存在自动调节的关系，反而在深处存在众多逆向的、内部紧张的关系。遗憾的是，我们在对现代加以考察的时候，一直都没有很好地对作为西欧近代起点的英国做出评估。因此，我们需要考虑确立了私有财产权的英国光荣革命体制，以及当时英国拥有的是一个怎样的社会组织原则和统治结构(可参考，金子胜，1982)。

---

① “课税协赞权”一词在汉语中并没有固定的位置。但是对于英国和日本等立宪君主制国家来说，课税协赞权是一个非常重要的名词。《熊希龄集(二)》一书中就曾提到清末实施君主立宪制中关于宪法的协赞权。在早期的君主立宪制体系下，国家的代表依然是君主，而帝国议会被赋予的是协赞权，即帮助君主来决定法律、预算、课税等的一种权限。因此，在本文中，译者较为推崇沿用日本的“课税协赞权”一词。——译者注

首先我们来回顾私人土地所有权与地方自治之间的关系。在英国，首先需要观察在确立私人土地所有权过程中形成的以治安法官（Justice of The Peace，又称太平绅士）为中心的“地方自律性”。从1641年废除星室法院（Court of Star Chamber）开始，绝对王政的特权法院（Prerogative Courts）机构纷纷解体。随着私人土地所有权的确立，枢密院（Privy Council）对治安法官的严格统制开始弱化，治安法官由国王任命也名副其实。由强势的治安法官管辖的季审法院（Quarter Sessions）掌控了作为郡县（County）的普通法法院的刑事管辖权和下层简易法院的首次上诉裁判权。不仅局限于司法权，地方还掌握了行政权和立法权，并且进行一元化管理。中央除了保持对普通法法院的司法管控和议会立法以外，被彻底排除在外。

经由市民阶级革命，在确认了议会优于王权的情况下，国王和行政府在得不到议会的同意下无法实施课税和强化军备成为一种国家制度原则。议会的主要构成人员由负责“地方自律性”的治安法官组成，他们主要是由当地地主和绅士的代表组成。“议会主权”可以抑制增加常备军、加强税收负担这些可能威胁到私人土地所有权的行为，与此同时形成了“地方自律性”。

但是由于丧失了绝对王政的制度基础，“地方自律性”与相对王权的“议会主权”并没有立刻导致国王和行政府的弱化。第一，作为与国王领地的交换条件，国王获得了消费税和关税中一部分的终身世袭。这些消费税和关税只需要在议会一次性通过议决即可。国王可以用这些钱来成立利息支付基金，通过发行公债和借贷来获得军事费用。第二，国王可以根据这些税收设定王室年俸（Civil List）。根据国王的裁量权，不仅仅是王室费用，法官、外交官等的工资，闲职开支和养老金等也可以从中支付。第三，国王和政府的实力派人物还可以行使大臣的任免权，以及从廷吏、陆军将校到税收官吏、政府签约商人等广范围的特权任命权（Patronage）。获得了特别许可的企业通过给政府借贷和承接公债维持了与政府的关系。国王与政府通过行使以上范围极广的裁量权，在减轻议会统制的有效性的同时实现了强大的权力集中。为了防止中小的财产所有人和下层人民对议会的影响力，1711年通过立法对议员的土地收入（郡县600英镑以上，行政区300英镑以上）加以了限制。针对詹姆斯党人（Jacobite）叛乱，1715年议会制定了骚扰取缔令（Riot Act），1716年通过了

7年议员法，议员的任期由3年延长到了7年。

光荣革命以后的重商主义国家体制既是以治安法官为中心、依据“地方自律性”的议会主权——分权国家，又是以国王为顶点的政府制约议会实现权力集中并以此强化重商主义的战争国家——集权国家。两者间形成了一种对立的结构。依赖于市民阶级革命而成立的国家体制是保护私有财产权的体制。为了规避税收负担(特别是土地课税)和强化常备军等国王和行政府的介入，以大土地所有者为中心，实现了“地方自律性”和“议会主权”。但是与此同时，以国王为等级的顶点加强了财产权秩序，从而造就了一个具有重商主义战争能力和实施原始积累能力的强大国家。光荣革命体制是在这种对立结构上保持着微妙平衡的国家体制。辉格党(Whig)认为，当时的国家体制是在国王、贵族院、平民院三者之间寻求均衡和抑制而形成的“混合政府形态”(Mixed Government)。18世纪议会内部的对立可以用“宫廷派”(Court Party)对“地方派”(Country Party)来表述。

二、以财产权为基础的垂直权威秩序

光荣革命以后的重商主义国家体制不断自我调节由这种对立结构带来的紧张关系的体制。但是这个在光荣革命体制内部形成的对立结构又被以私有财产权为基础的一贯性社会组织原则统合。

首先，关于混合政府形态，国王、贵族院、平民院分别发挥了以下作用：(1)国王作为首席法官(Chief Magistrate)凌驾于法律之上(拥有立法否决权)，成为名誉之源。另外，国王还作为行政府的首长拥有外交权和召集、结束、解散议会的特权。(2)贵族院是由土地贵族和大主教构成的，他们不仅代表贵族制，还是与土地相关的最高司法法院。(3)平民院是由地主和绅士为中心的臣民(拥有财产者)为代表的，在保护自由的同时，代替臣民申诉不平。

在国王的同意下，由第一财政大臣(First Lord of the Treasury)和有影响力的大土地贵族为中心形成中央政府(行政机构)，再由国王使用他拥有的人事任命权任命大臣和官吏，在议会这可以作为一种维持议会多数席位的手段来实现行政府权力集中的稳定性。“国王的行政机构”支出由国王自己决定，虽然支出法案需要由议会检查，但是，由于国王、贵族院、平民院三者都具有立法权，因此平民院最多只能做出一些表面的抵抗，或是做出局部抑制。这种混合政府形态从严谨的角度来看并不存在三权分立，而是一种由国王－贵族－臣民形成的垂直权威秩序为前提的，并在三者之间达成某种均衡和抑制的体制。

其次，这一体制又是一个具有“地方自律性”的地方统治机构。(1)国王的代理官员(Lord Lieutenant)作为在郡县的国王的代表，在郡县内替国王经营管理并成为拥有最大领地且最具有影响力的贵族。他作为记录保管官和首席治安法官拥有对治安法官的提名权、管理季审法院，并拥有对副官、助理和书记等的任命权。(2)由国王任命的执行官(Sheriff)或者在郡任命具有影响力的地主贵族为代理官员，置于王座法院(The Court of King's Bench)之下。(3)国王的代理官员和执行官在具有影响力的治安法官的配合下，以季审法院为中心来执行郡县的司法、立法和行政。这时候从警长(High Constables)到教区的官吏都是特权任命的。(4)在郡县内的大陪审团(Grand Jury)扮演着平民院的角色来监管财政支出。大陪审团由治安法官组成，根据 1732 年法，成为治安法官的财产资格从每年的 20 英镑上升到了 100 英镑。地方统治机构也以有影响力的地主贵族(国王的代理官员和执行官)为顶点，由领班治安法官(季审法院官职)到一般治安法官(大陪审)，形成了一套垂直的权威秩序。在没有明确的权力分立的情况下，维持着相互的均衡和抑制。

在上述统治结构中根本无法从中世纪以后的自由土地保有(Freehold)中找到个人主义的起源(A. MacFarlane, 1978)。光荣革命并非是以平等派(Levellers)和掘地派运动的人民主权论为依据的，而是由土地贵族政治成立的。但是这并非单纯的封建遗物和残渣。虽然通过设定继承财产权，承认了贵族的大土地持有，但在经历了光荣革命以后，贵族和国王之间的君臣关系、封建的身份关系已经被全盘否定，那么，在郡县内贵族的大土地持有也仅仅是私有财产所有的一部分。以财产权为依据的垂直权威秩序支撑起来的是公私两面的特权任命权，以国王为顶点到末端教区的官职都靠特权任命来维持。这是根据私有财产的多寡来分配权力，把财产的权威推广到社会整体的手段。

国王一方面因为会侵犯他人的私人所有权而无法获得更多的领地，针对土地所有权的课税(地租)还需要获取议会的课税协赞权。另一方面，他为了维持自己在整个社会的财产权威,行使了君主特权赋予自己的一部分消费税和关税的终身世袭权,成为最大的财产持有人。王室财政与国家财政的“未分离”,议会协赞权的“不彻底”,这一态势并非因为市民阶级革命的不彻底而致。其主要诱因是市民阶级革命确立了私有财产权,王室才会由议会的(仅仅一次)承认被赋予了作为“财产”的一部分消费税和关税,通过终身世袭来获取一定的财政收入,以及相应的君主特权。市民阶级革命并非推倒了王权从而根据义务来决定地位和官职并因此保有资产的封建君臣关系,而是根据资产多寡来决定地位和官职,以及由私有财产权为基础的权威秩序。在这个转换过程中,国王被赋予了新的权威,官职本身也成为私人所有的对象。

私人所有权确立本身并不像契约论所说的那样可以解决社会整体对等的权力关系,也并不像马克思想象的那样,通过市民阶级革命社会关系可以立即从对人的依赖关系转换为物化关系。由特权人事权为媒介的财产权秩序已经不再如同封建君臣关系那样依靠强制的对人的依赖关系,同样,这种秩序相比资本家通过支付货币的契约关系更包含着家长式对人的依赖关系。

这里还必须留意财产所有者与“无产者”之间的法律强制关系这一基本事项。为了保护私有财产权,必须对那些通过横向联合破坏财产权秩序的人实施绝对的法治。首先,最为直接的是骚扰取缔令。针对农业劳动者,根据“地方自律性”由教区和地方慈善机构通过家长式管理模式来解决当地的贫困问题,与此同时,作为一种来自土地的束缚,以强制就业为中心的工匠法令(Statute of Artificers)也被延续了下来。针对无法用工匠法令束缚的工商业部门的雇佣关系,导入了主仆法(Master and Servant Act)(森建资,1988)。这是承认了“订立合同的自由”和排除雇主不公平解雇的规定,是以“开业的自由”为依据的产物。与此同时,通过设定虚拟的家族关系法衍生的主与仆的“身份关系”,对劳动者处以刑罚来强制履行契约。在垂直的财产权秩序中嵌入古典意义是英国阶级意识形成的起点。

三、重商主义国家与近代地租

在重商主义国家的英国,其税收和财政制度又是如何在进行重商主义战争的中央集权国家与保持“地方自治”的分权国家的对立结构中取得平衡的?

这个问题的答案可以从战争费用与地租的关系中找到。

第一,地租是根据不可侵犯私有财产权的原则来征收的。在市民阶级革命以后,虽然不断尝试在全国导入每英镑一定税率的全国统一税率方式,但全部以失败告终。关于地租的考核和征收根据"地方自律性"交给地方,分配税(Allocation Tax)方式成为主流。以土地所有为对象的地租征税机构是,根据议员提名和议会的承认,由具有一定财产资格者和治安法官组成的郡县委员会委任的,国王的政府(财政部门和税务管理部门)也无权干涉。郡县委员会在各个行政区分割为小委员会。这个小委员会任命书记并在每个教区任命考核员(无工资)并获得佣金奖励的征税者。地租的分配税方式是保障不可侵犯私有财产权的"地方自律性"这一光荣革命体制的必然产物。

第二,18 世纪每逢战争,地租的最高税率都上涨 4 先令,这成为战争费用的主要税源。而且地租与消费税、关税不同,每年都需要议会的决议。根据每年决议定下的战争费用与基本税源(地租)的关系,保障议会批准的 1689 年权利法案的制度框架——该框架是针对课税协赞权和常备军维持和扩大需要而设立的。其间,土地持有人(地租纳税人)作为下院议员,以地方"自律"的地租征税机构为媒介,对国王的战争费用负担加以监管。

但是这个制度框架中存在着公债积累和消费税、关税增征的漏洞。17 世纪末到 19 世纪初发生的重商主义战争的费用中约 1/3 依赖于债务。除了发行长期基金债(Funded Debt),还发行了不需要议会批准的流动债(Unfunded Debt)。流动债的不断膨胀引发的公信危机,只能由国债来替代。为了偿还国债利息,又设立了利息偿还基金。这个基金的资金来源靠的是只需要通过一次议会批准就可以征收的消费税。通过上述方法,国王既可以规避议会限制,又可以通过发行公债和增征消费税来获取军事费用和战争费用。

这种做法以美国独立战争为契机最终彻底破产。第一,在 18 世纪,作为战争费用的基本资金来源的地租在整体税收中的占比不断下降。地租在 1710 年的西班牙战争时期占整体税收比高达 40%,但到了 1780 年的美国独立战争时期,占比下降到 20%。这意味着大土地持有人的税收负担和议会代表权丧失了比例关系。第二,美国独立战争带来了前所未有的公债累积。公债的急剧增加带来的公信度的动摇,外加战争时期贸易的减少和经济的不景气，导致公债持有人受损，人心动荡。不管是直接的还是间接的，但凡受到公信动荡影响的工商业者都开始批评政府，要求恢复公信的稳定。在这种情况下，要求经济改革和议会改革的约克郡的乡绅发动了声势浩大的运动。这场运动超越了以前的“宫廷派”与“地方派”的对立局面，中小自由土地持有人(Freeholder)、律师、牧师、地方金融业者、工商业者也参与进来，形成了全国性的改革运动。在首都，以威斯敏斯特联合和宪政信息协会为中心展开了一场激进的议会改革活动。之前依靠对立的结构来自动调节紧张关系的框架导致重商主义国家财政出现危机，不得不实施“自由主义”的财政改革来摆脱危机。但是推动改革的旗手并非还未成熟的产业资本家，在议会的中心人物依然是那些地主贵族。因此需要排除简单的阶级国家观，与此同时，像主张绅士资本主义论这样的静态文化支配论也必须加以否定。历史是一个动态的过程。

第二节　地主贵族政治与“自由主义”时代

一、土地所有权的确立与“自由主义”

1780年以后，议会提出了各式各样的行政和财政改革方案，但最终定在了由公共账目审查委员会(The Commissioners for Examining the Public Accounts)主导的渐进改革路线上。用一句话来总结，即回避“民主主义”议会改革，为保留地主贵族政治而进行的“自由主义”改革。大家一直在刻意回避这一事实。我们首先需要对西欧近代的“自由主义和民主主义是否表里一致”提出质疑。如果过于强调作为文化支配者的地主和绅士的秩序，就无法帮助大家看清历史的动态变化。为什么地主贵族议会可以实现“自由主义”的行政和财政改革？为了了解什么是支配权，就需要逆向思维。起源可以从确定土地所有权的方式上找到。公共账目审查委员会的改革方案是根据在大法官法庭(The Court of Chancery)发展成形的土地法的法理[(1)根据习惯逐渐修改的衡平法；(2)在衡平法院管辖权范围下开展的信托理论]而制定的。

大法官法庭的衡平法院管辖权推动了由已经开始僵化的普通法向形成新

的契约关系的转变，特别是针对保障用益权（Use）和关于信托的收益权来带动土地的近代化。在设定用益权的问题上，可以免除其根据封建土地所有所附带的义务（Feudal Incidents）。因为转让者（Feoffor to Use）是用益权受益者（Cestui Que Use）作为保有该土地的条件，转让者和被转让者（Feofee to Use）办理土地转让手续。这时，大法官法庭作为"有良心的法院"在明确被转让者的受托人义务的同时，也对用益权受益者的受益权在衡平法上加以保障。1660 年废除了监护法庭以后，设定将土地作为遗赠品的继承财产权得以普及。虽然从形式上看似乎存在双重用益权信托的可能，但通过对下一代设定财产继承权，可以防止土地所有的分散，这种做法为保障大土地所有制提供了法律的依据。

在衡平法院管辖权下，由大法官府主事托马斯·安圭斯（Thomas Anguish）为中心的公共账目审查委员会针对保障的信托理论中援用了"议会和政府"与"臣民"的关系。臣民作为信托的委托人，在默许保护私有财产权的基础上把公共资金信托给政府。为了保护公共利益，政府作为受托人承担着征收和分配公共资金的义务。两者之间是一种公共信托关系。把维持公信作为明确目标的第十一次报告中新设了"受托者"（政府）与"受益者"（公共债权者）的关系。政府为了保护臣民私有财产的支出而发行公债。公债的持有人从作为受托人的政府那里获得受益权，并成为享受衡平法的权利者。政府作为普通法的权利者虽然享有保证政府存续的权利，但也背负着偿还金钱债务（公债）的义务；而且作为确保公共债权人，政府还要承担把征收来的税收进行再分配的基金管理责任。

土地法援用的公共信托理论，即使是地主贵族政治也能够实施"自由主义"的行政财政改革。政府作为公共信托的受托人需要承担公共审计部门的节约和效率化的义务。根据特权形成的官职制度，被批评为一种把官职私人财产化的制度，人们认为作为受托人的责任范围应该受到限制。其中包括禁止设置公共资金的小金库和私人目的的挪用（公共资金转移至英格兰银行），废除手续费、馈赠款等私利行为和向按规则发放工资的转换，以及对于无用的闲职的整理，官职的法律地位由官员（Office-holder）转换为雇员（Employee）等措施。换言之，公共信托理论是通过制约官员的私人权利来削减国家财政支出从而提高效率，并给予政府官僚受托人的地位。而根据“客观性”作为媒介的公共利益，通过设置“忠于职务的义务”（专业性），形成韦伯所说的“近代官僚制度”（M. Weber，1921）。

但是，大法官法院采用的衡平法理论模式，在行政和财政改革（自由主义）过程中按照惯性渐进地推动改革，有意识地回避了激进的议会改革（民主主义）的一面。第一，土地法上的信托可以成为批评以社会契约理论为依据的人民主权论的理论依据。如契约论，国王和政府、议会及每个公民并不需要明确的契约关系，这一虚拟的理论结构，公共信托只需暗示同意即可以成立。针对财产所有人（受益人）这一衡平法的权利人，确认他同样是普通法的权利人，受益人的受益权只要得到保障，从习惯上作为受托人的政府和议会就可以作为权利人存续下去。第二，这与边沁的功利主义理论也不一样。保障信托的衡平法并不是依赖于事先已经确定的原则和准则，而是根据个别情况进行修改的。因普通法无法变通而无法解决的个别事项，可以持续地根据反复判断而形成一般原则，大法官法庭可以根据这一原则对法律加以修改。因此，衡平法的功利之处在于它是根据习惯的稳妥为判断标准对个别事例加以判断，这与边沁提出的从“最大多数的最大幸福”这一不变的原则衍生出来应有的立法和政策的思维是完全不一样的。

衡平法理论是在保持过去的习惯（旧体制）的基础上，把先例和典故等作为渐进式改革的正当化依据，从而回避了激进改革的保守体制内部理论。批评自然契约论的J. 塔克和E. 伯克等人是这一理论的拥护者。他们针对保护私有财产的市民政府运用了家庭设定私有财产遗赠作为继承财产权的法理。英国运用信托的法理确定了私有财产权，一边批评破坏社会秩序的人民主权论，一边主张只按照既有习惯进行渐进式改革才是保护“财产和自由”的唯一途径。在无法消除个人主义的情况下，以继承私有财产的家族关系为核心，在保存地主贵族政治的家长式统合前提下，渐进地推动了“自由主义”改革。如上所述，只有从历史的角度加以观察，才能对哈耶克的自由主义理论做出正确的评估。在评估的时候，要对西欧近代的个人主义、民主主义和自由主义之间存在的紧张关系特别关注。

二、教区制度的动摇与国家的世俗化

那么，产业革命与自由主义改革之间又有什么关系？有人认为，正是因为发生了产业革命，产业资本家的发言权才不断扩大，最终实现了自由主义改革。这种思维过于直白单纯。首先需要留意的是产业革命后福音复兴运动(Evangelical Revival)这一宗教亚文化的形成。一个是以循道宗为首的福音主义的非国教徒产生的集体心态带来的影响，另一个是针对作为末端统治机构的教区制度的政治影响(金子胜，1984)。

我们先来关注前者的问题。需要注意，循道宗并不属于韦伯所说的禁欲新教徒的系列。韦伯认为加尔文主义(Calvinism)是以上帝预定说为基础的，不应该陷入感觉的迷茫和被造物神化的迷信，不断地以"好的行为"(Good Works)为准则，根据自我判断能动地做出"作为使命的职业劳动"的选择。随着世俗化的发展，这逐渐转化为资本主义的精神。韦伯把循道宗视为禁欲新教徒(M. Weber，1920)，但事实上循道宗属于阿民念(Arminian)系列，受路德派的影响很大(岸田纪，1977)。福音主义运动简化了信徒的动机和传教内容，在工匠和劳动人民中迅速普及。这个循道宗的特征才是英国劳动者集体心态形成的源头(E. P. Thompson，1963)。

汤普森认为，构建起英国劳动者的职业观和劳动规律的是路德派的职业义务观。根据神的教导，"每个人一旦由神赋予了职业和身份，原则上就不能更改"。但与此同时，不管是富人还是穷人，恩惠和罪责都是同等的。这种普遍的恩惠论又以宗教的人类平等主义(Egalitarianism)为基础。为了维持神的恩惠，不是要去做"好的行为"，而是要通过每天忏悔和参加宗教仪式的"信仰"(虔诚主义)的宗教经验，耐心地等待神的拯救。

福音主义的其他各个派系，由于把皈依(Conversion)作为最重要事项，把福音信仰作为人生规则，因此，对神学问题无视并对虔诚主义疯狂。他们以组会(Class Meeting)为基础，以拥有其他职业的地方传教士(Local Preacher)、执事(Steward)、信徒为中心组建教会，对管区进行传教活动并开设礼拜天学校。此外，他们拥有自己的教堂、学校、医院和杂志报纸，替代酒吧和赌博等的娱乐场所提供互相扶助和慈善活动。由此形成替代国教会(教区制度)的宗教亚文化。福音主义的循道宗为因产业革命而背井离乡、进入城市的工匠和劳动者提供了替代旧教区的共同意识。

路德派的职业义务观让主仆身份关系或者“行会”的意识形态有了立足之地，形成了代代相传、从事同样职业的阶级意识。福音主义运动通过安息日集会和爱餐[①]释放出人们宗教虔诚主义的能量，也形成了“认真勤劳的态度”即劳动规律。但是，宗教的人类平等主义——人与人的区别，仅仅是以皈依和虔诚为标准的福音派信仰，其本身并非激进的，且同样具备撤销对世俗的地位和身份敬仰的可能性。“那些家伙”违背了神的旨意，“我们”就可以和“那些家伙”做斗争，这种思维具有了正当性。但是，“我们”在身份上和职业上根本无法替代“那些家伙”。因此会不间断地出现“千禧年主义”(Millennialism)运动。关于福音主义和激进主义运动与工会之间的关系，虽然存在直接的和间接的观点。但必须注意，他们为有组织的训练和集体意识的形成提供了基础思维。

英国劳动力私人所有权的确立，是以主从法为基础、根据主与仆的身份关系获得正当性的。产业革命期从原有共同体限制中的剥离(劳动力的商品化)则由福音主义运动所形成的新“共同性”来填补。英国劳动阶级的集体心理的起源并不是贯彻了加尔文主义的预定论中“内心孤立化”和“邻人爱的非人类的社会道德观”等个人主义因素，而是来自路德派的职业义务观和以普世恩惠说为基础的宗教人类平等主义或者是福音主义运动的组织性和社区感觉。

福音复兴运动的影响并不局限于形成了集体心理。作为社会制度的宗教也遭受了重大打击。光荣革命体制是以垂直的财产权秩序和国家与国教会的结合为基础的，福音复兴运动使得由宗教和行政的结合而成立的末端统治机构(教区制度)发生了根本的动摇。福音主义各个宗派(非国教徒)的宗教亚文化的形成，使得国教会的宗教服务独占供给体系发生了崩溃，宗教的世俗义务的严格实践成为一种规范，而这恰恰成了批评国教会牧师“堕落”的评价标准。

事实上，在18世纪，国教会已经丧失应对产业革命期社会变革的能力。宗教改革时期，以解散修道院为契机，大多数神职人员的俸禄主要靠一般信徒

---

① 基督教教会共同聚餐的一种习俗。——译者注

赞助，国教会的组织能力被大幅度削弱。国教会虽然被认定为主教制，但既没有中央代表会议，教会法庭(Ecclesiastical Court)的审判功能也不断弱化。在垂直的财产权秩序下，教区牧师的职业也成为私人所有的对象，不得不依靠地主贵族(赞助人，Patron)实施赞助。教区牧师的质量明显下降。随着牧师职业的私有化，牧师之间的收入差距开始扩大，牧师中有兼职的，也有退出的。另外，国教会也无法很好地解决教区的地理位置分配，在人口增加迅速的工商业城市中，其应对能力不断丧失。

国教会体制受影响最大的是北部新兴工业城市。因为建设和维修教区会而组织了反对教会税运动，大量的开放教区会出现了政治化倾向。教区会负责的对象从教会委员、贫民监督官、警察、公共道路监视官到清扫和道路改良项目等，覆盖了城市行政的各个重要领域。但是，我们不可以因为教区会的政治化倾向在新兴工业城市中发生，就将其单纯地定义为是资产阶级为了满足其政治的、经济的要求而掌握权力的过程。与其说，这是地主阶级与产业资本家阶级的斗争，还不如说，这是根据不同的家系和宗派在相同的城市中等阶级内部发生的斗争，最后带动了商店店主和工匠等中下层(Middling Class)劳动者加入城市政治的过程。

在外围的中等阶级作为自由派(Liberal Decenter)，通过反对教会税运动逐渐形成了集体的政治意识。他们通过直接参与教区会政治，积累了管理经验，并有机会挑战托利党(Tories)和英国国教会(Anglican)的寡头政治。这是以“垂直的财产权秩序”和“国家与教会结合”从末端统治机构一点点蚕食，是作为基本统治原理的光荣革命体制的方式。反对教会税运动由于结合了宗教上的不同意见而要求减轻税负，因此，要求宗教与行政的分离(近代国家的世俗化)被视为纳税人的应有权力。同时，为了让政府节约(减轻税负)，需要一个以“功利主义”为管理统制原理的新政府。

但是国教会(教区制度)动摇的不仅仅局限于城市。在农村，由于国教会根据私有权导入了权威秩序，反对牧师的现象开始升温。其背景可以归纳如下：(1)1815 年以后由于农业产值下降，农民开始抵抗征收什一税(Tithe)；(2)随着圈地运动，什一税的征收开始向土地摊派和货币地租转换，导致牧师成为不在地主和不在牧师[①]；(3)结果，牧师成为治安法官。他们原先作为上帝的仆人应负的协调富人和穷人的责任也不复存在了。1830年至1831年的斯威暴动(Swing Riots)由于是在地主贵族和国教会最大据点东安格利亚(East Anglia)地区爆发，其冲击力极大。号称为保护私有财产权而需要维持"地方自律性"的光荣革命体制框架已经摇摇欲坠，根本无法维持国家功能。托利党政府根本无法镇压暴动。随着国家的世俗化——行政与宗教的分离，对包括中央和地方政府间关系的重组在内的统治机构必须进行全面改革。

1828年，地方自治体法和审计法被废除，从形式上废除了对非国教教徒的政治歧视；关于爱尔兰天主教解放问题，托利党内部产生了对立——托利党激进派与托利党自由派的对立；1829年颁布了天主教解放法；1831年10月，国教会主教因21票的反对票导致第二次选举法修改案在上议院中被否决，从而引发了以布里斯托尔为中心的暴动。从上述历史中可以看到，随着光荣革命体制宗教神圣化的崩溃，财产所有原则开始发生动摇——纳税人的选票不断涌向土地和房屋的持有人。在此过程中，为了赋予地主贵族政治正当性，批评布拉克斯顿自然法的边沁主义问世且行政改革具有了历史的必然性。

三、自由主义与行政革命

在第二章中已经提及，19世纪的"自由主义"时代最热衷于修改济贫法(Poor Laws)、公众卫生法、警察改革等中央集权，事实上，强调效率行政改革的都是具有边沁主义哲学思想的激进派。边沁主义之所以热衷于中央集权改革，是因为以地区社会的"自律性"为前提的家长式主义(服从关系)可以维持来自地主贵族政治中的"腐败"和"暴民"之间的"共存"关系。事实上，民众可以通过暴力手段来威吓那些具有法律上行政裁量权的地主和绅士，迫使他们履行道德经济(Moral Economy)。18世纪后期议会圈地运动和新兴工业城市的发展推动了超越城市下层居民和地区社会框架的激进领导。边沁主义通过构建中央集权的、具有规则的、有效率的行政机构来夺取地主和绅士在法律上的行政裁量权，并且通过在社会的底层渗透以计算快乐和痛苦为基础的功

---

① 不在地主是指长期不在本乡居住的地主，不在牧师是指长期不在本乡居住的牧师。——译者注

利主义和个人主义，来确立勤劳与懒惰之间的道德差异，以分化劳动阶级和"底层民众"。

但是边沁主义的中央集权改革并没有实现它的预期效果。这是因为在主张继承传统的托利党中衍生出了反对修改救济法和警察改革的激进主义。威廉·科贝特继承了布拉克斯顿自然法，并将其转换为习惯权利论。财产持有人如果负起了传统的道德义务（或者基督教的义务），就应该承认社会的阶级序列，而那些抵抗破坏富人和穷人之间"社会纽带"的圈地运动、狩猎法、新救济法的权利也是正当的。关于自然权理论，原始点设置不同，其定义也是完全不同的。激进派托利党人则利用这一自然权理论认为，用救济、工厂法加以保护是习惯权利。当然，在这些人中，既有主张自然权的，也有潘恩主义者，更有信奉福音家长式主义的，其内部存在着紧张的多样性关系。一部分人与宪章派（Chartist）汇合，而另一部分人则和反谷物法同盟连在一起。激进派托利党人主导了新救济法的反对运动、工厂法运动、反对警察法运动。地主和绅士以及托利党支持者，只要有可能剥夺其裁量权（名门望族）的"地方自治"以及能够与辉格党对抗，就会对这些运动表示人道主义同情。那么边沁主义的中央集权改革就会面临大幅度的妥协，几个相关法案最终也只能名存实亡了（金子胜，1986）。

自由主义时代的行政改革是妥协的产物，而废除谷物法作为自由主义政策的象征，事实上也是国家干预政策下妥协的产物。1847 年，皮尔在塔姆沃思（Tamworth）发表的演讲中指出，废除谷物法是"强化了国家的既有体制，促进了对于立法院衡平和恩惠的信赖，维持了世袭贵族社会的权威，阻止了在下议院进行民主主义改革的愿景"的改革。废除谷物法阻止了以宪章派为代表的激进议会改革，是一次为了保持地主贵族政治而进行的以衡平法为基础的"自由主义"改革——以习惯为基础的渐进式改革。

废除谷物法并不是简单地实行自由放任政策。1846 年 1 月 27 日，皮尔在做相关的提议理由说明时指出，废除谷物法的提案是和各类相关政策一起提出的，其中包括：(1)地方道路行政的整合以及定居法改革中减轻地方税；(2)使用公共资金的长期低利贷款支持地主的排水和土地改良项目（以及设置圈地委员会）；(3)导入专项补助用于减轻土地税等。

这一提案首先在1846年和1850年的公共资金排水法中实现，政府使用公共项目贷款(Public Works Loan)为地主的土地改良项目提供低利息融资。根据1846年的法律，大不列颠开始向圈地委员会贷款，从贷款金额看，借贷给爱尔兰的贫民救济目的的公共项目贷款的金额最高。为了遏制废除谷物法带来的坏影响，在提高农业生产性的同时将大量国库资金借贷给作为殖民地的爱尔兰并用于当地贫民救济项目，这些举措在此后带动了高度的集约农业转换。

其中，第(1)项和第(3)项特别重要。皮尔提议在废除谷物法的同时作为减轻针对有关农业利益的地方税(Rate)的措施有三项：(1)犯人抚养费以及刑事诉讼费的所有金额全额由国库补助(此后修改为人均每周4先令)；(2)爱尔兰农村警察支出金额全额由国库补助；(3)救济医务官的工资50%，济贫院(Workhouse)学校教师的工资和救济工会的出纳审计官的工资全额由国库补助。这些提议基本上得到了实现。保护主义托利党人公然亮出古典派经济学者李嘉图和麦克库洛赫的名字，要皮尔在“农业保护”(延续谷物法)和“去除土地税负担”两者中选一。在皮尔派脱离托利党而重建的过程中，迪斯雷利在1849年至1850年间共两次提交了决议案，希望把救济工作作为国家事务，为了减轻税负，要求国库增加补助资金。此后国库补助金开始不断扩大。

英国的国库补助金的历史可以追溯到1833年初中学校建设费和首都警察的工资和制服费(半额)，在废除谷物法以后，各种补助金改革纷纷上马。1842年，国库辅助金总额仅为24万英镑，到了1875年已经上涨到约224万英镑。废除谷物法并不是像产业资产阶级的自由放任主义的胜利那么简单。国库补助金的意义是双重的。随着国库补助金的增加，国家通过审查官员加强了中央政府的统制力度，由地主贵族等名望家族支配的“地方自律性”领域在不断地缩小。更重要的是，代表国家强大力量的警察和教育领域的补助金在不断扩大。如果因为持有财产而需要执行的义务是地主和绅士家长式管理的源泉，那他们就会要求减轻财产的负担，因为持有财产相伴的义务就不得不转让给国家，这意味着他们丧失了权威的源泉。在这里隐藏着英国特有的改良主义形成的方式。这是英国根据习惯的渐进式改革来确定私有财产权的光荣革命体制的一个最终目标。

如上所述，英国“自由主义”的实际情况与一直存在的常识是完全不一样的。但是，即使把19世纪的英国从“产业资本家的时代”倒置回“地主和绅士的时代”，也无法对西欧近代做出正确的评价。我们需要回到如何确立私人所有权的视角，如果无法解决在西欧近代被视为普世价值的自由主义与民主主义内部存在的紧张关系以及国家干预与自由主义的二分法，那么对于历史的解释就会像摆钟一样来回摇摆。历史的事实是无法满足于现状的。我们需要摆脱某一个特定国家的束缚。

第三节　不列颠治世与殖民地政策

一、“廉价政府”与殖民地财政

19世纪中叶的英国一般被视为根据产业资本的利害关系而决定的自由主义和自由放任主义的时代。在经历了废除航海条例和谷物法以及降低关税和消费税之后，19世纪中叶的英国被认为实现了“廉价政府”。但是这里面有障眼法。因为以印度为中心的殖民地财政为不列颠治世提供了政治上和军事上的资金。因此，近代的英国是在本国国内不断削减国家经费（特别是军事支出和公债支出），而向非资本主义圈创造世界市场（特别是英国的绵工业在亚洲和非洲的市场扩大）从而实现“廉价”的过程。自由贸易帝国主义论是对自由主义与帝国主义的二分法加以评判的，但它并没有对不列颠治世的政策做出整体的描述，也没有对以印度为中心的殖民地军队和殖民地财政的功能加以论述（金子胜，1980）。

第一，英国本土的财政规模除了克里米亚战争时期以外并没有膨胀，而反观殖民地财政的规模从1846年到1870年扩大了约2.5倍，超越了本国的财政规模。其中印度财政占到了殖民地财政的中心位置。1850年占总殖民地的9成以上，此后，殖民地财政整体膨胀，印度的占比相对有所下降，但到1870年仍占整体的6成以上。

第二，印度财政的一大半是由军事支出组成的，用于本国的支出和公债支出排其后。在印度，雇用了远超于英国士兵的西帕希（Sipahi，印度士兵）。在发生大反乱之前的1856年，英国士兵约为4万人，而印度士兵则超过30万人。1864年，英国士兵为6.5万人，而印度士兵为14万人。毫无疑问，英国士兵在英国的征兵、训练、运输、驻留到退休金和养老金等费用全部由印度负担。构筑大英帝国所需经费（军事支出和公债支出）的大多数主要依赖于另一个军事财政（印度财政），靠着这些印度军，英国不仅支配了印度大陆，还沿着印度通道从非洲到中东再到中国不断发动战争和侵略。

第三，依靠印度财政和军队形成的亚非军事优势和制海权，英国的绵工业垄断了这些地区的出口并不断地发展。面向这些地区的出口在1820年占出口总额不到10%，但到了19世纪中叶超过了一半。问题在于，如果看英国本国的景气循环，英国每次发生恐慌或者经济不景气，就会在亚洲和非洲地区使用印度军队挑起战事。自由主义的全盛时期可以被定义为，并非由利用“地理的差异”的商人们自生自发产生市场的时代，而是通过暴力对非市场地区强行创造市场的时代。

二、“自由贸易”主义与印度

英国的纺织工业被视为因机械工业化而获得竞争力的自由贸易的旗手。但是在初期，为了对抗东印度生产的棉织物，英国也采取了培养本国产业的保护政策。1700年以后，为了保护本国羊毛工业，英国曾禁止进口东印度产印花棉织物。即使在英国的轴心产业从羊毛工业转向绵工业以后，这一政策也一直维持到1825年才被废除。此外，关于纯白色棉布，为了防止走私，在1783年曾经一度下调了高关税，但到1797年又重新上调了关税。这时候，在继续禁止进口东印度生产的印花棉织物的同时，为了与法国的高级织物对抗，英国政府重点对已对英国产品形成威胁的印度产的低质量的纯白色厚棉布提高了关税。普及了珍妮纺纱机，又导入了走锭精纺机的英国纺织工业，因为已强化自身的竞争力而对印度棉布和南京棉布加强了关税保护。

在印度国内，1793年重新导入了内陆运输税（Inland Transit Duty），只有英国的产品是免税的。虽然在1810年重新修改了内陆运输税，但英国的商品仍然比其他国家商品的税率低得多。1811年禁止外国船舶进行与英国和印度的贸易，从外国进入印度的外国船舶则征收英国船舶一倍以上的关税。而面向欧美市场的出口，根据1783年的法律规定，针对英国的印花布设定了出口补助金制度，1783年3月针对使用了英国棉布的印花布出口，导入了印花消费税的出口税返还制度。

如上所述，如果把作为轴心产业的英国纺织工业与作为最大市场的印度结合起来观察，英国的自由贸易主义本身就是虚构的。作为自由贸易主义旗手的曼彻斯特派在印度和亚洲的政策上表现的姿态同样如此。达尔豪西总督以后，在印度国内推动了链接棉花产地和贸易港城市的铁路建设，曼彻斯特派向印度政府提出了交出铁路公司的转让权以及对股票和债券进行利息补偿并无偿地提供土地等反自由放任主义的要求。对于他们来说，财政均衡这一自由主义原则中根本就不值得把印度考虑在内。大反乱以后，自由党的印度大臣为了保持印度的财政均衡提出希望提高棉制品关税，但被曼彻斯特派以“自由贸易”为由无情拒绝。这简直就是让人诧异的对抗。但是他们反对了1848年以后达尔豪西总督的侵略和并吞政策以及1856年的阿罗号战争，因此，也可以把他们看作“反帝国主义者”。但正因为这样，他们最终都纷纷落选。

如上所述，英国通过殖民地财政负担确保了其世界军事和政治的优势，在本国内抑制了军费支出和公债费支出，实现了“廉价政府”的目标，此后慢慢地降低关税和消费税，把自己装扮成世界“自由贸易”的崇拜者，这才是不列颠治世的真相。

第四节　近代国家的类型

以上是沿着英国革命考察了在确定私有财产权过程中发生的社会组织原则的特性。欧美各国的市民阶级革命和确定私有财产权的方式方法多种多样，社会组织原则也完全不同。首先比较一下英国和法国的市民阶级革命。

第一，英国的光荣革命通过保障贵族的大土地持有展开了圈地运动，在农业方面这适合确立地主、农场主、劳动者这种资本主义的生产关系。但与此同时，这又加强了地主贵族参与政治的动机，即否定了人民主权，且在官方和私人领域使用特权从而形成了“根据财产权决定的垂直权威秩序”，并以此成立了地主贵族议会。根据普通法衍生出的“自生自发秩序”并不完全是个人主义的世界。而法国革命则尝试彻底废除国王政治和领主制度，让农民享有土地。因此个人的“独立”和人民主权虽然适合法国革命的政治形态，但也并非积极地推动了在农业领域展开资本主义的生产关系。

第二，在英国，为了保持贵族拥有土地，形成了相对王权的“地方自律性”（地主自治）。不管是在土地所有权还是在社会关系领域，甚至个人权利都遭到破坏的法国，在王权体制下发挥了统合功能的中间团体——省（Province）的高级法院（Parlement），以职能团体为中心的地方团体已经无法维持，需要创造出新的强大的中央集权国家。因此，在政治层面实现了最为“先进”的市民阶级革命的法国，一直都没有跳出地方自治的火种。包括王权、贵族、宗教在内的旧体制一举崩溃，旧有的中间团体无法利用，外加个体所有也遭到破坏，这时候国家与个人之间的矛盾全面展现。因此，在法国开发主义的公有企业体制的根基极强，劳工运动也一直在工团主义（Syndicalism）和中央计划之间不断摇摆。拥有公会传统的工会的自生能力并不强，反而国家承担起了制定根据熟练程度安排的等级制度、根据法律规定的带薪休假制等，国家保障了劳动力持有人的“个人独立性”。此外，个体所有被解体的小土地农民要求国家保护农业的要求也极其强烈。因此，在法国产生了既要保障“个人的自由”又要“国家干预”这对似乎自相矛盾的关系。

再看英国，根据设定继承财产权而确立的土地所有权，不断修改普通法而逐渐确立衡平法上的权利，为了回避人民主权的议会改革而实施了自由主义的行政和财政改革。在确定私有财产权的过程中，劳动力的持有人被定位于根据家族关系法衍生出来的主从法（主与仆的虚拟“身份”秩序）之下。到了产业革命时期，通过“福音复兴运动”，路德派的职业义务理念、普遍恩惠论以及宗教的人类平等主义、宗教的亚文化产生的共同意识和组织性等成为英国劳动者固有集团心态（“我们”和“他们”的阶级意识）的原型。经历了宪章派运动的挫折，形成了贯彻抵抗式经济要求运动的劳工运动的特殊性。英国的工联主义（Unionism）传统与以优先国家立法措施的法国劳工运动之间是完全不同的。

比较英国和法国的市民阶级革命，可以找到市民阶级革命的经济意义和政治意义。自由主义与民主主义、人民主权与地方自治、自由主义与个人主义，这些理念之间的关系并不是一直像大家认为的那样可以互相自动调节，不同样式的近代国家可以形成不同的组织原则。因此，到底哪个是新进的，哪个是落后的，这种问题根本毫无意义。

接着对现在的霸权国家美国做一个简单的比较。首先，在这个由移民和开拓者形成的"新世界"缺少传统的古老中间组织，由于财政负担问题，一直具有收入再分配功效的社会保障制度得不到发展。正如19世纪随着铁路建设发起的西进运动，那些在东部地区获得一定成功的农民，为了获取更为广大的土地，向西部拓展——无限地开拓，迎合了新古典派经济学"虚拟"的人类社会——成了一种社会原型。美国成为"强制"推广以市场个人主义意识形态为依据的"民主主义"的霸权国家。美国霸权治下的和平(Pax Americana)与不列颠治世不同，由于没有殖民地财政，美国"衰退"的速度更快，并且由于没有殖民地财政，这个见不得光的世界的"自由主义"更为脆弱，因此发达国家的协调行动就会变得越来越重要(参照第七章)。

在经历了两次世界大战、大恐慌、石油危机等世界史上划时代的机遇而随之重组，由市民阶级革命创造出来的各国的所有权结构和社会组织原则并非不可变动。在这里就不过多对这些历史过程一一加以考察。我们将以对交易成本经济学的批评作为媒介，聚焦从近代国家向现代国家转换的历史意义。

第四章　信息与交易成本

——所有权与社会制度

第一节　交易成本的经济学与理论前提

一、提出几个交易成本的经济学问题

从科斯开始并由威廉姆逊展开的交易成本的经济学，通过导入交易成本的概念，用企业组织形成的依据来替代根据价格结构决定的市场交易。诺斯认为，交易成本经济学不仅可以用于说明企业的存在，而且可以将其扩展到对包括国家在内的经济史的整体说明。这是以新古典派经济学为基础，通过导入信息的不完全性和交易成本的概念，可以推倒以完全竞争市场作为新古典派的理论前提来构建理论。这样就为以企业为起点的制度提供了理论支持。

按照威廉姆逊的理解，交易成本会因为以下原因产生：(1)人类理性有限，也就是说，不会受错误信息诱导做出正确选择，但由于表达中存在人类生理言语能力上存在某种限制；(2)潜在的契约和交易当事者之间存在信息的非对称性、复杂性以及不确定性；(3)契约和交易者的资产存在特定性等。特别是在劳动力生产要素更存在这样的倾向时，会发生机会主义行为和员工懈怠(O. E. Williamson，1975)。如果把生产要素放到市场上交易，就需要探索和信息的费用、交涉和契约的费用，或者监督的费用等。因此，如果当这些交易成本超过了雇人以后企业要支付的监视、强制等的管理费用，企业组织就会替

代市场交易。在企业外部，价格变动是通过决定生产方向，由市场作为媒介进行交换交易来调整的，而在企业内部，这些都由经营者来决定。这样的交易成本理论不但是企业成立的依据，也可以适用于把某一个市场交易过程放入企业内部及企业之间垂直的和水平的统合以及网络形成。

事实上，交易成本经济学还可以作为理论依据适用于解释主银行制、系列关系[①]或者长期直接交易等。即使是在美日结构协议中，美国也指责日本经济体系存在特异性，也就是日本异质论。但根据交易成本经济学也可以将其视为具有经济合理性的制度来加以说明。在使用交易成本经济学时，我们需要回溯到这个理论的前提条件来加以探讨，但至今并没有很好地做到这一点。

二、超越新古典派的新古典派

（一）科斯的社会成本论

关于市场领域与非市场领域的界线问题，确实交易成本经济学与传统的新古典派经济学的视角完全不同。科斯的"社会成本论"为我们提供了讨论材料（R. H. Coase，1988）。

第一，交易成本的经济学认为外部性（外部收益和外部成本）并不是政府干预的依据。针对外部性（外部成本）课税或者给予补助金的政策手段是庇古提出的传统见解，但科斯对这个理论持批评的意见。他认为，庇古的理论依据是部分均衡分析，课税和补助金以外还有许多政策手段，庇古并没有对什么样的干预才是好的做出明确的判断。科斯认为，政府干预的依据应该是如何节约市场的交易成本。政府因为某些原因需要进行干预的时候，在施政过程中需要支付的管理费用低于市场的交易成本，这样的政策就是好的政策。

第二，虽然承认政府的大规模干预会导致效率的低下，但同时又认同需要如同证券交易所和商品交易所之类的虽然会增加交易成本但能够促进市场交易的政府限制和法律制度。正如科斯所述，"为了实现无限接近完全竞争，一般需要嵌入限制体系"（R. H. Coase，1988）。科斯认为，与传统的新古典派不

① 系列关系用于描述两个或两个以上的企业除了正常的业务关系外，在资本和生产方面相互联系的状态。隶属关系的形式包括"横向隶属关系"，即大公司（主要是原企业集团和金融机构）之间的相互联系，以及大企业与其关联的中小企业之间的"纵向关联"。——译者注

同,限制和政府干预并不一定会妨碍市场和竞争体系。政府可以采取多样的政策手段,在这些政策中最能节约交易成本、促进市场交易的政策就是最好的政策。因此,我们应该做的事情就是,在这些政策的选择中,从衡量节约交易成本的视角加以比较。当然,在可以选择的政策手段中,政府不采取任何干预措施也是一个选择项。划定所有权的界线所需要的限制和修改法令,或者特定的课税和补助金政策等也都包含在选项内。从上述理论看,似乎交易成本经济学是批评新古典派市场万能主义的。但是虽然交易成本经济学导入了部分契约论理论,但它基本的分析手法从某种意义上要比新古典派更加新古典派。外部收益和外部成本一直作为政策干预的依据,也是建立在根据基本的契约关系进行市场交易这一前提条件下的。

生产要素的所有权是由法律和契约或者规则来划定界线的,并非无限制地给予排他的权利。根据法律和契约或者规则制定的权利指的是,规定某一个特定生产要素可以在哪里使用、应该怎么去使用的权利。如果这个权利在市场交易,原本只要生产要素在契约的范围内,就应该不受限制地自由使用,根本不存在限制这个使用权利的依据。举一个工厂用煤的例子,我们根本没有限制工厂排放煤烟,并对工厂排放煤烟施加课税和补助金等措施的依据。如果划定所有权的契约中规定的是市场交易,那么权利应该是把由于排烟导致损害的成本放入契约内部并推行最为值得评价的方法去实施。那么要直接限制“外部成本”和庇古的课税和补助金理论,反过来只会扭曲资源分配。即使发生“外部成本”,如果要进行赔偿,追加的赔偿费用不能超过边际生产物的价值额,只要低于受害金额就可以支付赔偿。如果不进行赔偿,为了提供预防损害措施所需的追加费用只要低于止损边际生产物的价值额,就会采取预防损害的措施。如此这般,契约和决定所需的交易成本如果为零,根据机会成本,就应该把受损费用嵌入生产物的总价值并以实现价值最大化来签订契约。因此,关于如何划定“外部性”所有权边界的法律体系不管是什么样子,都不会有影响。这就是“科斯定理”的含义。这个定理成立需要的条件是:(1)契约和决定的交易成本为零;(2)并非按照庇古的部分均衡分析而是设定一般均衡分析的框架;(3)根据机会成本,为了当事者之间的生产物的总价值能够实现最大化,以对生产要素投入方法做出应有的选择为前提。

科斯定理中的问题在于上述条件(1)“契约和决定的交易成本为零”这一假设。这一假设就和存在没有任何摩擦的世界一样。科斯之所以做出这样的假设,完全是因为需要明示存在交易成本就可能产生政府干预这一事项而进行的理论操控。但是,科斯并不认为市场存在交易成本一定会带来政府干预。

第一,交易成本是否会带来政府干预是可变的,这与交易成本为零的假说是一样的,它的判断标准是根据机会成本而来的。同样,举工厂煤烟的事例,只要煤烟受害损失,以及为了去除煤烟污染所需的调查费用或者政府干预实施的对策所需的管理费用小于政府干预所获得的利益,就可以将政府的干预视为正当的。反之,如果高于所获利益,政府最好什么也不干。不管怎样,人们都会选择生产物的总价值最大化的方法。

第二,科斯强调大规模的政府干预会带来非效率性。关于政府的直接限制是否是非效率的交易成本,经济学并没有定论。但是,只要读了科斯的著作,就可以发现,他的书中到处都在批评庇古的方法是以“存在完全起作用的公共组织”为前提的。由于政府的直接限制欠缺市场竞争的监督,因此经济系统呈现非效率性。他认为不仅仅是直接限制、课税或是补助金等手段,改变划定所有权界线的法律体系才是政府最重要的政策。当然他强调这一点的意图很明显是想表达政府干预是无效的。

(二)生产要素所有权与成本化的边界

我们必须赞扬科斯的创造性,因为他认为生产要素的所有权的界线划定是可变的,这样就可以把交易成本的概念导入新古典派经济学中,从而可以进行制度比较。但与此同时,也必须看到他的方法存在着许多问题。生产要素的市场化存在边界并非因为存在交易成本,而是因为在产品的性质上,基本生产要素就存在着市场化的边界。在这里,我们将对科斯的“社会成本论”存在的问题加以探讨。

首先,在讨论针对“外部性”政府干预方法的时候,将生产物的总价值最大化作为至上价值,针对交易成本也适用机会成本方式是存在问题的。这种新古典派的手法,在一开始就排除了自然、土地、环境欠缺的可塑性,无法还原到私人费用的“破坏”。这种方式可以说是充满了对于产业主义的乐观态度。还是举工厂煤烟的例子。某个工厂是采用设置煤烟排除装置的方法,还是把烟囱设置得更高的方法，后者虽然会更便宜(大多数的工厂会采用这一方式)。如果是这样，烟雾将扩散，要确定每个受害者情况的成本会变得非常高，工厂主和居民交涉的费用也会变高。与此同时，政府的调查费用和实施对策的费用也会变高。在这种情况下，如果政府成本过高，在交易成本经济学中的结论是，政府最好什么也不要干。当然，按照契约论的方式，并不需要预先防止损害，等到损害变得明确了而且不可逆转之后再通过反复审判(博弈)，就可以把损害的成本计算出来。但是，这里本质的问题在于，生产物的总价值的最大化是用货币来表达的，然而地球环境和人体受害却无法用货币来表达。因此交易成本(或者信息成本)的表达方式本身就存在着非对称性，而且后者的损害并非可塑的，且在大多数情况下是不可逆的。

其次，在这个一般均衡分析中，机会成本方式彻底忽视了收入分配的问题。科斯认为，如果没有交易成本，就会存在完全竞争的生产要素市场(完全的替代性)。在这里我们举一个污染者和受害者都在最为恶劣的地方从事工作的例子。这个时候，交易成本如果由污染者负担，从长期来看，污染者就会停止营业；如果由受害者负担，则受害者会被赶出这块土地。按照科斯的理论，如果没有交易成本和信息成本，这些生产要素最好的替代活动只要是有利的，就会转移，最终做出生产物的总价值最大化的选择。但是，在那最为恶劣的地方工作的人们，一般情况下财产和收入都比较少，他们要找到其他可以替代的活动本身就不是一件容易的事情。对于拥有大量资本和土地的人，即使没有信息成本和交易成本，他们也无法简单地转移生产要素。生产要素的移动会很容易，但是对于那些受到限制的人，放弃土地有可能就会威胁到他们的生存。损害赔偿义务或者由受害者负担的土地，由于无法获得回收初期投资的价格出售土地，而接受新的职业训练也需要初期费用，比起拥有大规模资本的持有人，他们要转换职业会更加困难。富人和穷人之间生产要素的替代可能性并不能保证是相同的。交易成本经济学与传统的新古典派经济学一样，都忽视了收入分配的问题。

问题在于，交易成本经济学也没有对三大生产要素市场与其他的产品和服务市场之间的差异加以考察。并不是因为存在交易成本生产要素市场就会成为不完全市场，而是因为三大生产要素从产品的本质上就存在着市场化的边界问题。关于这一点，核心主张“企业的本质”论也没有很好地加以考虑。

三、契约主体的“独立性”与企业的形成——科斯的企业论

在科斯的理论中，对企业外部（市场）的交易成本与置于企业内部的管理费用进行比较，前者如果超过后者，企业就会取代市场交易；反之，如果后者超过前者，市场交易就会出现。如此这般，企业主节约交易成本的动机和“经营管理中的收益递减”（以及生产要素价格的变动）互动，市场交易和企业是可以互换的。但是，企业和市场交易会产生互换性到底是怎样的状况？鉴于这些基本问题，交易成本的经济学原理同样存在着如同批评了资本分割－汇总可能性的资本汇总论争一样的问题。

科斯想象中的原始的企业是（就好像在外包制生产中可以看到的）随时可以分离并且独立经营的生产单位的集合体。在这里没有规模经济，暗示中设定了关于规模收益是一定的或者递减的状态。劳动者的“独立的有利性”或者“独立性”是一种前提条件。交易成本经济学与洛克的契约论一样，根据劳动市场的状况，不管发生有利还是不利的情况，企业主和劳动者作为基本的契约主体互相保证“独立性”。他们不会支配或者影响他人的人格，每个人都能够独立做出判断，在缔结契约或者形成规则的手续上，当事者互相之间需要被赋予平等的权利。

科斯在《企业的本质》一书中举了作为劳动者“独立性”的两个例子。一个是根据 1928 年政府调查委员会的报告，兰开夏郡的绵工业的职工向企业借了劳动力和工作场所，通过信用借来了织机和棉线（R. H. Coase，1988）。这是根据徒弟制的师傅型熟练工人（或者有入职限制的行业工会）的世界。另一个在注释里，科斯举了钢铁业劳动者的例子，并指出，“拥有熟练技能拿着高收入的人们希望独立（往往是劳动者生涯最大的目标），最终成为商店老板或从事保险业”。自塞缪尔·斯迈尔斯的《自助论》以后，“独立”志向是一部分拥有熟练技能的劳动者的目标。但问题是：自谋职业的不确定性能否成为劳动者“独立”的依据？

机器设备（相对需要投资的金额）规模较小、拥有众多熟练劳动者的中小企业也许存在着科斯想象中的企业和市场交易的互换性。但是随着机器设备

规模变大，熟练劳动者被切割到个别的工作岗位，独立就变得困难了。当然也可能出现设置复杂的生产工程，特别是需要中间产品和部品采购的组装产业，会出现企业与企业可以互相并购，或者进行企业分割。但是，站在劳动者个人要独立自营业的前提下，在“市场交易和企业的互换性”这一理论的延长线上，将企业与企业的整合和分离放到一起讨论有点困难。至少在企业的存在和形成的理论层面，以及企业间垂直整合和水平整合的理论层面隐藏着需要分开讨论的问题。

第一，作为呈现企业本质的契机，不能排除亚当·斯密一直在讨论的根据分工和合作来提高劳动生产性的动机。科斯对多布和阿舍的批评是没有说服力的。如果把向机械工业的转换看作资本主义企业的本质特征，那么把企业视为随时都可以独立自营业的小规模生产单位就是不现实的。资本主义的企业的本质动机是通过导入新的机械来解体旧的熟练技能，通过把工作内容局部化和特定化来提高分工和合作进而提高生产性。而由熟练工匠经营的小规模经营会不断被淘汰(当然不具有规模经济性的领域会保留下来)。这种根据分工形成的劳动过程互相间的不可分割性如果不断提高，熟练劳动者把各个工作过程分割开自行经营就会变得极为困难。假设会出现“经营管理的收益递减”，也并不一定会转换为市场交易，被机械替代的解雇(不是自营业而是失业)会导致就业规模的缩小。

如果产业结构向巨大装备产业和机械工业转换，规模经济性会变得更为重要。如果这些产业成为经济的中心，作为实物产品的资本和特定工作附带的熟练技能从整体分离就会变得更为困难。企业和市场交易的互换性是受限的。

第二，熟练劳动者的独立自营业如果有局限性，那就会出现如何来保证劳动者的“独立性”的问题。在某种意义上，科斯的理论是颠倒的。他的理论把劳动者的个体“独立性”作为前提，但现实中完全是相反的。一般的劳资关系并不是按照熟练劳动者独立自营业的思维来签订的，相反，是根据熟练的社会制度化和以此为依据的企业内容来决定劳动者的“独立性”程度。因为没有对个体的“独立性”加以保证，劳动者才会为了提高自身的交涉能力而组织工会这样的中间组织。在欧美各国，劳资交涉除了薪资水平以外，还包括工作的区分、熟练程度的评价方式、标准工作量、解雇和下岗的规则等。劳动者的"独立性"不只是交涉和形成规则的前提,其本身就是契约和规则的对象。在第一章中已经讨论,劳动者如果要提高作为劳动力的持有主体的独立性(自我决定权),他们会根据其应该持有的熟练技能寻求社会制度化。与此同时,企业主和经营者面对同样的独立性(自我决定权),会希望能够解除熟练技能,尽可能把劳动力商品化从而提高可替代性。

不应该把劳动者个体的"独立性"作为前提,如果把它作为交涉对象,从理论角度来看,不只是企业主,也可以把劳动者设定为"交易成本"的节约对象。以个人所有为前提,把熟练劳动力的所有者作为对等的交涉主体(主语)也可以使用交易成本的理论,如果转换一下这个理论,熟练劳动力的所有者们为了节约交易成本而成立职能组合也是一种"合理的选择"。他们为了在市场节约交涉费用而拥立代表人,为了抑制他们之间存在的机会主义行为,希望能够设置就业限制,只雇用工会会员(Closed Shop),在一定自我负担的情况下发挥相互扶助的功能。那么劳动市场就不再是所有者之间的个别交易,而是被代理人之间的集体交易所代替。事实上,这里存在着以西欧近代固有的个人所有主义(C. B. Macpherson,1962)为基础的契约论的源泉。

这种状态接近于科斯批评的双方垄断。如果交涉双方努力实现有利交换,结果有可能导致双方的利益都受损,对于双方来说,两个相对立的利益实现最大化的帕累托最优有可能不再存在。譬如,通过解雇一部分劳动者和导入机械来维持企业的利益,双方有可能找不到妥协点而最终导致罢工和停工。或者由于工会拒绝解雇而在实际薪资上做出降低薪资的妥协,从中期来看,企业的利益和劳动者的薪资都会下滑。有可能会出现这样的情况是因为,在现实中被解雇的劳动者并没有可以独立自营业的保证,由市场体制决定的资源分配并不一定会解决失业问题。

如上所述,科斯只把作为节约交易成本主体的企业主(或者是经营者)作为主语来讨论企业和市场交易的互换性是以以下几点为前提的:第一,科斯为了把(去除交易成本问题)市场资源分配功能的"完全性"作为前提,相比"失业的恐惧",过度强调了劳动者"独立的优越性";第二,由于把劳动者的独立自营业作为前提,因此没有对契约和规则的形成过程中双方作为"所有者"的"独立性”（借用科斯的说法，划定所有权的界线）加以分析；第三，由于把生产物的总价值最大化的市场经济体系作为前提，给出既定的契约和规则，只针对能够决定资源分配方向的企业主（经营者）的交易成本最小化行为加以了分析。在这样的理论框架下根本无法解释为什么劳动者需要把熟练技能社会制度化；这种社会制度化（划定劳动力的所有权界线）的方式、方法为什么在各个国家是不同的。

第二节　交易成本的经济史
——诺斯的经济史论及其局限性

一、交易成本与国家

道格拉斯·诺斯曾经尝试把交易成本经济学向包括国家论在内的经济史层面拓展（D. C. North，1989）。诺斯与科斯一样，也是以新古典派经济学为基础的，作为新古典派经济学的内生理论无法解释的这一前提，他希望对财产权和国家也导入交易成本的概念来构筑一套新的理论。诺斯认为，国家是使用暴力这一比较优势来定位财产权，并通过规则、限制和契约等方式来实施的组织。在实施法律、正义、防卫体系的时候由于会产生规模经济，比起个人财产权，由国家来保驾护航更具有效率。国家一边节约交易成本，一边为了实现支配者或者所有者的利益最大化而努力，从这个角度来看，国家与企业等经济组织具有相同的特质。

但是，由于国家是政治单位，会产生非效率的财产权结构，因此，国家会反复经历兴盛和衰退。国家之所以会产出非效率的财产权结构，其原因可以总结如下：

第一，人口、军事技术和知识技术的变化是随着相对价格以及社会成员的机会成本而改变的，这将改变财产权的基本所有结构，进而带来国家的不稳定。诺斯并没有脱离新古典派计量经济史的范畴。

第二，国家在“支配者希望实现利益最大化的欲望”和“交换当事人之间节约交易成本的努力”之间存在紧张的关系，而且支配者和可替代的潜在支配者

(其他国家或者国内具有影响力的人)之间存在着竞争关系。如果国家的支配者为了实现自己收入的最大化而采取差别式垄断财产权结构,交换当事人之间的交易成本,就会导致非效率的出现,经济也将随之衰退。经济衰退会带动非效率的财产权结构发生改变,国家会出现不稳定局面。如此这般,支配者被代替的可能性增加,支配者的自由度开始下降,成员可以保有的收入则开始增加。至此,国家和社会成员之间的交易成本变高,支配者可以获得的税收减少,同样会带来国家的不稳定。

诺斯虽然基本站在新古典派的立场,但为了解答超出交易成本经济学范围的问题而不得不导入了意识形态的作用。从历史来看,为了阻止人们"搭便车",人们不断地修改国家和制度,并根据"公正"这一道德伦理行为规范来进行集体行动。经济人假设作为交易成本经济学的前提,根本无法对经济"非合理"的行为加以解释。

诺斯指出失去社会公正,在以下场合,意识形态会影响人们的行为:

(1)否定大家一直都认可的各种个人资源的利用,更改财产权变更;

(2)要素市场或者生产物市场的交换条件出现恶化现象;

(3)劳动人口中特定集团收入的相对地位的下降;

(4)了解存在其他更为有利的交换条件下的信息成本的下降。

如果在这些场合国家和制度不稳定,那么维持统一意识形态的成本和信息成本就呈逆相关,而与相对价格的变化则呈正相关。但是,各种制度都伴随着既有利益,而且,发生变更时获利者一般不会给受损者补偿,变更会按照意识形态的准则剧烈发生。第二次经济革命以后,发展成型的社会分工细化使得与交易相关的测量成本以及摸索有效道德伦理行为规范所需要的成本不断上升。诺斯认为,这是现代社会各种问题的根本原因。诺斯的理论在新古典派框架的延长线上嵌入了交易成本,对于依然无法解答的"系统转换过程"问题,诺斯不得不导入了"维持意识形态的成本"。其结果,诺斯的理论在一定的条件下,人类突然从"以个人与个人之间独立判断效用来实现利益最大化(最优)行为的经济人式人类"变异为"根据道德伦理行为规范采取集体行动的违反经济人的人类"。诺斯的理论欠缺一体化的问题还不止于此。

二、前近代国家与近代国家

第一，诺斯将以新古典派和契约论的国家论为前提的个人主义作为一种方法适用于资本主义成立以前的社会是有问题的。譬如，“共同体的所有权”这一表达方式舍弃了封建的社会关系，把领主和农奴的关系视为一种契约关系。另外，关于技术变化“带来了领主与农奴的机会成本边际的变化”的说明，很明显是过度扩张了个人主义的方法论。诺斯过高评价了由罗马法确立的所有权。在上述说明中已经提及，支配者或者“所有者”之间的利益扩大行为，局部可能是妥当的，但不能扩张到没有生产要素自由处分权的人们身上。契约关系虽然在程度上有所差异，但至少得是互相之间拥有独立的“自由”选择权的主体，否则就不能成立。但是，农奴并没有土地和劳动力等生产要素的自由处分权，他们遵循身份制度和封建习惯，其人格隶属于领主。他们并不能行使自己的选择权来和领主进行交涉和交易，留给他们的主要选择是逃亡和以宗教意识形态为依据的群众“暴动”。在这里用机会成本说明显然是不妥当的。

第二，诺斯在其理论中嵌入意识形态的作用时，虽然增加了历史动态的说服力，但他所依仗的新古典派经济人假设这一理论出发点却塌陷了。根据诺斯理论，国家是因为财产所有人为了节约“交易成本”而形成的。但是包括国家体制的转换在内的社会变动，往往是因为人们为了阻止“搭便车”行为，追求社会公正的集体行为。这从个人主义的经济计算来看是“不合理”的一面。因此，诺斯所说的达成统一意识形态的成本，显然不是和节约交易成本一样按照个人的经济计算为基础的。事实上，大多数的近代国家的所有权和近代国家并非由财产所有人之间的交涉和契约形成，而往往是通过集体行为用暴力手段推翻旧体制而形成的。在说明国家形成的时候，诺斯的脑海中，以个人为单位的节约交易成本的理论和以集体为单位的意识形态维持成本互相并存。但从新古典派的个人主义方法论上来看，这两者的理论是没有整合性的。

现今，并不以快乐和痛苦作为计算主体的中间组织在日常生活中大量存在。志愿者、宗教团体、互相扶助组织、市民团体等都进行着经济活动，他们本身并不以利润的最大化为目标。此外，消费和医疗的合作社、工会的相互扶助功能、企业内部福利等，虽然也是市场交易的主体，但也存在内部处理市场范围内无法解决的福利等问题。这种社会的安全网能够稳定市场并给资产持有人带来长远利益和安全。但是，从根本上无法用财产所有人节约交易成本的动机来解释。这些组织的组织者并不一定是支配者或者财产持有人的代理人，而是以再分配和互惠为目的的。这些中间组织和市场交易基本上不存在替代关系，拥有替代关系的是公共部门或者包括家庭在内的共同体。在这里的财产持有人和国家并不承担诺斯所说的“维持统一的意识形态的成本”和“构建道德伦理行为规范的成本”。诺斯在导入“意识形态的作用”以后，通过交易成本来决定经济的理论就彻底塌陷了。

第三，诺斯无视了“近代国家与现代国家本质上的差异”。在接下来的讨论中可以看到，关于这个问题，存在着用交易成本的理论和意识形态作用的理论都无法解决的一面。

三、近代国家与现代国家

（一）所有权和生存权

不仅局限于诺斯，自亚当·斯密以后，经济学对于国家本质的定位是保护私有财产权。但税收收入是支撑起保护财产权的国家存在根基的，国家通过国家机器征收税收又不可避免地侵犯着私有财产权。为了解决两者之间难分难解的紧张关系，由市民阶级革命形成了议会制民主主义，税收法定主义得到了发展。但认为近代国家的形成和议会制民主主义让所有的国民都成为纳税人是一种明显的误解。事实上，如同今日，除去老年人和穷人，大多数的国民之所以成为所得税和一般消费税的负担者，是因为他们经历了两次世界大战。两次世界大战引发了累进税率和综合所得税。且随着代扣代缴制度的普及，纳税人数量急剧增加。另外，交易税作为EC（欧共体）增值税的原型，其导入也是以战争为契机的。

因此，在观察税收制度、私有财产权、议会制民主主义之间的关系时，以战争为契机形成的福利国家体制与近代国家从本质上需加以区别。第一，福利国家体制的参政权在形式上已经不再受财产权的制约。由市民革命而成立的近代国家体系内，可以参加议会制民主主义的权利主体局限于财产持有人（土地持有人或者资本家），法律确立需要保护的财产权是属于这些人的。但是在福利国家体制下，国家需要保护所有国民的生存权，不论财产多寡，都要赋予其平等的参政权。选举权已经不再局限于财产持有人，没有收入和财产的老年人和失业者也可以作为生存权的“所有人”参加政治。现代国家作为私有财产权保护者的作用已经开始淡化。

第二，以熟练技能为基础而形成的工会受到法律的认可。劳动力的持有人作为拥有熟练技能的持有人集团获得了与资本的持有人“对等”的权利及社会的基本权利。如前所述，原本仅仅作为劳动力的持有人并不被视为独立的契约主体。劳动力的持有人可以有排他性，持有人仅仅局限于其是否拥有熟练的技能和技术来与其他人加以区别。因此，在近代国家，大多数的劳动者作为无产者受到市民社会的排除，只有一部分专家和师傅才被市民社会接纳。而在福利国家体制下，劳动组织受到法律承认，熟练技能得以制度化，大多数的劳动者作为一种虚拟的所有人被嵌入体制内部。但正如之前提到的，熟练技能在社会制度化的过程中，只有排除圈子以外的人才能获得真正的排他权。但是这些被排除的人也被赋予了生存权和参政权。

第三，作为对第二项的呼应，福利国家的义务已经不再局限于保护私有财产权，在一定范围内需要对收入和财富进行再分配，强制所有人牺牲个人的私有财产权。首先，以养老金和失业保险等社会保障制度为中心，各种各样的社会福利制度开始登场。就业对策也需要实施。其次，在国家的收入面，具有收入再分配功能的累进所得税登场，以对财产进行再分配为目的的继承税也得到了强化。这些税收并不是以公共服务能给保护私有财产带来利益的课税（税收受益说），而是以对收入和财富进行再分配为目的，根据纳税人的支付能力进行课税（税收量能说），因此这样的课税伴随着牺牲（牺牲私有财产）个人的效用（税收牺牲说）。现今我们生活的福利国家体制是一种超越了以财产权为中心的近代国家理论的国家体制。伴随着所有权结构和社会组织原则上的根本性转换，近代国家向现代国家转换。

基于个人主义的节约交易成本的动机根本无法用于解读近代国家向现代国家的转换。那些没有财产，除了生命以外没有可以自由决定的人们，到底应该怎样去节约交易成本？另外，财产持有人把自己的财产和收入再分配给那些非持有人，又会怎样节约交易成本？或者福利的各种功能如果无法替代市场交易，非财产持有人（生存权者）和财产持有人（所有权者）之间达成对财产和收入再分配规则的契约，又是怎样节约交易成本？诺斯的理论除了提及为了保证社会公正的意识形态成本外并没有给出应有的理论说明。

（二）近代国家向现代国家的转换

确实，诺斯也谈到了产业革命（第二次产业革命）以后的变化，但只停留在指出交易成本的增加具有破坏自我调节市场体系的倾向。诺斯主要列举了社会分工不断发展、为了追求规模经济或者普及团队生产而导致测量成本增加、国家的支配者为追求自身利益扩大而导致官僚主义的无谓损失、环境的外部效果等问题。但是诺斯并没有沿着所有权和社会组织原则对近代国家向现代国家的转换加以考察。从知识社会学的角度出发，这也许反映了生存权规则没有生根的美国社会的特性。但是，从中长期角度来看，在大多数国家包括美国在内，福利国家体制已经不可逆地生根发芽，虽然此时还比较微弱。

特别是在福利国家体制下工会得到法律的认可，由于熟练技能的社会制度化得以合法化，被市民社会排除在外的劳动者也被赋予了与资本在形式上“对等”的地位，至少把重化工业的基层劳动者作为一种虚拟的“独立”所有人嵌入了体制内部。另外，这种虚拟所有人通过重化工业化和追求规模经济，在资本一侧也会产生。巨大的设备投资虽然会因为投入大量货币资本而限制流动性，但由于股份制度的普及，这种流动性制约可以放缓。与此同时，由于股份分散导致所有与经营出现分离，企业本身会走向自立。这创造出大众资本的基础，随着新中间层的扩大，资本的所有关系开始稀释。如上所述，现代国家体制下资本和劳动的所有人虚拟在不断淡化近代国家的财产所有人与非财产所有人之间的界限的同时也对其做出了填补。

近代国家向现代国家的转换还包含着超越削弱所有权的内容。如前所述，现代国家跨越了保护所有权的框架，嵌入了规定生存权为中心的社会组织原则。资本和劳动的所有人虚拟在不断深化所有权结构的变化，是和以规定生存权为基础的福利国家体制的社会组织原则一起登场的。此后，在现代国家中，提倡“所有的根据个人主义的效率追求”与“强调保障生存权的再分配政策”之间不断地发生冲突。

有必要强调，近代国家向现代国家的转换是以两次世界大战为契机的。

马克思认为，技术和生产力的发展带动生产方式的转换，下层结构变化带动上层结构的变化。这是一种紧贴社会结构体概念的历史发展阶段论。即使把生产方式改为资本积累方式，所讨论的方式也基本相同。如前所述，技术的发展和重化工业化是所有权结构转换的基础条件。但是，生产力的发展并不像马克思认为的那样会走曲折的道路，而是在军事技术的突飞猛进中更为直接地从“顶层”改变了国家的体制。诺斯也并非完全无视了军事技术对国家体制的影响。但是，飞机、船舶、兵器等领域的现代军事技术的发展，必然带动全面战争体制的动员。如果无法保证所有国民的生存权，就无法进入全面战争。佣兵和职业军队无法对应，征兵的对象已经无法估计是否是财产持有人，有时甚至需要动员老年人和女性参与军事生产，全然不顾遇到空袭和侵略时所面临的危险。只要保证全体国民的生存权，国家体制就需要改变成保护全体国民的生命。或者，全体国民如果要牺牲自己的生存权来帮助国家参与战争，那他们作为国家的一员就应该获得正当的地位。

以第一次世界大战为契机，英国制定了国民代表法，德国制定了魏玛宪法。1940 年，随着战况的恶化，丘吉尔内阁为了对抗纳粹的“战争国家”而推出了“福利国家”这一国家理念。第二年成立了贝弗里奇委员会，1942 年推出了以“从婴儿床到坟墓”这句口号闻名的贝弗里奇报告。以全面战争为契机，为了维护国内的和平，工会得到法律认可。在推动所有权稀释的同时，国家负担起了保护所有国民生存权的义务，给他们普通选举权，并承认拥有生存权的所有人都是权利主体。萨缪尔森在其著作《经济学》中曾经提出“大炮还是奶酪”的问题（P. A. Samuelson，1985），历史充满了讽刺。福利国家只能与战争国家一起登场。

但是，这种国家体制的结构转换，给交易成本的经济史理论带来了致命的缺陷。诺斯认为竞争的“潜在支配者”是“社会主义”国家。诸如虚拟所有人和规定生存权的登场等所有权结构的转换，如果忽视与作为潜在竞争对手的“社会主义”的关系就无法理解。从这里可以看到，欧洲初期成立的福利国家体制是导入了一部分“社会主义”原理的体制。因此，从所有制出发的个人主义方法根本没有办法解释现代国家的结构。

很明显，并不是因为所有参加者都认可保护财产权这个既有的规则，财产所有人互相之间为了实现利益最大化而展开竞争博弈，最终才达成福利国家的制度和规则的转换，而是因为全面战争和战后体制发生动摇，一直被视为共通规则的保护所有权国家本身出现了崩溃的危机；与此同时，工会在法律上得到认可以及规定了生存权等与之前全然相反的规则出现，至此福利国家开始登场。两者之间并没有签订可以共有的具有约束性的协定，反而完全不同的规则本身不断地发生冲突，根据冲突导致的状况变化，在无法预测将来会发生的“结果”的情况下，参与者不断地改变战略，最终形成了全新的规则。这个过程和“重复博弈”一样，并不是不断返回标准点，而是参与者所面临的外部环境不断发生变化，根据拥有完全不同游戏规则的参与者的行为，互相影响并不断修改相互之间的战略。规则本身的结构转换就是这样发生的。在各个国家这种结构转换是多种多样的。正如近代国家的形成过程，在向现代国家转换时，所有权结构和社会组织原则转换的方式在每个国家都是完全不同的。接下来，我们从所有权结构和社会组织原则的角度出发，探索日本经济体系的特征。这时候，不管是交易成本经济学还是信息经济学，只要企业组织是制度分析的中心，我们就无法回避这个问题。

第五章　企业组织与制度分析

第一节　企业组织与青木理论

青木昌彦在信息、激励、契约相关的新理论动向的基础上，运用博弈论对日本企业体系的特征做出了缜密的分析。青木理论不但具有先驱性的业绩，而且对以个人主义方法为前提的交易成本经济学提出了一定的批评（青木昌彦，1989，1992）。

第一，青木以小池和男的“知识熟练”论为基础，把由职场“自律”的换岗而形成的“文脉的技能”[①]定位于水平的信息网络。青木高度评价了一级分包企业独立的研发能力，并针对准时制生产方式（Just In Time，JIT）和看板方式等母公司和系列分包企业之间的交易关系使用了水平的信息网络理论。从企业内职场集体的“自律性”到企业间的指定交易，青木都尝试用水平的信息网络理论来讨论。这个水平的信息网络理论更加彻底地使用交易成本经济学来对新古典派经济学进行批评。企业可以解除个人的雇佣契约，在这一点上，交易成本经济学和新古典派经济学是共通的，但是水平的信息网络理论对存在着无法解除个人雇佣契约的集体网络的作用做出了评价，并强调被交易成本经济学忽视的企业内外有组织的协调性。

第二，日本企业由流动的、弹性的职责区分以及协调性展示的水平的信息

① 文脉的技能指的是在企业内部积累的技能。——译者注

网络和有等级的激励系统组合而成。在企业内部，作为一种抵抗职场集体“自律性”的方式，在内部晋升制度的框架下，各个不同的工作小组之间通过更换工作内容（在现场的累积学习）和排行（晋升）竞争形成了有等级的组织。这是因为仅仅依靠职场集体“自律性”会引发工作小组的机会主义行为。

在这里使用了“双向性原理”对日本和美国的企业进行了比较。青木指出，日本企业拥有水平的信息网络和有等级的人事管理的特性，而美国企业拥有有等级的信息机构并且在雇佣关系、人事管理方面是以分权的市场决定为特性。从信息机构和人事机构中集权（垂直）和分权（水平）的“双向性原理”看，日本企业和美国企业具有鲜明的区别。日本企业体系适合系统环境连续变化和多品种少量生产，而欧美企业体系适合在稳定的环境下大量生产并对激烈的冲击具有较强的应对能力。

第三，日本企业集团存在由银行为中心的股份互持而成的四大突出特征：(1)经营的自主性；(2)信息共享；(3)关于企业内部的工作任务由企业内部做选择；(4)关于企业排名的竞争等特征，在决定（信息）层面中具有分权的特征和关于激励的集体（集中）特征上，企业内组织具有相同的性质。因此，日本企业受到企业内部组织和以银行为中心的具有相似性组织原则的双重管控（青木昌彦，1989）。但是，此后青木又开始强调个人股东和作为监管人的主银行所起的作用。青木认为，日本企业受到“股东集团”和“准终身雇佣员工集团”组成的“联合体”的限制（青木昌彦，1992）。

青木同时设置了两个坐标轴，一个是“水平的信息网络”和“排名等级”，另一个是“以银行作为代理人的股东集团”和“以不同企业的工会为代表的员工集团”。通过设置这两个坐标轴，提供了完全相反的利益同时进行重复交涉的“场所”，并指出了日本企业所处的位置。青木还给出了日本企业的法人利益分配结构特征。最重要的水平信息网络可以迅速应对削减库存和局部冲击（如机械故障、不合格产品、劳动者旷工等），并产生网络租金。这个准组织租金决定于劳动者集体能力，由于这是无法市场化的企业特有资产，作为集体中一员的劳动者在分配这个准组织租金分配的问题上可以有效地发挥他们的交涉能力。但是，关于这个准租金的分配和经营的决定，股东也拥有相同的权利。因此，根据青木理论，日本企业同时受金融和雇佣两个层面的管控，经营者发挥着调停者的作用以推动合作博弈。

第二节　看不见主体的交涉博弈

青木认为:(1)交涉事项涉及“一般的团队交涉以外广范围的问题”;(2)“并不存在明文化的约束力,仅仅靠隐含契约的形式”的口头承诺(青木昌彦,1992,p. 170)。这两点是日本企业的重要特征。如果那些没有经过交涉的事项也包含在“隐含的约定”中,那么到底谁是交涉的主体,通过什么样的途径进行交涉,关于这些问题,模型的设计者并不承担举证的责任。青木的模型其实明显偏离了现实,因此青木本人在设定交涉博弈状况的时候也在不断更改设定的条件。日本的企业组织并不像青木所说的是“典型的交涉博弈”,反而呈现出使用博弈论的局限性。接着我们围绕以下三点来对此进行确认:第一,经营者与员工集团的交涉博弈;第二,股东集团和银行的关系(还有经营者的作用);第三,母公司和系列转包企业的关系。

一、职长和工长的“心理”博弈

如上所述,青木理论构建了一套关于日本企业组织在“水平的信息网络”和“等级的激励”这一对完全相反的要素在互相抵抗的同时形成合意均衡的完美模型。但是,在这个模型中隐藏着主体和客体间的偏差和不对称的问题。如果水平的信息网络是职场集体的基础,从理论上讲,有等级的激励就应该可以在职场集体单位被组织。如果使用这个方法,则对新古典派经济学的以个人主义为方法的批评更为完整。但是美国企业模型的水平轴和垂直轴都以个人作为结构单位,而在日本企业模型中,水平的信息网络是由职场集体作为结构单位的,有等级的激励部分是根据个人单位来加以制度化的。青木并没有提到这个问题,但这种结构单位的不对称正是解决日本生产方式的关键。

在美国,现场的工头不能成为工会成员;而在日本企业,职长和工长(工头)等级的现场监督人员都是工会成员。制度的不同,反映了日本和美国在劳资斗争这一系统冲击上的差异。青木理论在日本和美国制度上的比较是有所欠缺的。在美国,作为对1946年大讨论的反应,第二年在共和党主导下制定了塔夫脱·哈特莱法。从工会领导中驱除了马克思主义者，并把工头排除出工会而形成了新的制度体系。而在日本，20 世纪 50 年代后期其基础产业（钢铁）的劳方和资方形成了激烈的对立，以 1956 年的八幡制铁和 1959 年的日本钢管为契机导入了工作组长制度和指挥参谋组织制度（Line and Staff），现场的判断权则移交给工作组长。这种职业职责机构的重组是以解决作为工会运动基础的职场集体“自律性”为目的的。通常，老资格的熟练工就会成为组长和伍长，他们没有生产管理的任何实质权限却是工会运动的中心人物。此后，以钢铁业为中心推行的职务薪酬制度碰壁，20 世纪 60 年代中期开始以年功制为基础，导入了“个别管理”和“小集体运动”的“能力主义管理”被普及（兵藤钊，1997）。

其结果是，那些老资格熟练工的职长和工长既是代表现场的工会代表，又是决定人事管理和工作流程或生产量的经营方的末端代表。自此，日本企业的这些现场领导既要做工会代表又要做经营方的末端代表，具有双重角色。如果用青木模型来替代，则水平的信息网络和有等级的激励这两条坐标的交点位置正好是由现场主管占据的。生产节拍（Takt Time）和技能形成所需要的轮换、小集体活动、个人审查、解雇的规则等并非工会交涉和契约的对象，如果让职长和工长承担双重角色的作用，那么水平的信息网络和排名等级的平衡只能靠这些现场领导做出最终决定。职长和工长，一边要作为职场集体“自律性”的代表，对关于网络租金的分配与经营方进行对等的交涉；另一边又要完成经营方设定的生产目标和对员工的个人审查。如果合作博弈成立，由于在模型上互相抵抗的两个坐标轴的主体和客体是不对称的，那么在交叉点上的现场领导心中的矛盾将不言而喻。如果用博弈论来解释这种状况，则职长和工长等现场领导既是经营方的玩家又是员工方的玩家，在他们的心目中展开着反复的博弈。青木理论的现实正是如此。

如果遵循青木理论，水平的信息网络是以集体为单位的，而有等级的激励则是以个人为单位的。现场领导同样是经营方设定的个人审查的对象。他们在职场集体中起着协调作用并尽可能完成经营方设定的目标，他们是否能够完成目标都以“不公开”的方式进行审核。当然，这对他们个人是否能升职、能拿到多少退休金、最终工作生涯的总收入有相当大的影响。在日本，即使他们拥有某种程度熟练的技能，也不是根据级别资格原则来对雇佣做出保障的。正因如此，他们很难保证某种程度的“独立”来发挥其交涉能力，而他们在职场集体能满足经营方的“自律”要求也是有限的。他们能够做的，最多是在有等级的激励体系中不损害成员的均等机会。譬如，欧文很注意平等分配，为了不剥夺优秀人才的晋升，实行了轮换。如果不这样，他自己会破坏职场的氛围，那么现场监督人作为被审查的对象就无法“完成经营目标”。

在这个合作博弈模型里，员工集体的“文脉的技能”和“自律性”是以网络租金交涉能力为基础的。为了保证这种交涉力，经营方需要具有一定的独立性，与欧美企业相比，日本企业在这方面的制度化和规则上较为欠缺。譬如，促进“文脉的技能”的轮换以及小集体活动，或者是与网络租金分配相关的个人审查评价的规则，不仅是职场集体，连工会和经营方都几乎没有交涉。另外，员工集体为了维持长期雇佣，可以通过调节加班时间来应对，而在欧美国家属于必然交涉对象的标准工作量（生产节拍）在劳资双方也没有交涉。关于这些问题，在有限的范围内可以由现场的职长和工长给予约束，但如前所述，他们既是工会的代表也是经营方的末端代表。

如果职场集体对长期雇佣感兴趣，就会要求明确的解雇和就职规则。但是职场集体无法对此进行交涉。确实，日本的工会会对解雇和保证工作岗位等事宜进行交涉。但与欧美相比，与解雇和就职相关的社会制度和规则极为稀松。因此，日本企业会让那些具有较高“文脉的技能”的中老年职工下岗。而应该具有“自律性”的职场集体并没有起到防止的作用。轮换和个人审查体系起到的作用是筛选出需要整理的对象。至少从拥有熟练技能的社会制度来看，假设存在“文脉的技能”和“知识熟练”，但这并不属于劳动者个人或者职场集体，而是属于企业。这种观点更加贴近事实。

青木认为，人们为了形成自己的“文脉的技能”，员工集体与经营政策紧密相关。但是工会对于经营政策并不具有太大的发言权。青木虽然没有提及这一点，但他认为工会通过其他途径导入劳资协议制更为重要。当然，这个劳资协议制不同于德国共同决定机构那样正式由具有代表权的员工方来参与。在一般情况下，层级越往下的现场，转达“来自上面”的经营政策的倾向越明显，根本无法将其称为交涉博弈的场所。

职场集体层面的交涉主体背负双重角色和缺乏明确的交涉过程这一事实证明,要用博弈论来分析日本企业组织,存在局限性。这正好证明了青木理论模型中存在的恣意和混乱。首先,青木理论认为,以职场为基础的集体可以创造出水平信息网络的准组织租金,那么关于准组织租金分配的交涉主体就需是形成"文脉的技能"的基础(职场集体)。在《日本企业的组织和信息》一书中,职场集体被定位为交涉博弈的主体,他们采用"威胁战略"来达到纳什均衡解的典型交涉博弈。青木指出,"员工如果得不到网络租金的分享保障,他们就会抑制对信息处理和互相交流的合作。员工的'威胁'(Threat)值得相信,也可能是有效的"(青木昌彦,1989,p. 94)。但在现实中,这是谁都无法证明的事项,"值得相信"的表现就有待探讨。

接着,为了回避这些在现实中不存在的状况,青木又在《日本经济的制度分析》一书中用分企业工会作为交涉博弈的主体。青木认为,"分企业工会是J企业的下层结构,准终身雇佣的员工存在的各种利益都由工会来斡旋,并将其作为一个集体的利益转达给经营方"(青木昌彦,1992,p. 106)。但是在现实中,日本的工会并没有像他所说的那样,形成"文脉的技能"的工作轮换、小集体活动或者审查内容和规则等。工会基本不进行交涉。极为奇妙的是,青木认为"文脉的技能"由于是某个特定组织所固有的,关于个人评价,有可能把不合作视为潜在的威胁来交涉。换言之,每个人的生活与直接相关的雇佣条件逐渐得到具体化,个人交涉的作用仅仅是对集体交涉的补充"(青木昌彦,1992)。确实,在轮换、审查、转职、晋升、解雇等活动中会出现各种投诉,这些都依存于各个人物性格,这些个人交涉显然没有形成制度和习惯。譬如一个人被外派到异地工作,日本企业如果认为"不合作是潜在的威胁",那他肯定存在从排名等级上滑落的危险。

青木理论在方法上的特色在于,用博弈论来分析企业组织。但是,如上所述,什么样的主体采用什么样的战略组成利益集体,通过什么样的途径来展开交涉博弈,如果对这些做出规定,那就无法满足博弈论严格的前提条件。结果,为了巧妙地回避这些问题,如本章第一节一开始已经提到的,没有成为集体交涉对象的事项,只能采用隐含的约定方式,这就是日本企业的特征。但是隐含的约定把所有的问题都送入了"暗箱"。只要采用这个概念,到底是谁和谁互换了隐含的"契约",模型的设计者并不需要负担举证责任。这就成了谁都无法证明的"命题"。青木为了运用与美国相同的契约理论方式来对日本和美国的制度做比较分析,最终只能不断地使用这一虚构理论。他并没有提到日本和美国之间作为社会制度的契约和诉讼的方式方法的不同之处。日本企业的特性在于交涉和契约并不明示这一事实,对于这一事实本身的存在意义需要加以解释。

二、银行与股东集团

关于使用博弈模型的困难性和恣意的模型更改并不仅局限于企业内部的劳资关系。青木理论认为,日本企业是由金融契约和雇佣契约衔接起来的。从另一个角度看,银行和股东集团之间也能够找到相同的问题点。一方面,青木在《日本企业组织和信息》一书中强调了由以银行为中心的互相持股形成的、矩形制组织结构的、以企业集团为中心的日本金融契约特征。事实上,日本的企业集团内部,只有在系列企业经营表现恶化的时候,银行才会对该企业的经营进行干预。关于这个事实,青木指出,当负债超过解散价值的时候,以银行为中心的股东会实行管控。另一方面,需要承担破产和被收购风险的经营者们会尽可能降低负债和权益资本比例而追求股价最大化(青木昌彦,1989)。

日本企业用金融契约和雇佣契约衔接的青木模型与事实并不一致。第一,在水平的信息网络具有优势的日本企业主要以汽车和电器产业等机械组装产业为典型,这些大企业并不属于以银行为中心的矩形制组织结构企业集团,丰田、松下、夏普、索尼、三洋等都是由创业者同族企业发展而来的,日产、富士重工、东芝等属于新兴财阀,都是与旧财阀系列的银行关系较弱的独立型企业。这些企业和青木所说的金融契约和雇佣契约衔接的特征并不完全一致。

第二,按照上述模型,在石油危机后企业业绩恶化的时期银行本来应该介入,但与此相反,独立系列的大企业反而通过减量经营来减轻利息负担,出现了远离银行的事态。虽然青木也提到了由银行借贷向股权融资转移的事宜,但在欧盟市场不断扩大的过程中,正是这些独立系列大企业积极地做出了转换。银行与企业的关系,如果将其与矩形制组织结构分离,仅仅将其视为保持长期融资关系的主银行制，这就与青木模型在事实上存在着巨大的差异。

第三，由于需要回避股权融资的资金运用和汇率风险，这些大企业自身都在进行巨额的金融交易。事实上，在泡沫经济崩溃之前的 1984 年，在企业的金融收支的顺差金额的条件下，第一位丰田（833 亿日元），第二位日产（613 亿日元），第三位松下（577 亿日元），第四位日立（283 亿日元），汽车和电气机械企业在整体的前十位中占到了 8 家之多。这些金额与作为产生“准组织租金”的主营业务的收益规模可以匹敌。

青木模型与现实存在着极大的偏离。青木在《日本经济的制度分析》一书中又一次对股东集团与银行的关系做了恣意的更改。在此书中，银行股东的作用针对的并非系列企业集团，而是扮演着个人股东的监视角色。但是稍加思考就能简单地做出判断，设定存款人和银行为委托代理人关系，受存款人委托的银行即使可以从借贷方企业获取最大利益，但是要把借贷方企业的股东集团和银行之间设定为委托代理人关系，也只是一种“虚构”的操作。银行和作为稳定股东的系列企业集团之间存在着较为缓和的“老板会”这一媒介，而借贷方企业的个人股东和银行之间并没有直接的关系。

恣意地改变模型后，青木模型在论述上又出现了自我矛盾。比如，青木指出“J 企业的股利分红政策，从个人股东的角度可以解释为是一种完全合理的选择”（青木昌彦，1992，pp. 123—126），那么为什么个人股东的股票持有率会一直呈降低倾向？青木并没有给出很好的回答。青木在其他地方曾经提到，为了预防被收购，通过互持股票形成系列企业是降低个人股票持有率的一大原因（青木昌彦，1992，p. 132，p. 137）。如果是这样，比起个人股东，企业经营者和银行当然会更加重视既是最大股东集团又是稳定股东（系列企业集团）的利益。但是青木认为，比起股利分红，个人股东更重视的是股价，股利分红金额是“根据面值的一定比例来决定的”（青木昌彦，1992，pp. 123—124），并指出 J 企业的股利分红政策是以追求股价最大化的个人股东利益决定的。

青木希望从针对股利分红和出售股票获利的税率比较来找到依据。对于个人投资家，股利分红是分离课税的，而出售股票获益是“非课税”的，因此股价最大化更有利。而对于企业，出售股票获益（和企业所得税合算）需要交付的企业所得税要高于股利分红税（事实上股利分红不算入总收入），对于企业来说股利分红更有利(青木昌彦,1992,p. 125)。但是,从事实来判断,这种比较并不正确。正如青木也承认的,系列企业作为稳定的股东互持股票,并不是以股利分红和出售股票获益为目的的。互持股票最为重要的是预防未来的风险,扩大"估价收益"。系列企业不得不出售持有股票的时候,往往是经营状况出现恶化之时。这时候,课税收入等于"出售获益－营业赤字",出售获益需要缴纳的企业所得税的有效税率要远远低于表面税率。因此,为了回避未来的风险而追求扩大"估价收益",可以给予稳定的股东们互持股票的激励。最大的股东集团(系列企业)如果以扩大"估价收益"作为基础来互持股票,企业就不会对个人股东给予利润回报,即使"股票面值的一定比例"固定股利分红也不会产生问题。

青木的金融模型(青木昌彦,1992,pp. 144—148)通过向银行借款来增加股利分红,以此作为出发点。对于个人股东来说,股价最高点的偏差(青木称之为银行征收的监管手续费)程度才是问题所在,从这里可以看到模型的前提条件就有问题。如果股利分红把固定"股票面值的一定比例"作为一种习惯,只要是向银行借款,"发行股票数×面值"就不会发生变化,那么对于企业来说就根本没有必要对股东增加股利分红,而应把这些资金全部投入投资中去。相反,根据时价发行股票来增资,那么增资中"面值的一定比例"部分可以增加股利分红支出,超过金额(Premium,时价与面值的差额)是非课税的,股价如果上升,根据时价发行股票来增资就会更有利,但这时,经营者会考虑最大股东集团的利益,通过分配增资的方式尽可能平均那些稳定股东的"估价收益"。

三、系列转包企业与水平的网络

最后,针对看板方式和JIT,对从水平的信息网络展开母公司与主要转包企业之关系的青木理论存在的问题点做简单的介绍。

第一,从库存成本负担的角度观察,看板方式和JIT很明显不存在水平的关系。关于这一点,青木的障眼法很巧妙。青木认为,"'看板'系统的重要特征在于下游的职场的工作'拉动'(Pull)上游职场,而不是上游职场的供给'推动'(Push)下游职场的工作",并指出,"由于循环'看板'的连锁反应,全体系对市场需求直接做出反应"(青木昌彦,1992,p. 27)。从表面上看日本企业好像是从底层传出信息，但不能出现这样的误解。这里所说的“下游”是母公司的最终组装生产线，而“上游”则是末端的部品转包企业。

此外，“多品种少量生产”这一表达方式，如果看母公司和系列转包企业之间的关系，就会被诱导从而产生误解。母公司对于那些附加价值高且生产量大的量产部门会采取内部生产，而对于那些无法做到量化生产的部门则会转包出去（外部生产），这里隐藏着分等级的分工关系。母公司为了进行“多品种”生产，需要对一定的轴心部品加以标准化，而无法量产的大多数部品库存则转包出去，这样才可以削减库存调整成本。如果不这样做就无法发挥量产的优势。看板方式和 JIT 最初的目的是以垂直的分等级关系为前提，形成一套库存成本自上（上游）而下（下游）的压力体系。

第二，大企业的长期雇佣是由系列转包企业承担起雇佣缓冲功能才可能成立的。日本机械组装产业与欧美相比内部生产比例较低，母公司的员工在雇佣上得到的保障程度较高。但是如果把外部生产的系列转包企业也计算在内，日本企业在雇佣上的调整力度并不比其他国家小。从第一次到第二次再到第三次，系列转包企业越往下去，女性临时工和移民劳动者（临时雇佣者）的比例越往上升，没有薪资的加班比率也随之提高。景气变动的调整中，首先成为削减对象的就是他们。母公司员工的雇佣调整总是会等到最后。而且，系列转包企业往往需要接受母公司员工的下放。从整体来看，日本企业并不能说是用长期雇佣和薪资来进行交换的。日本企业的薪资伸缩性很高而且雇佣的伸缩性也很高。不难理解，日本在经历了多次汇率上升后依然能够维持国际竞争力。当然，并不是母公司直接解雇转包企业的员工。系列整体的雇佣调整是利用垂直的分工关系，要求转包公司降低产品价格或者减少外发商品数量来完成的。1991 年以后在日本长期不景气的时期可以看到，过度强调母公司和转包企业的风险分享是不正确的。

转包企业一直过于单纯地强调母公司的支配和从属关系，而水平的网络论则给出了一个全新的方向。确实，如果采用外部生产，就可以发挥市场效率。但是，这也不能有意识地无视一直讨论的系列转包企业所拥有的雇佣调整和利益操作的缓冲功能。而且，系列转包企业对母公司拥有一定的“独立性”也与转包企业成为母公司的靠垫不存在任何矛盾。如果转包企业完全依赖于母公司，就没有办法吸收母公司要求的成本降低，转包企业就有可能和母公司一起倒下，那就无法发挥缓冲功能了。

第三，青木模型中还存在着产品开发和技术改良相关的重要信息如何垂直流动的缺点。关于这一点，观察母公司和系列转包企业的关系，在投入新设备和部品开发的时候，通常母公司的技术人员会指导系列转包企业，等到生产线上轨道以后这些技术人员才会撤回母公司。关于这一点必须加以留意。在石油危机以后，有几个第一次转包制造商的生产工程管理依然接受了母公司的指导。这时候母公司和系列企业的关系很明显不是相互对等的水平信息网络，而是具有约束性的从母公司接收信息垂直传达的关系。当然，随着第一次转包企业技术能力的提高，对于母公司指导的依赖程度与以前相比正在不断下降，这意味着母公司能够获得的部品质量在不断提高的同时，还可以减少负责指导的人员配备。这种纵向的指导关系逐渐从第一次转包生产商向第二次转包生产商转移。而且问题在于，这种与转包生产商之间的关系、转包生产商的技术和设计开发从习惯上并没有设定明确的契约关系。如果像哈特所说的那样，契约的残余是发生权力关系的依据，那么在那些欠缺明示契约关系的系列关系中，买方（组装生产商）的力量就要大于卖方。事实上，新车开发的时候，转包生产商会频繁地忙于应对。如果是因为暧昧的契约导致这种情况发生，那么用再契约的重复博弈来描述就会非常困难。

如上所述，青木的以水平的网络为基础的准组织租金论，由于缺乏“技术和资本积累”这一提高生产性的基本条件，就无法观察高度的信息垂直传达过程。沿着这一观点，我们对作为产生准组织租金依据的“文脉的技能”理论进行探讨。这时候，青木的“文脉的技能”理论是由信息、激励、博弈等最新理论装饰出来的，其基本是以小池和男的“知识熟练”理论为基础的。因此，我们需要从小池和男的“知识熟练”理论开始入手。

第三节　“熟练技能的社会制度化”与日本的企业组织

一、小池和男的“知识熟练”论

从劳动经济学对日本经济分析这一点来说，小池和男是权威人士。包括青木昌彦在内，许多研究者援引了他的事实发现和解释。在这里简单地介绍一下小池的理论结构（小池和男，1977，1991）。小池认为，第一，日本蓝领的年功薪资曲线与欧美白领的薪资曲线非常类似。二者（初期的离职率虽然很高）在以长期雇佣为主流且解雇形式以募集希望退职为主这一点上存在着共通点。在这里，小池认为，日本的大企业生产劳动者正在出现白领化。但仅仅靠薪资曲线和长期雇佣等外部类似性还不足以说明问题。日本的蓝领如果没有与欧美的白领匹敌的"知识熟练"，就不能说出现白领化。

第二，作为白领化的内在依据，我们来探究小池的"知识熟练"。小池把工厂工作分为"和日常一样的工作"与"和日常不一样的工作"。他认为，日本的直接生产劳动者并不是单纯地按说明书操作的工人，因为他们从事着"和日常不一样的工作"。"和日常不一样的工作"需要"应对变化"和"应对异常"。"应对变化"需要应对产品结构的变化、生产量的变化、新产品的出现、生产方法的变化、劳动者结构的变化等。"应对异常"需要应对机械故障、不良品的出现等。小池认为，处理"和日常不一样的工作"有两种方式。一种是，"和日常不一样的工作"仅仅由技术人员来担任，而"和日常一样的工作"则由直接生产劳动者担任的"分离方式"。另一种是，两者都由现场直接生产劳动者担任的"统合方式"。小池认为，日本基本上是采用"统合方式"，日本的直接生产劳动者能够承担起技术人员的一部分职务，是拥有"知识熟练"的劳动者。为了应对变化和异常，如果没有关于机械运作和结构的知识，就无法对原因做出合理的判断。因此，这里所说的"知识熟练"和能够操作众多机械的"多能工"并不一样。

那么这样的熟练技能是怎样形成的，又归属于谁？

第三，小池认为，作为职业形成方法的 OJT[①] 的优越性和以此为基础的职场集体的"自律性"尤为重要。直接生产劳动者的职业生涯，在经历了短暂的 Off-JT[②] 后基本是以 OJT 方式形成的。不仅仅局限于"日常的工作"，关于

---

① On-the-Job-Training 的缩写，意即在工作现场内，上司和技术娴熟的老员工对下属、普通员工和新员工进行教育的一种培训方法。——译者注

② Off-the-Job-Training 的缩写，即脱岗培训或集体培训，就是将接受培训的员工集中在一定时间内，利用外部或内部的培训设施进行培训的一种方式。——译者注

“应对变化和异常”，最初会请来“老资格的员工”，在观察和参与的过程中习得处理的方法。这种 OJT 要比 Off-JT 方式更有优越性。由于是一对一的训练，个别具体的无法用言语来表达的“隐含知识”也可以得到传授。而且这样做的成本也会更低。

如果在不区分职务暧昧的情况下能够形成“知识熟练”，那就需要对这个“知识熟练度”进行评价的审查体系。日本企业按照 OJT 决定的移动和审查，并不是以劳动协议为基准的，而是由职长和班长等现场监督者来执行的。但是在工作表上也有某种程度的“客观性”措施，对于现场监督者的恣意性由他们自己来进行检查。也就是说，由 OJT 形成的“知识熟练”是根据职场集体的习惯决定的，这也是职场集体的“自律性”依据。

如果职场集体存在“自律性”，那么以此为基础的职场集体就会“独立”与经营方进行交涉。小池强调了日本的劳资协议制的功能和工会的对等性与独立性。首先，日本的工会与欧美的工会相比，对企业资金的依赖度更低。日本工会的会费由于是自主征收的，其独立性更高。关于员工的解雇和人员整理，虽然没有像美国那样有明确的规则，但所有的工会都在进行交涉。此外，劳资协议制发挥着进行团体交涉之前的作用，现场劳动者对经营的基本方针和生产销售的计划有一定的发言权。虽然小池并没有提到劳资协议制最多也只是课室的工会代表参加，现场劳动者并不能够直接参加，但小池也承认关于实际情况这些工会代表最多也就发表一下意见。小池认为，“从问题的性质上讲这是当然的结局”(小池和男，1991，p. 210)。这成为直接生产劳动者通过职场的习惯和职场集体的“自律性”形成的“知识熟练”与经营方对等交易的证据。

在这里对小池理论最后的观点加以阐述。

第四，小池提出了基于以长期雇佣为前提的劳资关系的风险分担模型(Risk Sharing Model)和由企业内特殊训练积累所决定的年功薪资曲线论。小池继承了多林格(Peter B. Doeringer)和皮奥利(Michael J. Piore)提出的内部劳动市场论，但也并非毫无保留地继承。特殊训练、OJT、先任权(资历)习惯[①]这三项是内部劳动市场成立的依据，小池对其中的“特殊训练”的内容提

---

① 在劳动者晋升、解雇等措施中，企业针对工作资格较老的员工实施优先对待。——译者注

出了质疑。多格林和皮奥利提出的“特殊训练”的内容指的是“机械的习惯”和“个人的人格差异”,小池则把这些看成直接生产劳动者“知识熟练”。这种“知识熟练”是在企业内以 OJT 方式形成的,因员工的职业生涯在各个企业不同,这种“知识熟练”也具有不同的企业特殊性,我们可以将其称为“企业特殊熟练技能”。这种“企业特殊熟练技能”如果没有大企业那样的长期雇佣作保障就无法成立。职业生涯形成需要较长的时间,如果企业经营恶化或者倒闭,劳动者就无法放心针对自己的职业生涯进行人力资本投资。如果存在“企业特殊熟练技能”,则解雇会对职业生涯带来巨大损失。企业的盛衰对于技能的增长和晋升速度的影响很大。因此,直接生产劳动者对于经营方针和决定经营方针的领导人选择不可能不关心。如此这般,劳资关系的风险分担模型就成型了。

这与共同体模型和家庭社会模型是完全不同的。事实上,由于存在投资失败的风险,技能和晋升的迟延导致最终可能被解雇,但在共同体和家族关系,并不存在以激烈市场竞争为前提的解雇问题。小池并不认为企业内福利能够带来员工的忠诚心。从各国情况比较看,日本企业的附加福利并不算高(小池和男,1981,pp. 86—105)。对于小池来说,日本雇佣体系也应该被视为“经济合理性”的对象。那么薪资的年功曲线也并非是对应了终身雇佣制的生活保障薪资体系。也就是说,由于按照小池所说,薪资是根据“知识熟练”来支付的,因此年功曲线才会出现。

小池的薪资理论是导入了以内部劳动市场为基础的风险分担模型并加以变形而成的,基本上是以人力资本理论为基础的。这也是一种新古典派经济学的方式。如图 1 所示,这个模型从长期来看,劳资双方分享训练成本。初期,劳资双方不仅仅对一般熟练技能分担投资,也对企业特殊熟练技能的训练成本分担投资。随着劳动者熟练技能的形成,劳资双方一起回收投资的租金和训练成本,而且为了不失去由于企业特殊熟练技能而获得的利益,劳资双方会做出长期雇佣的选择。从长期看,熟练技能会和薪资水平保持一致。因此,薪资才会出现年功曲线。这样,小池的理论才能圆满完成。在这里我们需要回想一下小池提出的最初论点。他的出发点在于主张日本存在与欧美白领匹敌的长期雇佣(内部晋升制)和薪资的年功曲线——日本直接劳动生产者的白领化。对这个出发点加以观察，小池通过把内部劳动市场论和风险分担模型嵌入新古典派的人力资本理论，给予了经济学上的解释。小池理论也因此形成了一套完整的理论体系。

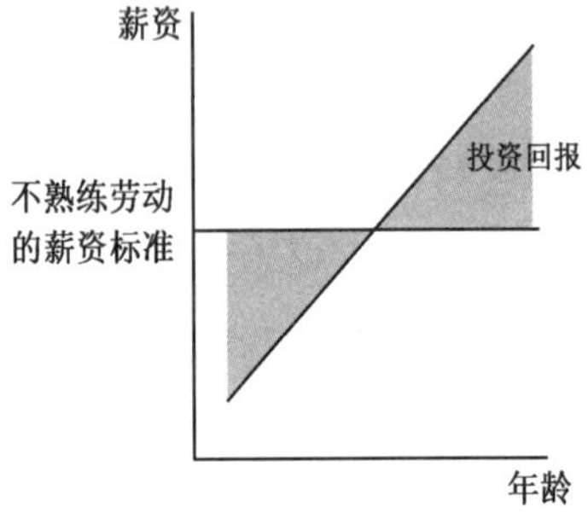

图1　小池的薪资模型

但是，小池并不满足于此。他希望通过展开他个人的阶段论给予日本雇佣体系普遍性。他认为，产业化的发展阶段可以分为个人企业阶段和大企业阶段这两个阶段。前者对应的是行业工会(Craft Union，或者是行会传统的继承)，后者对应的是内部晋升制度和分产业工会。正因为日本是后发国家，日本才可以避免在第一阶段就已普及的社会制度。这一后发效应使得日本在雇佣体系上拥有了“先进性”。

但是如果日本的雇佣体系具有“先进性”，那就需要验证它是否同样可以在海外适用。小池理论主要在亚洲各国的调查活动中使用(小池和男、猪木武德，1987)。他们主要考察了以下内容：(1)OJT与轮换；(2)员工留存率和内部晋升制；(3)直接生产劳动者的“对应异常”能力；(4)工作表和审查制度等。但是要主张日本雇佣体系的普遍性，小池的观察依然还仅仅停留在局部的类似性。日本企业虽然有意识地朝着这个方向努力，但是许多导入案例在当地都会根据当地的社会需求而变形。日方员工一旦撤退，一切又都恢复原状，即使有存留，也都是混合型的，此间制度意义上都发生了变形。那么为什么会变形，或者后退，或者成为混合型，为什么制度意义上会发生转换？小池并没有给出很好的解释。即使是局部的，也过于强调类似情况。主张“普遍性”的理论往往具有这样的倾向。

二、针对“知识熟练”论的批评

针对小池理论，近来出现了许多批评。其中就有野村正宝对小池理论的批评（野村正宝，1993a，1993b）。野村指出，小池的发现并非什么新的事实发现，而且没有追求理论的整合性。当然，小池理论的强项在于以工厂调查为基础，对日本最具有国际竞争力的汽车产业和电机产业进行了理论内部批评，关于这一点我们也不能忽视。野村的批评虽然在理论批评层面上并没有形成体系，但为突破小池理论体系（完整性）提供了重要材料。

在这里先介绍一下野村的讨论。第一，野村的批评首先指向了直接生产劳动者的“知识熟练”过于夸大。如同欧美一样，日本的机械组装产业也存在着技术人员、准直接劳动者、直接生产劳动者这样的分工关系，野村认为，小池在有意识的调查分析中忽视了相当于准直接劳动者的维修工、检验工等专业工（技术人员）的作用。在小池重视的“和日常不一样的工作”中，如果从提高生产性的贡献度看，这些技术人员立足于生产线，在需要对生产线进行型号更改或者对机械设备进行改良和改善的时候，他们的存在意义非常重要。这些基本改良部分并不是以小池重视的由现场的“职场集体的自律性”和以 OJT 为基础的直接生产劳动者的“知识熟练”来实现的。野村认为，小池被忽略的专业工才是在这个过程中起到衔接技术人员和现场监督者这一重要作用的人物。

他主要列举了电机和汽车产业导入新机器设备和更换生产线过程的事例（野村正宝，1993a，pp. 32—34&pp. 126—131）。在新车投入的事例中，生产线和设备的设计由产品开发技术人员和生产技术人员负责。接下来在量产试验阶段，现场监督者也参与进来决定各个制造方法和工程的配置。到了正式操作阶段，以生产技术者和准直接劳动者为中心进行大的改善。随着生产进入稳定期，则以现场监督者为中心进行细节上的改善。电机产业的生产线设计和设备导入的事例也一样。建立生产线和主要的改善是由生产技术人员和专门工以及被选上的技能者组成的 PM 小组负责。

而且，专业工（准直接劳动者）的技能形成，从机械技术相关的教育研修期开始到前往机械设备厂商接受培训为止，比起直接劳动者需要更长时间的

Off-JT。职长等现场监督者虽然也会接受教育，但仅仅局限于劳务管理、IE(Industrial Engineering)、品质管理方法、成本管理等，这些与专业工接受的教育是不同的。很明显，小池所说的现场直接生产劳动者的“知识熟练”有过高评价之嫌。

第二，关于母公司与系列企业间的关系，野村强调两者存在分等级的分工关系。野村的主张对准了小池和青木理论中强调系列关系的“水平”理论，但同时也说明了为什么日本企业的内部生产率较低。如前所述，最近的系列企业理论中系列关系的“经济合理性”替代了双重结构论和系列转包支配论。也就是说，母公司和系列部品生产商通过分离来提高市场效率，并强调导入 JIT 和看板方式可以节约信息成本。第一次转包企业的成长也给予了该理论一定的现实依据。

但是，野村认为，在母公司与系列企业之间，那些产量较大、通过机械化和自动化可以发挥规模经济的量产部门留在了母公司，而产量较小、生产量变动较为剧烈的部品则发给系列企业，两者依然维持着这种基本的分工关系。这种垂直的分工关系由移民劳动者和男女性别分工才可得到保障。负责外部业务的系列转包企业又从第一次转包企业转向第二次转包企业再到第三次转包企业，那些由于难以实现自动化和机械化而需要通过人海战术来实施的生产案例则不断被下放，因此薪资低、雇佣保障程度较差的比率也会随之上升。

第三，野村的批评还指向了作为“知识熟练”依据的“职场自律性”。这与第一个批评是属于表里关系，拥有“知识熟练”的现场劳动者的工作内容与负责部品供应、叫停生产线、现场教育等专业工(维修工、检查工等)的工作内容相比，交给现场劳动者的是较为简单的日常业务。最多也就是中等多功能工而非高等多功能工。而且这些专业工的日常业务的一部分如果可以交给现场的“自动化”来解决，就可以节省更多的人力(人员的合理化)并提高生产性(野村正宝，1993b，pp. 32—43)。这是根据自动化、ME(Microelectronics)化来实现标准化(解体熟练技能)的过程，且扩大了 OJT 的移动范围，通过把专业工日常业务的一部分下放到现场并加以“自动化”，可以实现更加节省人力的工作体系。

此外，野村还尝试揭露作为“知识熟练”依据的小池“职场自律性”的虚像。

在小池理论中，现场监督者(职长)拥有职场内人员配置的权限，并按照平等主义运营，这是“职场自律性”的重要依据。小池所说的“知识熟练”的形成所需的职业生涯是不受经营方和工会双方限制的，而是依靠“职场习惯”决定的。但是，野村却认为，这种程度的权限移交给现场监督者的情况在德国的大众公司也可以观测到，并不能将其称为日本特色。相反，在关于劳动时间、审查、解雇等问题上，工会和职场集体并没有独立地与经营方进行对等交涉。

首先，关于以标准作业量和标准作业时间为基础的生产节拍，欧美各国根据劳资交涉有明确的指标，而在日本这连对等交涉的对象都不是。在一般情况下，开工前在考虑了经营方提出的经营目标的前提条件下，生产节拍是由现场监督者和优秀的老资格员工共同参与设定的。属于职场集体的“普通人”既没有参加的途径，目标也不是根据他们的作业能力来决定的。另外，由于对加班时间的限制极弱，无薪加班成为一种常态。虽然现场监督者的一部分可以通过劳资协商来发表自己的意见。但是，如前所述，现场监督者既是经营方审查制度中的末端代表又是职场集体的工会代表，他拥有双重身份，而且他还是被审查的对象。职场的自律性明显是具有局限性的。

其次，解雇问题也是如此。小池认为，关于解雇以及人员整理问题，日本的工会是世界上交涉程度最高的。在德国存在着关于解雇的自动规则，交涉程度位于美国和日本的中间。野村同时也是德国专家，他认为关于解雇问题德国要比日本交涉得更加细致，尽可能不解雇那些受到较大生活冲击的中老年员工。关于解雇问题，小池理论用“交涉频率”替换了中老年员工被解雇的实际情况。小池是一位非常优秀的研究者，但在对人员进行整理的问题上，中老年员工最容易成为研究对象。这个日本的特征对于小池理论是致命的，因为那些拥有“知识熟练”的员工却最容易被解雇。

接着，野村的批评还涉及小池的工会“自律性”理论。小池的工会“自律性”来自经费独立。但是，作为工会的权利能够从企业赢得经费补助，才意味着工会具有较强的交涉能力。野村认为，小池的理论并不一定能够成为判断交涉能力的指标。在日本，工会全职员工选举和团体交涉是通过企业人事和劳务部门事先周到的交涉来决定的，在各方各面都存在问题(野村正宝，1993a，pp. 42—48&pp. 182—203，1993b)。此外，在中谷严与青木和小池的座谈会中，中谷凭其个人经验指出日本的工会是“公司第二劳务部门”，这一发言颇具深意（青木昌彦、小池和男、中谷严，1986，p. 60）。在这里并不是要做出这个系统是好还是坏的价值判断，而是要追究哪个是更接近实际情况的问题。对欧美劳资交涉有一定了解的人，如果在日本企业工作，很自然就会有这样的感受。

第四，野村的批评指向了小池的熟练技能薪资理论。小池认为，把薪资作为熟练程度的从属函数可以用年功薪资曲线来表示。如果以“职场的自律性”为基础的 OJT（职场经验）而形成的直接生产劳动者的“知识熟练”是国际竞争力的源泉，则企业会尊重凭“知识熟练”程度支付薪资的做法。但是野村认为，小池的理论无视了实际的薪资决定方法。野村拿出关于决定薪资的调查结果（野村正宝，1993b，pp. 41—71 & pp. 162—168），并指出存在知识熟练程度差异的准直接劳动者（专业工）和直接劳动者之间并不存在太大的薪资差异。日本企业的薪资体系以保障生活的薪资为基础，是在根据不同的个人审查决定晋升速度的管理体系下设立的。虽然野村并没有对职务薪资和能力薪资进行详细分析，但是他并没有忘记对战后日本电产型薪资体系[①]的历史加以论述。

野村对熟练技能薪资论的批评并没有到此为止。他从技术革新适应性的角度积极地对以生活保障薪资为中心的薪资体系的“合理依据”进行了论述。如果采用以不同年龄的生活保障薪资为中心的薪资体系，则职务更换对薪资的影响并不大。由于技术革新需要频繁的职务重组和配置更换，因此不按照职务高低来决定个人薪资的薪资政策可以降低劳资斗争的风险。

以上是笔者关于野村对小池批评的总结。但是野村的理论并没有追求理论的一惯性，因此缺乏论点的整合性。因为野村在批评调节学派（Regulation）的后福特主义理论和小池的“知识熟练”理论［或者 MIT 的精益生产（Lean Manufacturing）理论］的过程中强调了以德国为典型的准直接劳动者（专业工）和直接劳动者之间的分工关系以及熟练程度的差异，而在批评小池

---

① 日本电产型薪资体系指的是日本电器产业工会于 1946 年由不同产业组织通过十月斗争所赢得的薪资体系。在此后十年间作为日本最具有代表性的薪资体系得到普及。这是日本资本主义史上由工会决定的唯一的薪资体系，因而具有历史意义。——译者注

的熟练技能薪资论过程中则强调了日本与包括德国在内的欧美各国相比在对熟练程度的评价和职务区分上较为模糊。野村的观点根据不同的批评对象会分别转向不同方向。

野村的理论首尾不一致是因为他在运用制度学派分析方法的同时缺少了批评经济学的观点。小池的理论之所以得到普及，就像野村所说，有日本最优(Japan as No. 1)这一意识形态流行的一面，但并不是全部。小池努力尝试把他发现的事实与20世纪80年代主流经济学的新古典派经济学的人力资本理论相结合。因此，如果要从正面批评小池理论，就需要回到小池理论作为前提的新古典派经济学的框架来展开。但是很可惜，野村的批评并没有做到这一点。他的理论讨论转向了氏原正治郎的熟练技能论的特殊解释，结果小池的批评者们和小池共有了相同的熟练技能论。但这种批评是后退的。这让原本要批评小池理论的批评者无从展开批评。关于这一点，批评了小池熟练技能概念的野村并没有给出具有整合性的内容。如果要认真探讨新古典派经济学的熟练技能概念，至少在新古典派经济学的世界里，需要对“作为工作能力的熟练技能”与“作为资产的熟练技能”是否自然一致提出质疑。

三、熟练技能与分工——从经济学角度的讨论

(一)人力资本理论的边界

首先从最为简单的事实开始。为什么包括自愿提前退休在内的解雇会集中在中老年劳动者？对于以新古典派框架为前提的小池理论来说没有比这个更糟的事情了。因此，小池不断地展开启蒙活动，强调解雇中老年劳动者将导致“知识熟练”丧失。即使这样，在1991年日本经济陷入不景气以后，中老年劳动者成为解雇对象的事态并没有发生任何变化。以熟练程度支付薪资作为前提的新古典派经济学，如果要适用“中老年劳动者容易被解雇”这一事实，那么关于直接生产劳动者的“知识熟练”(或者“文脉的技能”)就只能用以下方法解释：(1)中老年员工的体力下降；(2)无法适应技术革新；(3)他们拥有的熟练技能所投入的训练费用(人力资本投资)可以更早得到回收。因此，企业没有必要给出与熟练程度不符的高薪资……但是对于小池来说，内部晋升体制下通过OJT积累的“知识熟练”并不是这么简单的内容。这种直接生产劳动者

的“知识熟练”才是显示日本企业体系“先进性”的中心理论。

因此，小池将其视为“紧急避难”的例外措施。为此，小池做了以下解释：“如果考虑长期人力资本投资理论，对年轻劳动者投入的投资需要在之后回收，而老年员工的薪资会超过技能水平。如果是这样，经营方会希望尽早解雇老年员工或者让他们早退休会更有利。但是如果一直这样做，那么劳动者就会发现薪资和技能的长期均衡崩溃，并导致劳动意愿低下。日本的问题在于，这样的紧急避难措施时常发生。”（小池和男，1991，p. 139）

这个理论是完全没有根据的。在上述小池的论述中，事实上已经承认会出现情况(3)。为什么（对于企业来说）训练费用已经得到回收，但还会根据年龄来提高薪资？这是因为日本的薪资体系中生活保障薪资成分比较大。如果按照小池的说法，薪资与劳动者技能长期均衡，那么年功曲线就应该会更加平坦。如果是这样，为了避免中老年员工被解雇，日本的薪资曲线会更加接近欧美的蓝领薪资曲线。重新回到出发点，日本与欧美的白领匹敌的年功薪资曲线是不是日本现场劳动者白领化的依据？小池的理论矛盾甚至还在文法上可以找到。在一般情况下，人们不会把“平时发生”的事情用“紧急避难”来表述。从常识来考虑，在几十年内不断发生的事情，人们应该可以做出预期[常态（一般规则）]。人们不会几十年来重复“非合理的”行为。企业付出更多的退休金也想要尽快解雇老年员工。对于企业来说，中老年员工的“知识熟练”也只不过如此，这才符合真实情况。

如果是这样，我们需要解释为什么向解雇中老年员工集中的日本雇佣调整的方法会成为一种规则。如果年功薪资曲线是以生活保障薪资为中心的，那么要用人力资本理论来说明向解雇中老年员工集中的事态，就会出现图 2 的情况。但是这也不能够解决问题。首先，在图 2 中如何来测量熟练程度并没有加以说明。在日本，并没有构建起一套评估个人熟练程度具有客观性的职务区分（Job Demarcation）体系。当事者也好，分析者也好，评估熟练程度的尺度并没有被制度化。尽管如此，把中老年员工的熟练技能曲线不断下降作为一种事实来描绘，只是根据老年员工已经成为解雇对象这一事实做出的事后类推。

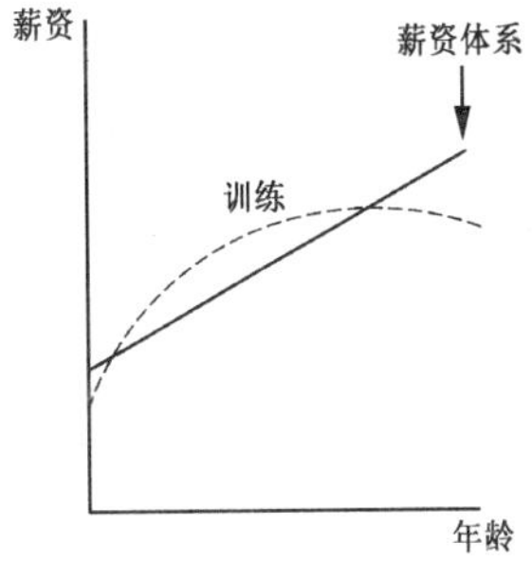

图 2　薪资曲线与熟练技能曲线

另一个问题在于：为什么采取合理经济行为的企业，会选择以生活保障为中心的薪资体系？我们需要对这个理由加以说明。如果按照新古典派的人力资本论，相对于个人“作为资产的熟练技能”，企业则是作为根据产出的租金来支付薪资的合理经济主体来研究，那为什么企业会不按照熟练技能高低直接支付薪资而采用以生活保障为中心的薪资体系呢？生活的薪资部分如果用“劳动力再生产费用”来解释，这样会无限接近古典派的劳动价值说。至此，青木的信息经济学的解释重新登场（青木昌彦，1992，第 3 章；青木昌彦、奥野正宽，1996，第 5 章）。

（二）信息的不对称性和评价的作用

关于这一解释，最初薪资水平之所以会低于熟练技能曲线，是因为在需要雇用新人之时经营者和员工之间存在信息的不对称，因此有可能发生“逆选择”。薪资水平之所以会超过熟练技能曲线，是因为通过给予这样的激励，在不完全的监管体系下可以防止员工出现道德风险。但是，这并不能够很好地说明长期雇佣问题。至此，在博弈论中导入了“名声”或者“声誉”（Reputation）的概念。先看员工方，“如果员工脱离企业内部的晋升中途离职，会被认为没有很好地完成之前的职务”，在转职以后对他的晋升没有好处（也影响退职金）。“名声”可以对员工离职起到抑制效果。再看经营者方，如果解雇了年长的员工，企业就会因“名声”受损而无法吸引优秀的新员工。在这里，“名声”也可以对经营方起到抑制解雇的效应。通过导入“信息”和“名声”，可以对人力资本进行补充，这样就可以在雇佣期间达到整体熟练技能（边际生产力）与薪资（劳动的边际成本）的一致。

但是这一解释也存在理论困境。表面上似乎"名声"给出了长期雇佣的动机，劳资双方可以抑制对自身利益的追求。"名声"可以抑制经营方的"解雇自由"和员工方的"转职自由"。但是如果导入景气变动，这两者一定不会互相抵消而形成均衡。当碰到经济衰退，经营者希望能缩短长期雇佣，而员工希望维持雇佣，在这样的情况下，对于经营者行使"解雇自由"（或者同样的威胁战略）是有利的，而对于员工行使"转职自由"并不有利。结果，在这个理论框架下，员工的技能形成（与边际生产力等值）与薪资支付总额是否能够保持一致从而实现最优的长期雇佣，最终还得看"名声"是否会对经营方起作用从而让经营方抑制自身利益。但是这并不能得到保证。

青木指出，"对之前在其他企业工作过的员工，特别是那些优秀的技能者，企业不再雇佣这一隐含规则束缚了日本企业"。如果"各企业违反了这个隐含规则，用更为有利的条件从其他企业挖技术人员，那么作为激励体系的排名等级功能就会有危险。为了避免出现这样的'囚徒困境'，日本企业互相之间为了保证名声而签订了隐含的协定"（青木昌彦，1992，p. 95）。但是，这个理由也有问题。在这里的协定是"隐含"的，但并不代表就是无法反证的命题。优秀的员工持有的"文脉的技能"本来就是会随着转职而消失的"企业特殊熟练技能"。那么，企业之间原本就没有必要签订"隐含的协定"。如果相反，"文脉的技能"的程度不会随员工的转职而消失，那么为了不危及排名等级，"名声"不应该是针对企业而是应该抑制员工转职。事实上，这里所说的"名声"来自员工对企业忠诚度低（或者没有协调性）等人格因素的评价。

这种"名声"的概念具有两种意义。如果这是按照亚当·斯密的"同感"那样发挥功效，就可以从人的自发同意做出解释。但是如果按照福柯的来自内部的"凝视管理"那样发挥功效，就会体现出权力强制的一面。因此，"名声"并不一定能够帮助以经济合理性为基础的最优化行为。在"名声"的背后存在着由法律、契约、习惯表现出来的道德伦理规范和行为准则（或者道德规律）。如果要从"有限的合理性"的假设出发，那么人与人之间只会依据"经济合理性的共通理解"相互采取最优化行为，这一状况设定本身就会导致理论出现矛盾。如果按照这样的理论框架，就如同期待效用理论一样，虽然从"有限的合理性"出发，最终到达的却是超合理性。如果要假设"有限的合理性"，就应该根据人们的社会道德规范和行为准则，在考虑“波动性”的同时对行为做出定式化规定。这种想法才是最自然的(盐泽由典，1997)。但是博弈论把道德规范和行为准则作为既有事实，在一定的范围内也许可以对人们的行为做出解释，但无法解释道德规范和行为准则是如何形成和发生变化的。

不管怎样，企业的名声是一个含糊不清的概念。当景气循环出现反复的时候，名声并不能保证员工的技能形成(边际生产力)与薪资支付总额总一致，从而实现最优的长期雇佣。尽管如此，信息经济学还是以信息的不完全性作为前提条件来解读长期雇佣问题，并得出在长达三十多年的时间里各个员工形成的技能与薪资支付总额这个层面达成均衡这一超合理的结论。虽然青木也指出“终身雇佣持续了四十多年，此间员工的排名由于存在众多不确定因素而改变，这些原因远远超过了个人的预期能力”(青木昌彦，1992，p. 100)。很显然，青木同样也遇到了这个问题。他还指出“中坚的劳动市场的准终身雇佣契约是不完整的，因此需要通过企业内部交涉来逐次补充”(青木昌彦，1992，p. 102)。但是在第二节一级标题“一”部分已经做出了论述，青木模型中关于“企业内部交涉”的部分，其交涉博弈的主体和交涉事项以及交涉途径并不明确，随着模型状况的设定而改变，结果，在团体交涉中得不到交涉的大量事项只能被视为“隐含的约定”。因此，青木模型在理论上还缺少完整性。

(三)“作为工作能力的熟练技能”与“作为资产的熟练技能”

如果使用人力资本论，为什么会出现上述的理论矛盾？问题的本质在于，没有区别“作为工作能力的熟练技能”与“作为资产的熟练技能”。经济学一直认为两者之间是自然一致的。但实际情况是，如果没有制度作为媒介，两者的自然一致是得不到保证的。“作为工作能力的熟练技能”会根据知识、工作的熟练技能程度、体力等在一定程度上出现分工关系。但是，在实际的分工和职务区分中反映的方法多种多样。职务区分的方法与机械的性质、生产线的设计、劳动组成、教育训练制度等具有紧密的关系，“作为资产的熟练技能”的制度化也会受影响。而“作为资产的熟练技能”到底有多少归属于个人，这主要依赖于熟练技能的社会制度化的方式方法。

确实，一般来说，某一种劳动根据需要多少特殊工作能力决定特定的个人(或者集体)拥有多少熟练程度。如果抽象假设在自由市场环境下，拥有越多特殊工作能力的人在出售劳动力的时候会更有利，那么这时候，拥有“作为资产的熟练技能”与其他人的替代性高低就成反比。但是，他所拥有的熟练技能作为“商品”是否被具有较高的熟练技能替代，则是由使用熟练技能的社会制度的强弱来决定的。职务区分和熟练技能形成的规则、审查、薪资和决定劳动时间的方法，或者入职和解雇的规则等，能保障个人持有熟练技能的制度程度越高，就越容易提高个人“作为资产的熟练技能”，也就越不容易被他人轻易替代。假设从事同样的工作，而且拥有相同的“作为资产的熟练技能”，如果拥有熟练技能的制度体系不同，那么熟练技能的社会意义也会不同。譬如，如果一国与其他国家相比能够形成更高程度的熟练技能，但这个国家拥有熟练技能的制度体系不够完善，那么该国熟练技能的持有人的“独立性”和“自律性”就不会很高。这时候，个人持有“作为资产的熟练技能”程度就会降低。

随着大规模机械制造工业程度的提高，以及团队生产的范围扩大，要分离个别工程变得困难，技术革新的速度越快，对熟练程度测量的可能性越低。机械化和自动化会产生新的熟练技能需求，工作的标准化导致那些曾经的熟练技能出现了过时的倾向。一旦内部晋升制度扎根下来，中途退职就意味着结束职业生涯。由于这些因素会提高劳动力的替代性，“作为资产的熟练技能”对制度的依赖度也将不断提升。为了确保“作为资产的熟练技能”，就只有创造出以“拥有熟练技能的制度体系”为基础的虚拟劳动持有人。

为了观测这个“拥有熟练技能的制度体系”，需要按照劳动市场的进口、内部、出口来逐一加以考察。关于熟练技能，个人、集体（工会）或者企业到底各拥有多少？这些会因为不同阶段的社会制度而发生转变。在进口阶段，特定的职务与公共教育制度和职业训练制度的关联程度，对于拥有熟练技能的制度体系是非常重要的条件。工会组织形态也将受其影响。区分企业内工会与横向的复数工会，或者工会资格与雇佣相关的只雇用工会会员的工厂（Closed Shop）、工人限期加入工会的工厂（Union Shop）、自由雇佣的工厂（Open Shop）也很重要。原本表面的制度与实际情况并不一定一致。由于工会拥有对人员配置等的发言权，因此公正招聘的方式上存在的制约是不同的。此外，在公司内部，如何针对熟练技能程度来安排职务区分、移动、晋升的规则或者标准工作量、薪资，如何决定劳动时间等也是熟练技能制度化中极为重要的因素。在出口阶段,如何来决定雇佣调整的规则,或者如何将其与社会保障制度衔接起来,对于“虚拟劳动持有人”来说是最重要的。特别是存在先任权(资历)这点,会对劳动持有的方式带来巨大影响。

在石油危机发生以后,不论哪个国家,都面临着拥有熟练技能的社会制度的震荡。不管在哪个国家,工会组织率都在下降,以重化工业为中心的拥有熟练技能的制度体系出现了弱化。但是即使如此,日本从劳动市场的进口到出口,拥有熟练技能的社会制度水平也都相对较低。

各个国家的制度不同。在欧洲大陆各国,在进口阶段针对拥有熟练技能的制度体系就很强。从公共教育制度和入职时的定名次开始,职务和熟练的等级是由国家层面的法律和不同产业的协约决定的。此外,关于休假和养老金,政府对企业设置了法律义务,譬如美国,虽然没有明显先任权(资历)原则,但是在出口阶段,对于那些有一定职业基础的中老年人的雇佣也相对具有保护倾向。这样的制度化方式,可以提高个人(或者集体)对企业的“独立性”,让水平的劳动移动更顺畅。但是如果进入经济衰退期,虽然这种制度化能够保护老年人的雇佣,但是失业会集中到年轻人身上,导致社会失去活力。

相比欧洲,美国的“内部劳动市场”更为发达。在进口阶段,劳动市场拥有熟练技能的制度体系较弱,看上去似乎是自由市场。在企业内部,职务区分从简单的工作到复杂的工作按顺序排列,通过 OJT 来完成移动和晋升。而在解雇时则适用先任权(资历)原则。反之,这种面向出口阶段,通过设置雇佣调整顺序的自动规则,在进口阶段可以带来市场的弹性。虽然表面上看美国是以市场个人主义为基础的,但通过适用先任权(资历)原则链接了长期雇佣和企业养老金、医疗制度,从而起到了劳动市场的安全网作用。在这样一个能把个人积累的熟练技能“客观”显现的制度体系中,虽然能够提高个人的“独立性”,但是副作用会集中到弱者和特定人种的身上。如果雇佣调整时间较长,根据先任权(资历)原则形成的安全网,其功能有可能会大幅度下降。

如上所述,各个国家关于拥有熟练技能的社会制度方式全然不同,这决定了市场运作的方向。这些制度并不是根据人力资本理论设计的。事实完全相反。在欧美特有的制度和规则中,一部分看似可以让人力资本理论成立。其理由不仅仅是因为大规模机械装置产业扩大导致熟练技能的可测量性下降。

如果强化这些让人们拥有熟练技能的制度,"作为资产的熟练技能"即使与当事人的"作为工作能力的熟练技能"并不完全一致,关于某一个老员工和某一个年轻员工的工作能力到底哪一个更强的问题,对于个人工作能力进行详细审查的必要性就会变得不再重要。也就是说,拥有熟练技能的制度体系或者规则可以节约对个人审查的成本。在劳动领域,如果要尊重确保个人"独立性"这一"普世价值",那么针对拥有熟练技能,若没有明确的规则就导入个人审查制度,则会在企业经营者与劳动者之间或者劳动者与劳动者之间产生永无止境的利益冲突。从中期来看,这会增加社会经济的成本。在欧美,拥有熟练技能的制度体系是尽可能减少摩擦,在劳动领域的"个体和共同性"之间寻找平衡的一种智慧。这与日本的体系是完全不一样的。

与小池不同,我们认为在这里讨论到底哪种制度才是更先进是没有任何意义的。特定地针对拥有熟练技能的制度体系方式都存在优点和缺点。我们的基本观点可以归总为如下几点:

第一,不管是哪个国家,由于劳动力这一生产要素存在市场的边界,因此不能全部放手给市场。为了解决市场的边界问题,在劳动市场需要嵌入某种制度和规则。如果将其转换为拥有熟练技能的制度体系问题,由于存在"作为工作能力的熟练技能",因此会产生一定的分工,"作为资产的熟练技能"并不一定能保证与"作为工作能力的熟练技能"一致,这是由各个国家拥有熟练技能的制度方式决定的。

第二,这个拥有熟练技能的制度方式,在其外围从家族到福利国家的各种制度都是与安全网相连的。因此,与安全网相连的生产要素市场的制度和规则在各个国家也存在各自的个性,而这会产生市场运作方向的差异。

四、伴随技术转换的劳动调整费用

以上作为我们的出发点,提示了我们的基本讨论方向。接着我们要对日本企业的制度特征给出意见。再回到小池与野村的论争。也许野村的批评并非有意识的,但他对小池的批评主要朝向小池的新古典派框架。野村列举的日本劳资关系的特征可以转换为伴随技术转换和投资来削减劳动调整成本的日本式框架。从这个角度来看,野村的见解是反对新古典派做出的解释的。

众所周知，新古典派投资函数最重要的一种批评是认为忽视了投资的调整成本（宇泽弘文，1967；吉川洋，1992）。这些投资的调整成本中包括了由于进行新的投资而需要废弃既有的还能使用的资本设备和新设备的安装成本。现实中在投入“资本”这一生产要素的时候都会产生这样的调整成本。当然这已经足以推翻新古典派可以瞬间形成市场均衡的假设，但问题的根源还在更深处。投入新“资本”时，同时会产生另一个生产要素即“劳动”的调整成本。但这并不仅仅意味着劳动力在供给上受到制约。如果拥有熟练技能的制度体系程度较强，则新的设备投资就必须重新进行职务区分和人员配置。根据情况需要，原先安排在生产线操控装备的人员也会因职务重组而成为整理的对象。这意味着会产生职务区分变更、重新训练或者解雇等较大的成本。

但是，调整成本的问题还不仅如此。技术进步在转换为资本存量的过程中，以拥有熟练技能的制度体系为基础的职务区分和劳动编组方式极为重要。企业为了让新投资所引发的调整成本降到最低并不断提高生产性，就需要了解产品开发技术能够配合多少生产技术（特别是量产技术），在生产现场工作是否可以顺利开展并能否改善，这些对于企业来说极为重要。这时候，如何让技术人员和技能人员的技术和技能发挥最大效率，职务区分和团队编制就极为重要。在熟练技能制度体系不够完善的日本，为了让这个过程更为顺畅、更为有效，职务区分的组织化极为柔性的日本特征发挥了作用。这一特征的出发点在于日本战后吸收了民主化能量，撤销了职员与工人之间的经营身份区别。因此，在讨论日本企业体系的时候，关于调整成本概念就需要对更为明确的熟练技能的制度体系和劳动编制方法问题也加以讨论。

从宏观经济对日本经济增长的分析来看，大家认为技术进步的原因极大，与美国相比，这正是日本的特征（滨田宏一、黑坂佳央，1984）。如果考虑这一点，能够有效推动“产品开发技术→量产技术→生产现场的改善”这一流程发展的日本式熟练技能制度的解体过程就值得考察了。当然，在经济高速增长时期，针对已经形成的技术引进所产生的后发效应是显著的，在经历了这样一种不断扩大投资的追赶过程中，带来的是资本品价格的相对下降，我们对这一事实也不能忽视。以石油危机为契机，日本企业开始出现设备投资下滑和薪资上升以及汇率上升等问题。在这样的情况下，日本企业为了维持国际竞争力，需要小幅度追求自动化和ME化并提高投资效率。因此，日本这种不够完善的熟练技能制度可以带动劳动调整成本的削减效果就更明显了。较差的基础技术和优秀的应用技术以及具有优势的生产技术是日本生产方式的特征。正如野村提出的，这是从劳资关系的特征出发，提出了提高生产技术能力和削减劳动调整成本的问题。

接着从劳动编制削减投资调整成本的角度对日本企业组织的特征加以整理。第一个特征是，可适用自动化和ME化来实现大规模量产的部分留在母公司，而小量生产、需要劳动密集型工作的则转包给系列转包企业，并以此分工关系为基本。这种系列转包关系，在母公司内部也一样，越往下，移民劳动者和女性分工越明显(大泽真理，1993)。这意味着，企业尽可能减少需要保证"终身雇佣"的内部生产部分，通过增加包括外部生产部分在内的系列企业，来调整由于景气变动和技术革新带来的调节雇佣的需要。内部生产比率较高的美国是根据先任权(资历)原则来节约雇佣调整成本的，日本内部生产比率较低，因此系列转包企业起到了调整雇佣的缓冲作用。根据这种垂直的分工关系，大企业总公司形成了可以追寻技术革新(主要是自动化和ME化)来实现经济规模效应的机制，因而可以实现多品种大量生产。最近的汽车产业也可以看到在追求自动化和ME化的变化，但依然没有废弃这一分工体制。

第二，对野村的主要发现再加以深入探讨，可以发现，与欧美各国不同，在电机、汽车等机械组装产业，生产技术人员和专业工形成了新的层面并在日本企业的生产性提高方面起到了支撑作用。如果过于强调以德国为典型的间接、准直接和直接的分工关系，并将其不加修改地带入日本，就容易导致误解。"作为工作能力的熟练技能"只要存在差异，要停止这种分工关系就是困难的，那么日本的特征就在于尽可能地把这种分工关系变得模糊不清。统管全局的生产技术人员下到现场，野村提到的专业工则起到衔接技术人员和现场监督者的作用，这样就可以负起新设备组装和投入的责任。他们起到了生产技术改良和改善活动的媒介功效。而且他们的技能形成需要比一般的直接生产劳动者更长的Off-JT[在大多数场合，为了达到提高生产性这一企业目标，会以生产技术人员和专业工为中心，成立推动改善和品质控制(QC)的部门，而现场的一般劳动者由于有生产目标需要完成，根本没有什么时间去提出改善的提议，而且他们也没有接受过这样的教育］。最近确实有不是现场监督者而是选拔出一部分特别优秀的现场劳动者接受专业工职务训练并导入专业资格的方法出现。但至少到现在，用以现场直接生产劳动者的“知识熟练”为基础的水平信息网络论来解释有点夸大其词了。

野村虽然没有提及，但如前所述，在系列转包企业对主要部品开发生产的过程，其内部也可以看到与母公司相同的情形。从历史上看，母公司的技术人员和技能人员先负责建立生产线，在建成且工程管理步入轨道后逐渐退出。最近，这样的技术指导从第一次转包企业转向第二次转包企业。小池和青木认为，系列转包企业与母公司由于生产的产品不同，因此两者之间不存在竞争，并且强调了它们作为专业部品生产商的“独立性”，他们认为系列关系和职场集体属于同一类型，都可以定位为水平的信息网络。但是，转包生产商的部品开发和设计中存在着众多没有明确契约覆盖的部分，因此，一直到生产线建成为止，转包生产商需要不断地与母公司斡旋。从这种多等级的系列关系（不断变化）中可以找到上下约束信息垂直传达的关系。

如果要使用信息成本或者交易成本，那就需要做出如下修改：白领与蓝领或者母公司与系列转包企业之间并非对等水平的关系，而是垂直的分工关系。如果提高外部生产比率，与内部生产相比，两者之间的垂直信息成本有可能会升高。因此，日本企业尽可能把技术人员、专业工、现场监督者之间的分工关系弄得模糊不清，从而削减垂直的信息成本。如果这是日本企业生产方式的重要特征，那么在海外投资的日本企业从海外工厂撤回生产技术人员和专业工以后，生产系统重新又回到初始状态的事例就可以做出解释了。

日本以量产技术为中心的生产技术十分优秀，如果石油危机以后，自动化、ME化是日本企业在国际上具有竞争力的重要源泉，下到现场的生产技术人员以及如同野村所说的专业工的媒介作用对于日本企业的生产方式就是极其重要的。但是，如果要把技术人员、专业工、现场监督者之间的分工关系弄得模糊不清，就需要尽可能“肢解”欧美的“拥有熟练技能的制度体系”。

第三，具有这一特征的专业工与尽可能不让个人（或者集体）拥有熟练技能的企业，两者之间是一种互相影响的表里关系。这与小池的理解是完全相反的。“作为工作能力的熟练技能”如果不一样，虽然不能完全摒弃技术人员、准直接劳动者、直接劳动者这一分工关系，但企业会尽可能努力把拥有熟练技能的制度弄得模糊不清，包括薪资方面。虽然企业薪资体系仍然以生活保障薪资作为基本，但也开始逐渐导入职务薪资和能力薪资。能力薪资也由包括“人格”因素（非公开）在内的个人审查来决定。在薪资体系中，生活保障薪资（基本薪资和生活薪资）的成分较大，而对应熟练技能的规则较弱则是日本的特征（这与现在企业方开始导入资格制度、尝试突破生活保障薪资束缚的做法是表里关系）。由于缺乏连接职务区分和拥有熟练技能制度化的明确规则，这让以自动化和 ME 化为中心进行新的设备更新和改善工程变得更容易。如上所述，不但需要降低从职务区分的再整编到削减人员的调整成本，依靠专业工的媒介作用让企业内分工关系更加柔性，而且生产技术可以在转换为资本存量的过程中降低劳动调整成本。

如果不断推动以自动化和 ME 化为中心的技术革新，则专业工和一部分现场监督者需要全新的“知识熟练”，因此需要让他们频繁地接受 Off-JT。但另一方面，对于现场生产劳动者来说，自动化可以逐渐让工作标准化。对于一个个机械，不同操作员的工作能力决定着产品品质差异的程度在缩小。直接生产劳动者针对个别机械“作为工作能力的熟练技能”得到了相对“解放”，“作为工作能力的熟练技能”也因此向操作多种机械转移，而这个“幅度”也在不断扩大。这意味着 OJT 的移动范围的扩大[多能工化（Multi-skill Development）]。当然，这种移动范围的扩大，在短期内对于个人来说可以避免失去职务，从中期来看可以实现削减人员的目标。如果拥有熟练技能的制度体系不够完善，则自动化和 ME 化不但可以提高机械本身的处理能力，而且可以达到进一步削减劳动者人数的目的。

如上所述，野村发现的事实在于，他强调在技术革新转换为资本存量的过程中，日本劳资关系削减了劳动调整成本。倾向新古典派经济学的小池或者逐渐失去剑桥派累积论的青木，都没有看到的日本生产方式的特征，而野村却一语中的。在经济学的框架内也需要对野村的讨论重新进行正确的评估。如果按照野村发现的事实，“由于其他条件完全相同”，现场生产劳动者的“知识熟练”的高低才是日本国际竞争力这一小池理论的前提（小池和男，1993），就需要重新推敲考量了。如果按照野村发现的事实，就是在这个“由于其他条件完全相同”中的“其他条件”处隐藏着国际竞争力的重要原因。

第四，从产品品质提高和生产性提升的观点来看，并不意味着全面排除小池所说的现场生产劳动者的作用是正确的。譬如，暂停生产线、教育、零部件供给等“作为工作能力的熟练技能”的程度虽然会相对降低，但是与之前欧美每当出现问题就会停工的做法相比，日本的做法确实能够提高生产性。此外，把一部分品质管理也下放到检查工的职务范围之内，针对每一个工程都进行品质管理，那些细微的错误和不经意所引起的失误就不会传到之后的工程中从而节省因此导致的浪费。这同样是支撑起日本企业国际竞争力的重要环节。

但这一解释与小池的见解是完全相反的。因为，在一般情况下，这一过程是由不希望个人和集体拥有熟练技能制度的经营方做出的“努力”来实现的。比起想尽一切办法去套用新古典派理论，认为日本企业通过回避熟练技能的制度体系，通过技术转换和改良来削减劳动调整成本、提高国际竞争力的看法更加贴近事实。

为了避免误解，需要强调的是，笔者并不是主张可以测量出调整成本。特别是对各个国家设定统一标准来测定由劳资关系削减调整成本的效果，是极为困难的。如果以 q 理论为基础，日本企业为了回避被收购风险而建立起了自我防卫安全网。他们互持股份或者投资土地资产，这样一来要计算他们的解散价值也会很困难。事实上，日本的股价从现金流上看到的股利收益率，从存量上看到的纯资产倍率都不一定能够得到反映。特别是后者，由于存在账面主义和税制扭曲，土地的估值损益计算会变得极为困难。事实上，平均 q(企业解散价值/资本存量)的计算值会显现出极端的分布。这一点来源于日本生产要素市场安全网的制度和所有权结构特征，我们会在下一节加以说明。

第四节 奖章的背面——私有的自由空间与消费的世界

如前所述，日本企业生产方式至少到 20 世纪 80 年代为止，带来了世界上其他国家无法相比的国际竞争力，并提高了国民的生活水平。关于这一点是无须质疑的。但是所有奖章的背面都会有其不为人知的世界。

第一,缺乏“虚拟劳动所有人”。在提高生产性的背面,企业这一个中间组织会阻碍个人的“独立性”。能不能把以过劳死为典型的企业人化现象视为一种社会问题,主要还得看分析者的感性和人格自由等价值判断。但是,如果不能从国际视野来追寻这种“特异”现象的发生依据,那么分析就会欠缺公平性。

另一方面,在缺乏熟练技能制度体系的条件下,如果维持美名为“终身雇佣”这一以生活保障薪资为基础的薪资体系,则表面上看似乎在企业内部会出现一个均质的社会。作为取代熟练技能制度体系,对应职称和年龄的等级在形式上成了一种秩序原则,由均质的人们构建出一套“共同体”式集体主义。

但是,从家庭社会和纵式社会到员工管理企业论,都使用这一逻辑似乎太简单了(中根千枝,1978;村上泰亮、公文俊平、佐藤诚三郎,1979)。当今的企业社会为了维持以年龄为标准的职称等级,激烈的个人主义竞争和以“解雇”为前提的个人审查是前提条件。企业不可能保障所有人的“终身雇佣”。如果以年功薪资为前提保障所有人“终身雇佣”,那么等级制度将崩溃为一种圆筒状的年龄结构。大多数大企业白领到了中老年就会被下放到系列企业中。再看蓝领,汽车产业是一个典型,30岁及以下的离职率极高。此外,每当碰到经济衰退就一定会进行雇佣调整,而且自愿退休的对象往往是那些年功较高的中老年员工。

如果缺乏熟练技能制度体系,那么个人审查和晋升的速度就显得更为重要。而且,如果缺乏关于轮换明确的规则,则随着自动化带来的OJT“幅度”的扩大,这与熟练技能制度体系的意义就完全不同了。这时候,根据OJT区分职务的暧昧,有时候会提高“作为工作能力的熟练技能”,但并不能提高“作为资产的熟练技能”。没有达成协议的OJT,对员工的劳动力这一商品有可能提高其替代性。其结果是,即使没有人,企业的工作也不会出现任何问题。因此,个人审查,并不仅仅是针对“作为工作能力的熟练技能”,“人格”因素也占据重要比重。由于这种“人格”因素,企业社会内部会产生“禁忌喜好”,并因此会产生“村八分规则”①。

为了应对包括“人格”因素在内的个人审查，需要大量能量注入企业活动中。对于普通的员工和劳动者来说，在缺乏敞开的地区社区的日本，如果在唯一归属集体的企业内部遭到孤立，这是一件很痛苦的事情。在欠缺以个人“独立性”为依据的熟练技能制度的条件下，强调团队作业中的同质性和均质性，要体现出个人能力的差异并不是一件容易的事情。在以个人审查决定晋升速度的管理体系下，只要工作几年，所有的蓝领都可以成为白领——这种想法是愚蠢的。已经发现这个问题的现场劳动者们，很多人在30岁以前就离职了。正如各种舆论调查显示，低学历的人同时会表现出“为了晋升而忍耐”和“优先私生活”的倾向。人们的想法往往是矛盾的。企业的等级制度正是以此为基础成立的，汽车产业就是一个典型。

当然，如果一个人的人生目标是在企业内部晋升超越别人，将来能成为操控组织的人，那么对他而言就有了参与各种工作的动机。如果欠缺拥有熟练技能的制度体系，那么只熟练掌握并不能带来个人的“独立性”的工作。因此，为了回避被别人替代，最终只有靠自己一个人来填补所有可能出现的问题。也就是说，为了自己不被别人替代，自己就要不断地去替代别人。在欠缺熟练技能制度体系下，竞争的动机就必然出现这样的情况。这可以给予那些还没有完全从竞争中败退下来的人动力，但同时也会产生以“过劳死”和单身赴任为代表的企业文化。之所以认为“过劳死”是“异常”的，是因为并没有在明确的“强化劳动”命令的情况下某一个人按照自己意愿加班加点。在欠缺拥有熟练技能的制度体系下，为了赢得进入雇佣和生活保障水准相对较高的大企业社会，学历竞争激烈。而这种学历竞争会对孩子们的社会同样形成“村八分规则”。在这种没有“属于自己”的均质化社会中存在的竞争体系里，奖章的背面存在着不为人知的世界。

第二，在企业内部的劳动社会与企业外部的消费社会之间存在着某种联

---

①　村八分，是日本传统中对村落中破坏成规和秩序者进行消极制裁行为的俗称。一般来说，传统中村里的共同生活共有十件重要事情，分别为协助埋葬、灭火、成人礼、结婚、生产、照顾病人、房屋改修、水灾时互相照顾、每年的祭祀、旅行。除去前两件外，剩余的八件事情，虽同在一个村庄但互相之间完全不交流也互不帮助，故称为村八分。——译者注

动性。这并不像调节学派的福特主义理论所说的大量生产—大量消费连锁那样单纯的世界，也不像后福特主义理论所说的日本“先进”论。对于我们来说，问题很简单。如果如之前所述，在企业内部没有“属于自己”的东西，就必须面对包括人格评价在内的个人审查，那么这个个人是否能作为主体生存下去？即使对那些把企业内部晋升视为生存目标的人，这些也都是不确定的竞争。众所周知，企业的劳务管理还包括从冠婚丧祭到企业活动，甚至进公司的次序、不同的毕业学校、不同的职称等非正式网络。即使在这种归属集体中拥有寻找自身存在意义的欲望，在无法找到“属于自己”东西的环境下，要感受到“自由”有多难？因此，对于企业“战士”来说，自己的家和自由的私人空间，以及以自己的家为起点的消费社会中，他们需要一个可以由自己来决定的领域。均质化社会的竞争必定让人们为了获得那些被企业社会所隔断的“属于自己”的东西而付出代价。人们渴望获得“家”这个属于“个人的自由空间”，甚至愿意放弃自由。这是为了家人，根据自我决定权来赢得可以行使“自由”空间的战斗。但具有讽刺意义的是，人们需要的正是土地神话。

但是，在这个消费社会中获取的“属于自己”的东西与企业社会也是表里关系。为了购买私人自由空间(家)，企业提供的附带福利极为重要。附带福利的金额也是问题，但更重要的是这种附带福利是朝什么方向的。日本由法律规定以外的福利费用的特征在于它主要朝向公司宿舍、购房低利息贷款、交通费等与土地和住宅相关的支出。为了获得与企业社会隔绝的私人空间，人们更需要对企业社会表示“忠诚”。而且，这个附加福利(法律规定)以外的福利费用要比基本薪资在企业间的差距大。为了能够获得私有自由空间，只有赢得学历竞争，想尽办法进入大企业。

如果企业社会是家族社会的衍生，那么它的行为规则本来就应该是建立在“家”的基础上的。但是这个“家”却不断出现核心家族化倾向，家族制度的规则正在消失。原本应该作为均质化社会竞争防火墙的“家”内部同样出现了在均质化社会竞争中受“挫折”的孩子们的欺凌和家庭内暴力。“生产”(作为劳动场所的企业社会)和“作为消费场所的家族”原本互相加以区分才会互补，但受制于衔接两者的社会组成原则这一最终防火墙崩溃，并被侵蚀。

第三，企业社会与消费社会的联动性可以关乎行使消费社会的自我决定权的方式。如果熟练技能这个“属于自己”的东西的虚拟拥有者制度不复存在，则消费社会更加需要扩大自由。产品不断地更换模型，商品的多样性可以得到补充。但是这与企业社会相同，由同质化与差异化之间极其微妙的平衡决定。在三种神器和 3C[①] 中可以看到，这些都是以同质化为前提的。能够买入其他人也有的那些大量生产的耐久消费品成为“中流”的证据。但是，即使是极为微小的差异，也需要留下能够与其他人不同的选择余地（选择的自由）。这与追求多品种大量生产的企业内部生产方式正好是表里一体。至少与美国式生产方式相比，说日本是多品种少量生产具有局限性。丰田方式的象征是JIT，但也是追求以不会停产的大量销售为前提的。在制造业如果没有“属于自己”的东西，就会以均质化社会竞争体系为媒介，产出因激烈的模型更换和多品种大量生产方式这样的能够满足的资源浪费来消费社会。而虚拟劳动持有人的“解体”会不断发展下去。

如上所述，不断地受到同质化约束而只寻求微小差异的“个性”来源于稀缺“拥有熟练技能的制度体系”。从表面上看，这似乎是同质化和排除不受同质的个人为基础的“集体主义”，但这并不意味着排除了个人主义竞争。这种微小的“个人主义”是与不干涉私生活主义为共同基础的，拥有相同志向和性格的人与人之间，为了不被视为异质者被排除而形成的否定型自由社会。以拥有“属于自己”的东西为基础的社会，会根据自己拥有的东西提出不同的主张，通过交涉和论争来寻找解决的规则；但在均质化社会，不同的意见和主张则需要在个人的内部寻找平衡。竞争的则是这种平衡能力。这对“知识人”也具有极大影响。日本固有的“个体与共同体”的关系正扮演了这样的角色。

但是，要让这样的体系持续下去存在着以下几个制约条件：第一，既有的革新基础技术何以无限地转换为量产技术？现场生产劳动者需要新的技能，但在这个层面并不会发生革新的技术开发。第二，日本企业的生产方式是由多品种大量生产与多品种大量消费的相互关系决定的。在石油危机以后出现的经济衰退导致日本向出口转型，这保证了日本的经济增长，此后国内消费需求不断上升。日本企业的生产方式是以此为前提的。但是这种循环逐渐呈现

---

① 3C 指的是彩电、汽车和空调（Color TV，Car，Cooler）这三种耐用消费品。——译者注

极限。出口的增加导致了贸易摩擦并诱发了汇率的上升。因此,日本不得不在自动化和 ME 化上做出合理化努力,进而陷入恶性循环且无法自拔,最后生产据点纷纷向海外转移。收入增长的钝化和消费社会的成熟也对国内市场的扩大产生了阴影。如今不断唤起内需的政策导致财政赤字不断增加,在财政制度上带来了各种政策扭曲。系列转包企业的缓冲功能也逐渐出现极限,系列企业的合并和向海外转移的趋向愈演愈烈。因此,那些在泡沫经济时期高呼日本资本主义"先进性"和"普遍性"的人纷纷开始转换门庭。我们稍微延长时间的宽度,从西欧近代出发,并考察了现今日本的经济社会。因此,我们需要重新回到生产要素市场中,对所有制结构和制度化方式这个本书的基本问题加以探讨。

第六章　“制度的结构”与制度比较

第一节　生产要素市场的进口和出口

在第一章中已经提及，追寻当今经济社会的结构变化的源泉需要从生产要素市场化的边界入手（金子胜，1996b）。从这个生产要素市场化的边界入手，可以对制度进行国际比较。这是因为，土地、劳动、资本（其基本是货币）等基本生产要素与市场里嵌入的制度、习惯、规则等互相关联，从而形成这个国家固有的“制度结构”。这种“制度结构”产生了宏观经济各种变数之间特有的关系。企业组织这个微观单位也逃不出宏观结构的束缚。

如果从这个视角出发，那么按照新古典派开发经济学“普遍的”市场模型所展开的国际货币基金组织和世界银行的结构调整方式在各国没有取得成效就是必然的。到目前为止，我们对青木和小池展开了批评，这是因为将其理论扩张到“比较制度分析”也无法起作用（青木昌彦、奥野正宽，1996）。正如我们一直讨论的，企业组织的制度分析存在着众多问题。而且，使用针对企业组织的应用微观分析根本无法对经济体系整体的制度做出说明（包括发展中国家）。此外，“制度的互补性”和“历史的路径性”这些一般的概念对于动态过程分析也没有什么帮助。这对新古典派的框架也许比较新鲜，但是各种制度的关联性并不会轻易发生变化。因此，我们需要对能够在生产要素市场中产出制度和规则的“制度结构”加以比较。为了更便于理解，在这里先以小池和青木的理论为基础，对日本和美国之间的比较问题加以探讨。

在上一章中已经提及，青木的双重性原则存在众多问题。针对“生产要素市场的进口和出口”问题，如果能够从两个层面分别设置“安全网制度体系”，则问题似乎会变得更简单。劳动、土地、资本（货币）等生产要素存在市场化边界，因此需要能够与安全网相连的某种制度体系。制度体系的不同，市场运作的方向也会不同。从这一观点出发，就能找到对美国和日本的社会经济制度进行比较的切入点。美国在生产要素市场的进口是为了能让市场体系发挥最大功效，是朝着出口制度化来构建安全网。而日本，在生产要素市场的进口处，尽可能确保核心部分的稳定性并加以制度化，在出口部分却没有设置定型的安全网。生产要素市场的进口和出口不同的制度化体系存在着可比性，可以将其视为一个重要的坐标轴。

一、浅谈美国

先简单地回顾战后美国的劳动市场。与欧洲不同，美国于 1944 年发表的劳动法中并没有关于生存权的规定，公共社会保障制度极为脆弱。在发生了 1946 年的大论争后，以 1947 年由共和党主导制定的塔夫特－哈特列法案（Taft-Hartley Act）为契机，美国的工会组织把反垄断理论作为其斗争的框架。这一法案禁止各个工会之间的共同罢工，并把禁止工人限期加入工会的工厂（Union Shop）的权限交给了州政府，此外还排除共产主义者并禁止工头加入工会。美国的劳动市场是以劳资斗争为契机的，其主要特征表现为在进口处最大限度地保障了市场的自由和公共社会保障的脆弱性。

但是，被解雇者和退职者并不是就这样被扔到市场上去的。在这里有两个面向出口的安全网的制度体系。第一个是以先任权原则为基础的自动解雇规则。根据工作的难易度决定各个企业的职务区分，并按照一定规则进行轮换，且以此为根据对老年员工进行“保护”。第二个是为了填补公共社会保障的不足，作为大企业的附加福利，以企业养老金和医疗卫生为中心的制度不断扩大。这一安全网制度体系，可以保证劳动市场进口的自由和连续性。在美国的劳动市场，通过设置自动解雇规则和抑制公共社会保障在进口处确保市场自由。同时，随着劳动者年龄的增长，安全网会变得更牢固。如前所述，美国的制度体系是尽可能在个人审查制度上避免对人格“自由”问题的介入，尽可能降低纷争成本的体系。

虽说劳动力市场的进口处具有弹性，但并不保证一定是单一均质的劳动市场。如鲍尔斯所述，由于人种以及教育机会等因素，劳动市场实际上是受到“分割”的，美国是一个由移民和开拓者构成的国家，即使是在表面上也不能对生产要素市场进口加以限制，在政策上也无法重视收入分配的公平性(结果的平等)。曾经也是移民的美国国民如果不对那些想要“寄生”在收入再分配制度上的新移民进行流入限制，则不扩大财政赤字来维持收入再分配体系几乎是不可能的。

这个劳动市场中的安全网制度体系问题在金融市场中同样存在。在进口处尽可能保证市场的自由，而在出口处设置安全网的制度体系。当然在美国，在进口处也存在着政府限制。但这种限制最早的意图是完全相反的。

第一，银行业和证券业之间存在着行业限制[格拉斯－斯蒂格尔法案(Glass-Steagal Act)]，当初设置此限制的意图在于确保市场自由。不仅是为了防止大量资金进行投机活动从而操控股价，还为了防止银行大量购入企业股份从而造成垄断。让股份市场自由竞争，可以使企业经营不受银行影响，确保其独立性和竞争性。因此，股东可以通过股利分红和股价来监督企业经营者。提高股票的流动性，对于持有人和经营者的交替和进入新业务会更为容易。关于进入新业务，既可以通过企业并购，也可以通过发行股票实现。

第二，在银行领域有州际限制。当然这种州际限制有保护本地弱小银行的一面，也有保护市场自由的一面。美国是一个联邦制国家，州政府对银行的许可权可以防止联邦政府垄断许可权。因此，中小型的州银行和储蓄贷款社(S&L)的入市比较简单。储蓄贷款社分立于各个州并不全是因为州际限制，更是因为原本储蓄贷款社的主要业务是不动产抵押贷款业务，受到土地这一生产要素的流动性限制。

在确保进口处市场自由的同时，金融市场也对出口处设置了安全网的制度体系。储蓄保险机构就是一种安全网体系。储蓄保险机构是由于大萧条导致大量银行破产和挤兑，为了防止信用秩序崩溃而设立的。这可以与日本的“银行不倒神话”做对比。在日本，一直到 20 世纪 80 年代初为止，如果银行破产，监督官厅就会指定储蓄保险机构(FDIC)为破产管财人，先让银行破产，再进行清算业务。这是日本的特征。在破产—清算手续过程中，储蓄保险机构会支付储蓄保险或者把保险对象存款和带担保的债务转移到其他金融机构，并对除去保险费以外的金额加以保证。

当然，“生产要素市场进口和出口”的制度体系的特征并不是固定的。特别是在 20 世纪 80 年代以后，由于推动了金融自由化，储蓄保险机构经营逐渐出现问题。首先，证券公司突破了银行和证券业务限制开始出售储蓄型金融商品，非银行金融机构则开始通过可转换债券（CB）来进行融资。其次，银行以外的资金途径不断完善，自 1933 年以来作为保护弱小金融机构的存款上限利息限制 Q 条例也被解套。土地证券化也不断发展，在不动产抵押金融的领域，州际限制的框架也出现了松动。众所周知，受这一波金融自由化冲击的是弱小金融机构，特别是储蓄贷款社。储蓄贷款社通过设定较高的存款利息获取资金后，进行高风险的借贷和投资高风险的垃圾债券，或者争抢投机经济人存款，其结果是这些储蓄贷款社纷纷陷入经营危机甚至破产。在破产处理的过程中，破产银行的资产和负债通过拍卖让其他银行来购入的方式不断增加，也出现了并不以关闭为前提由联邦存款保险公司（FDIC）提供资金援助的案例。由于不断出现的银行破产已经超过储蓄保险机构的处理能力，1989 年成立了新的重组信托公司（RTC），并由联邦政府财政投入了巨额财政资金（宫崎义一，1992；翁百合，1993）。

同样的事态在美国的劳动市场也有发生。第一，在石油危机以后，在以作为成长部门的计算机关联产业为中心，为了确保资本和劳动的流动性，逐渐地出现了向工会限制和州法限制较松的地区转移的倾向。第二，美国企业为了与日本企业竞争，部分导入了日本的生产方式。美国在对职务区分进行了局部修改的同时，把故障修理和品质检查等一部分业务下放到了现场。日本的生产方式对美国的工会限制具有破坏性的一面（关于这一点，丰田这样的日本企业也喜好将生产转移到没有工会限制的地方）。此外，美国企业充分利用其对雇佣调整的优势进行了大规模的裁员。如同通用汽车公司那样，把手伸到企业养老金的企业也开始出现。但是大量的解雇如果长期实施，作为自动再雇佣规则的先任权体系的功能就必将下降，并导致美国工会的组织率不断下降。

虽然出现这一现象，但国家财政的作用并没有削弱。在英美两国，即使是在实施了自由化政策的国家，以社会保障支出为中心的财政支出的增长幅度都很大。在劳动市场中解雇和雇佣的流动性加强的同时也需要存在某种社会安全网。当然也存在来自老龄化社会的影响，20 世纪 80 年代滞留在劳动市场下游的黑人和低收入层的结构变化和规则的变更，让原先的安全网彻底破裂，结果是国家不得不走上舞台。包括前述的金融自由化，自由化政策反而会带来政府的干预，事态完全向反方向发展。

二、浅谈日本

日本同样面临着生产要素市场各种制度的动摇。但如果与美国相比，日本为了维持其轴心部分的稳定性，压缩了生产要素市场的进口，但在出口处并没有形成自动安全网的制度体系。这是日本的特征。先来看一下劳动市场。

第一，日本的进口处，事先把劳动和生活保障区分为相对较高的部分和相对较低的部分。与美国不同，日本的内部生产比率较低，并尽可能减少由“终身雇佣”做“保障”的部分。即使是母公司，其临时工和合同工都从事着最底层的工作，再往下到系列转包企业，在雇佣和生活保障层面上相比母公司则更低，在末端则以女性兼职工人为主从而形成性别分工。

第二，以大企业为中心的劳动者和周边的中小企业劳动者，不仅仅在基本薪资和奖金方面存在差距，在附加福利上的差距更大。但是其内容与美国又不一样。随着 1961 年日本的全国民养老金和全国民医疗保险这些公共社会保障的普及，其附加福利主要以住宅和土地为中心。

第三，在进口处事先压缩雇佣和生活保障，而在内部劳动市场，由于缺乏熟练技能制度体系，在出口处不存在关于解雇的自动规则，雇佣调整是不定型的。如果事先在要素市场把雇佣与生活保障区分开，又没有导入自动规则的安全网装置，则要提高内部生产比率、放宽进口是有局限性的。企业无法避免受到景气变动和技术革新的影响，如果在最开始的时候就大开门户，待碰到需要调整雇佣的时候，劳务管理成本就会变得极高；如果要保护“终身雇佣”，企业就必须不断维持过剩雇佣；如果要强行解雇员工，那么应该按照怎样的顺序解雇谁就成了问题，企业和员工之间无法避免将面临极为严峻的斗争。如果内部生产比率较高的美国通过导入自动规则来降低斗争和劳资交涉的成本，那么日本企业则通过降低内部生产比率，在进口处尽可能压缩保障雇佣的部分，由产业整体或者系列企业整体来确保雇佣调整的弹性。

对于那些通过进口的人，即使在表面上(包括借调到系列转包企业和增加退休金的)，企业保障了他们的“终身雇佣”，并根据年龄给予一定的生活保障薪资。但是如前所述，这并不意味着排除了企业内部的个人主义竞争。在欠缺拥有熟练技能的制度体系和调整雇佣的自动规则的情况下，企业通过对个人审查来管理晋升速度。这种个人审查包含着“人格”因素。个人在无法知道什么时候会被解雇的情况下，需要在这样的生存环境下生存下来，这也意味着从实质上看，个人并非完全受到“终身雇佣”的保障。为了降低解雇的可能性，企业整体的增长是不可欠缺的。这给予了重视“和”①的个人审查的正当性。在日本生产要素市场中，安全网制度体系其实也是面向市场竞争的。

与美国一样，日本的金融市场和劳动市场具有以下相似性：

第一，银行与证券、人寿保险与损失保险等受到行业间限制。由于在出口处并没有设置自动规则的安全网体系，因此对于放宽限制就不得不特别谨慎。在撤除银行与证券、人寿保险与损失保险的行业间限制的时候，由子公司进行相互合并就是典型的事例。

第二，更为重要的是以主银行为中心的股票互持。首先是在战后垄断禁止法的缓和过程，其次是以1964年的证券公司危机和1965年的资本自由化为契机，形成了股票互持的体系。这是在资本市场的进口处形成的安全网。股票互持的根本目的在于维持稳定的股东从而防止恶意并购。当然这也与内部劳动市场中的“终身雇佣”秩序保持着联动的在系。

第三，政策主要面向调整业界的“有秩序的竞争”，出口处的安全网并没有形成自动规则体系。所谓的“有秩序的竞争”，指的是由日本银行窗口指导和套利，或者由通产省的行政指导为媒介对业界团体进行调整。另外，对于风险较大的基建、进出口贸易、中小企业等金融领域，为了减轻风险，针对不同领域配备政策制度和金融机构。而这些都由以邮局存款、简易保险、养老金的一部

① 这里的“和”可以将其视为以和为贵、重视团队的意思。另外，由于大和族是日本国的主体民族，故“和”一词也有代表日本的意思。——译者注

分为资金来源的财政投融资进行。一系列事先准备好的安全网存在于进口处。但对于银行和证券的破产却并不存在定形的安全网,而且也不会像美国那样采取破产—清算手续。一般情况是,如果弱小的金融机构经营状况恶化,大藏省和日本银行会站出来协助大规模金融机构进行并购。当然破产处理的方式并不局限于此。1964 年,当证券公司出现危机时,为了拯救山一证券,日本银行启动了救济融资,日本共同证券和日本证券保有组合,大量吸收了山一证券的股份并把冻结股份转移至系列企业。1971 年,日本也成立了储蓄保险机构,1991 年泡沫经济崩溃以后这一机构正式启动。事实上,日本关于金融机构破产处理的方式也是多样的,并没有一个定式。

第四,由于在生产要素市场出口处的安全网体系缺乏明确的规则,企业会启动自身的安全措施,从而促进企业更多地持有生产要素(土地和股票)。来自账面价值主义对收益估价的非课税,购入土地时可以作为经费扣除利息偿还,也可以将企业粉饰为赤字企业;根据时价发行股票来增资时,不对创业者收益课税等。企业可以通过这一系列措施回避企业所得税并积累企业自身的资产存量。这也是引起泡沫经济的一个原因。日本生产要素市场的安全网,是没有定形干预而产出的副产品。

第二节 生产要素的所有权结构和“制度的结构”

以上是针对生产要素市场从进口到出口沿着纵向顺序的观察,接着对劳动、土地、资本这些基本生产要素市场中的制度体系的横向关系加以考察(金子胜,1991)。在这里可以观察到日本生产要素所有权的结构。而且,在基本生产要素市场的边界形成的各种市场制度互相呈互补关系,并以安全网制度体系为媒介与福利国家的各种制度紧密相关。这种考察模式还可以对福利国家制度进行国际比较。

一、“虚拟劳动持有人”的脆弱性和福利国家体制

首先,从三大生产要素中“虚拟劳动持有人”这一观点出发,对日本战后福利国家体制的特征加以探讨。把养老金制度作为轴心来观察会更有效。从某

种意义上讲，因为这是在劳动市场的出口处设置的最后的安全网，如果以中间各种组织为媒介来观察养老金制度与劳动市场的关系，就可以发现各国“虚拟劳动持有人”与福利国家体制之间的结构关系。先来看欧洲各国。大多数的国家以职业养老金和企业养老金为基础形成了公共养老金制度。公共基础养老金(全国性最低保障)之所以能够很快发展起来，与工会传统是不可分的。随着劳动者乃至工会的同权化(加藤荣一，1973，1974)，社会民主主义政党执政的可能性增大，公共养老金制度和失业保险制度得到充实。特别是相比工会主义，关于熟练技能的制度体系更倾向于国家统制的欧洲大陆各国，企业的附加福利、公共养老金和失业保险等法律规定，由企业方负担的比例较大。在法律保障以外，也以奖金、退休金和长期休假制度等非就业带薪保障为主。

在美国，虽然公共养老金和公共医疗福利正在缓缓地发展起来，但在公共养老金和公共医疗制度上属于“落后”国家。作为应对公共部门“落后”的塔夫脱－哈特莱法案成立以后，劳资交涉的对象主要集中在如何扩充企业附加福利。因此，大企业的附加福利以企业养老金和医疗制度的企业方负担为中心。如果把企业这个中间组织作为媒介，对劳动市场和福利国家体制进行连续性观察，就可以发现劳动市场、企业内福利制度以及福利国家制度是一种表里关系。

那么，与欧美各国的特征相比，日本战后福利国家体制的特征又是怎样的？第一，基于西欧各国在经历了战争和大萧条后以工会和劳动者阶级的同权化的背景，社会民主主义政党作为旗手带动了福利国家的形成。与欧美国家相比，日本欠缺了这一过程，并没有出现成熟的西欧型社会民主主义。在战后得到法律认可的工会从来没有要求凯恩斯主义的完全雇佣政策，也没有以社会连带的理论来主导形成社会保障制度。1961 年，日本成立的全民养老金和全民保险就具有这样的特征。政府邀请马克思主义经济学家大内・兵卫进入社会保障制度审议会，通过学习，将发达国家的养老金制度导入属于日本的全民养老金制度。我们可以将其视为 20 世纪 50 年代后期对自民党的抵抗路线的一种延伸，作为对加强资本掠夺这一“欺骗”制度体系而展开的反对运动。此后，根据不同职业及不同企业，分立的养老金制度和健康保险制度被既得利益捆绑，政府并没有从社会连带理论出发，将这些利益统合成一套全国最低标准的养老金制度。

再来观察企业养老金，日本的大企业也有企业养老金，这也是反映了日本企业内部劳资关系的制度。现今日本的企业养老金是可以享受税收优惠的。在需要符合一定条件的养老金中，约八九成被用于支付退休金。随着团块世代[①]接近退休年龄，虽然会因为选择提早退休而获得更多退休金，以及退休金计算标准实际上减少等问题，养老金与“终身雇佣”制度紧密结合依然是日本固有的制度体系。

第二，与表面上强调矫正阶级间和阶层间的差距（垂直的平等）的西欧福利国家相比，在战后福利国家体制成立方式的前提下，福利国家平等的理论在日本被转换为矫正各种职业之间和各种行业之间的差距。池田内阁并没有选择把既有蛋糕进行再分配，而是选择通过高度经济增长方式把“蛋糕”做得更大，并且让那些经济效率较好、收入增加较快的增长部门来吸收增长的成果，而对于经济效率较差的中小企业、自营业、农业（或者这些行业较集中的地区）则通过再分配来达到“平等化”目标。

这些具体政策可以列举如下：

(1)通过全国综合开发计划、指定新产业城市等对重化工业进行再配置。

(2)通过食物管理制度对大米生产进行保护，按照农业基本法、结构改善项目要求投入补助金。

(3)公共项目向农村地区进行倾斜式投入并使用地方交付税[②]对地方财政进行“过剩”调整。

(4)根据修改双重结构理论，为中小企业、自营业提供政策金融并提供补助金。

修改青色申报制度[③]和导入视同法人制度等都是典型事例。而且，这样的利益分配的政策措施一旦制度成型，就会出现既得利益，其他的行业和地区

---

① 团块世代专指日本在1947年到1949年之间出生的一代人，是第二次世界大战后日本出现的第一次婴儿潮中出生的人。——译者注

② 虽然地方交付税的名称中有“税”一词，但这并非是一般意义上的税，而是中央政府交付地方政府的一般补助。——译者注

③ 青色申报制度是日本所得税纳税申报制度的一种方式，由于申报书使用的是青色的纸张，故称为青色申报，主要是有房地产收入、个体营业收入以及从山林资源中获取收入的人需要提交。——译者注

也会要求获得同样利益分配的政策措施，这种水平竞争会持续发生。以矫正职业间和地区间的差距为目标的平等化政策会不断产出“嫉妒”(不平等感)，这种非平等所带来的利益分配如果不断持续，就会扭曲制度体系。譬如，为了与同族公司一样减轻保留收益负担以实现平等化，政府提高了青色申报专业人员扣除金额，这样一来，针对农业收入者就必须新设白色申报①中的专业人员扣除，为了取得平衡，还要提高公司员工的薪资收入扣除，还有，把配偶者扣除分离和新设配偶者特别扣除等，这是一种恶性循环结构的象征。纠正职业间和地区间差距的种种平等化政策，反而损害了制度的水平平等。确实，中选举区制度②进一步扩大了日本式福利国家的特征。在中选举区制度体系下，被选人为所有职业阶层的利益和要求代言，能够从中央拿到更多资源的人在选举中会更有利。执政党和在野党之间的对立也难以形成劳动者政党和保守政党那样的阶级间、阶层间的利益对抗关系。但是即使实施小选举区制度③，这种情况也不一定能得到改善。这是因为日本“虚拟劳动持有人”较为脆弱，社会民主主义政党的存在基础本身就非常弱小。

二、贯彻土地所有权

接着，从另一个生产要素(土地持有)的角度来观察日本福利国家体制的特征。我们不得不重新展开与西欧各国的比较。关于土地市场，西欧各国也纷纷做出了建立安全网制度体系的各种尝试。在战后福利国家体制下，他们在住宅政策上也存在着悖论。战后福利国家体制，并非仅仅是对失业者、老年人、低收入者实行收入保障(提供社会保障)的体制。只要是根据普通选举权以大众民主主义为基础，他们为了赢得中等收入者阶层以上的支持，就需要面向这些人提供更多的社会服务。因此，战后福利国家体制在尝试缩小阶级间和阶层间差距的同时，一边提高最低保障标准，一边需要重新产出差距。关于

---

① 白色申报也是日本所得税纳税申报制度的一种方式，由于申报书使用的是白色的纸张，故称为白色申报，针对的范围是青色申报以外的申报内容。——译者注

② 中选举区制度是日本的一种选举制度，这种制度在欧美并没有相同的概念。1994 年以前，在众议院普选时，日本采用的是中选举区制度。它介于大选区和小选区之间，在一个选区内存在复数固定席位数(3～5 个)。在选举制中，选民只可以投票给一名候选人，按得票多少顺序选出固定数量的候选人。1994 年，日本在修改了《公职选举法》后，中选举区制度退出历史潮流。——译者注

③ 小选区制是日本的一种选区制度，在这种制度下，一个选区内可选出一名议员。——译者注

这一关系，我们可以看一下英国的例子(金子胜，1995a)。

战后英国的私人出租房屋占了绝大多数，为了改善居住者的住宅条件，政府对住宅市场进行了干预，私人出租房屋数量开始不断缩小。首先，在英国大量建设公营住宅，其租金比私人出租房屋更便宜，此后，为了让中等收入层也可以购买自己的住房，对购房借贷的利息导入了个人所得税的扣除措施。因此，在公营住宅和购房的双重冲击下，私人出租房屋的租赁数量开始减少。此后为了在两者间取得平衡，在1974年对那些租赁私人出租房的住户开始提供房租补助。虽然政府放宽了房租限制，但在这些政策体系下，私人出租房不得不接受房租上限设定。如果没有任何标准就进行补助，这样会促进“搭便车”行为，房租补助纷纷嵌入“市场”房租中，要支付公正的补助金变得极为困难，而且在财政上也一发不可收拾。在这样的政策体系下，民间租赁住宅的经营变得更加困难，私人出租房的供给数量减少。其结果是，通过住宅的多样化，最终导致民间借房者减少，尽管这一举措是通过补助来维持有房者和借房者之间的公平的。

按照综合所得税理论，已购房居民在所得税中扣除住房贷款利息的同时购入房屋也被认为产生估算房租。这个估算房租也应该成为课税对象，因为有房者和借房者之间需要平均居住住宅间的机会成本。但是，购房人所拥有住宅的估算房租如果不设置几个大胆的假设，就无法对其资本价值进行评价。因此，从实际问题上讲，只能采用周边私人出租住宅的“市场”租金来作参考并进行评估。但是，由于上述的住宅政策，可提供评估估算房租的民间出租房数量减少，估算房租评估失去了客观性，测定本身陷入困境。结果是，多数国家废除了估算房租课税，即使存在也都名存实亡。但是如果废除估算房租课税，由于对购房行为可以接受住宅贷款利息扣除，与租房相比，购房会更加有利，这会进一步减少租房需要。在战后福利国家体制下，为了实现各种住宅所有关系之间的公平而实施的住宅政策结果却导致失去了衡量公平的标准。最终显示出自相矛盾。

这个住宅政策的悖论，还体现在地方财产课税中对课税评价金额的再评价问题上。如果民间租赁房的绝对数量减少，那么，与估算房租一样，把不动产租赁价格(乃至资产价格)作为课税标准的意义也会出现松动。因此，课税评价额的再评价会变得更加困难。特别是在英美各国,不动产课税是各个末端地方政府最重要的税收来源。随着地方财政支出的扩大,地方政府为了获得相应的税收,无法对不动产进行再评价,就只能通过提高税率来解决。由于这是在支付了所得税后纳税额才被通知的纳税方式,因此它会进一步提升纳税人的税痛感。特别在石油危机以后,这个问题变得非常严重。随着土地、住宅价格的高企,持有住宅的课税评价金额与时价之间的偏离不断扩大,地方政府支出不断膨胀。而且,地方不动产课税虽然表面上是按照利益原则课税的,但在大城市里,中产阶级是主要的纳税人,而地方公共服务却主要面向黑人和移民。税的负担者和服务的受益者之间产生了偏差。在这样的情况下,地方财产课税引来了纳税人的反感并产生了行政改革志向,如果无视这个过程中英美各国发生的战后福利国家体制的动摇,就无法了解撒切尔主义和里根主义的登场和退出的背景。

日本的土地住宅政策的侧重点在于促进"自助努力"购房的税制和政策金融。从这个角度看,日本战后一贯执行着撒切尔主义的"资产所有民主主义"政策。战争结束初期住宅总数极其缺乏,在这个时期虽然存在财源问题,但日本并没有进行公营住宅建设,而且也没有采取房租补助和房租扣除等措施。在缺乏公共住宅政策的情况下,战后一段时间残留了地租房租统制令,外加租地房屋租赁权法,面向有孩子家庭的出租房供给量出现了减少。

在这种情况下,补助购房措施却在不断扩大。首先自 20 世纪 50 年代后半期开始,运用财政投融资资金的住宅金融公库扩大了低利息购房借贷。在税制上,压低固定资产税评价额,减轻小规模住宅用地税负。遗产税也采用了比时价要低很多的路线价格作为标准,200 平方米以下的小规模住宅用地更是采用标准价格的 1/2,大多数的自有住宅设置在基本扣除范围以内。此外,在所得税中设置了购房扣除,在土地转让收益课税上,往往会设置置换特例,允许延期付款。有这么好的条件,个人向往拥有自己的住房是必然的。而且,如果公营住宅和民间租赁住房的供给受限,那么为了确保能够获得与企业社会隔离的"私人空间",人们只有通过购房来满足自己的需要。而且等到上了年纪退休后如果没有自己的住宅,可以领取的养老金有一大半会变成租金而消失。因此,人们只能"自助努力",通过购房来保护自己的生活。"土地神话"

并不是原因，而是日本战后福利国家体制一贯追求“资产民主主义”带来的结果（事实上在战前日本的住宅租赁者比例极高）。

关于土地住宅政策，我们必须留意日本以购房为中心的资产形成是通过企业社会来实现的。如上所述，经观察发现，日本法律规定以外的福利支出中住宅关系费极高，在国际比较上日本也极为突出。再看企业内部福利支出的动向，1972 年的福利元年以后，养老金、健康保险、雇佣保险的经营方负担构成的法律规定的福利费急速扩大，而法律规定以外的福利支出虽然在 20 世纪 60 年代后期开始逐渐减少，但这一时期诞生的购房低利息融资迅速增加，泡沫经济期家庭用社宅数量重新增加。法律规定以外的福利支出的减少，主要是因为以健康保险制度的普及为背景的医疗关联支出减少。在日本，公共社会保障制度和企业内福利制度也是互相联动的关系。

关于住宅的附加福利，与员工持股援助制度一样，企业间存在着较大的差异。通过企业的附加福利，大企业的基本劳动者可以通过企业社会购买自己的住房（保障资产形成）。这个附加福利在税制上也受到优待（金子胜，1991；宫岛洋，1992）。首先，关于让员工入住的社宅（薪资住宅），不管企业是自己所有的还是借来的，只要征收“房租相当金额”，1/2 以上的房租就被视为非课税的。而且这个“房租相当金额”是根据地租房租统制令规定的计算标准计算的。也就是说，每个月的“房租相当金额”是以彼时价低的固定资产税评价金额为标准的，在此标准的基础上再计算 1/500 的相当金额，员工只需要支付其中一半金额的房租，企业支付给员工的住宅补助就可以不需要支付所得税。其次，关于企业对员工进行的购房融资以及购房借贷利息补偿，虽然贷款金额有上限，但每年 3%的利息金额是非课税的。此外，并非直接计入住宅的相关支出、一定的交通费补贴也是非课税的。这些附加福利的非课税措施，可以多重减轻企业和员工的税负。（1）建设社宅（福利设施），购买土地和建筑物所需贷款的利息可以计入可扣除费用处理，建筑物的折旧以及管理运营支出也可以计入可扣除费用处理，因此，企业可以节约一定的企业所得税；（2）事实上，附加福利的所得税非课税意味着发放无税的“隐性”薪资；（3）通过降低征收社会保险时作为征收指标的现金薪资，可以减轻企业和员工的社会保险支出负担。在日本，大家经常会指责所得税对企业员工不利，但是大企业的基本劳动者也被置于职业间、地区间平等化的利益诱导体系中。在经济高度增长期，以附加福利为媒介，员工对企业的忠心（劳动意欲）与储蓄意欲得到了体现，企业的资本积累和劳动者的生活周期的循环结构开始成形。

三、虚拟资本持有人与自我防卫的安全网

最后，再看一下资本所有。与欧美企业相比，日本企业的资本所有也极为独特。众所周知，日本的大企业是以矩阵型或者放射线型股票互持为基础，具有系列企业融资和互相派遣高级职员等独特功能的企业集团。这与欧美各国的持股企业不尽相同。日本企业通过互持股份切断来自外部股东的影响力，社长会则发挥了相互监视的作用。这种做法的目的在于相互保证各自企业经营的自主性。通过彻底贯彻虚拟资本持有人，可以更加纯粹地追求企业的成长（自我繁殖）。

事实上，企业与企业之间互持股份的原因是通过相互购入对方的证券成为对方的稳定股东，而非以获得红利收益为目的。因此，对于企业来说，并没有必要提高短期投资收益率并分红给股东。以 PBR（股价净值比）作为前提条件的企业，其解散价值和并购并没有纳入企业的考虑范围。相反，企业正是为了应对资本自由化，为了防止不被外部股东吸收和并购才不断发展为互相持股的。因此，股价也并非最重要的经营指标。

日本的大企业的目标是追求半永久性自我生存，比起投资收益率和分红率，企业的经营目标更注重份额、销售额或者利益规模的扩大。为了实现这一目标，企业在技术革新、新产品开发、压缩成本等领域不断加大经营力度。这种资本持有的方式与企业内部劳资关系也紧密相连。大多数的经营者来自一般员工，股东对经营监管相对较弱。这种相比股东利益更重视员工利益的现象，为“终身雇佣”、“年功薪资”、企业内工会等日本经营方式提供了外部框架。

四、“制度的结构”与泡沫经济

如上所述，不管是资本市场还是劳动市场，日本企业在破产这一出口处并没有设置定型的安全网制度体系。因此，企业只有通过自我保护设置自己的安全网，这样会促进企业持有土地、股票等生产要素。这可以解释，到泡沫经

济为止，日本企业为什么喜欢投资土地和股票(金子胜，1991)。

第一，将企业增长作为自身目的的企业，即使压缩收益也要强化企业生存基础，因此购入资产对于企业来说是有利的。关于这一点，日本的税制也对企业购入土地资产起到了推动效应。

第二，对于以银行为中心的股票互持和系列企业融资来维持长期双边交易关系的企业，即使设备投资出现回落，相比短期内通过压缩借贷来维持利益率，也更具有“经济合理性”，而且企业会继续通过借贷购入最为有利的资产来维持长期双边交易关系。

第三，日本企业集团内部存在着较为缓和的相互制衡功能，共同抵御经营风险。这时候可以采取增资承接、追加融资、延长信用期等手段，如果企业方希望保持自身的经营自主性，那就必须具备有抵押价值的资产。因此，在企业经营基础出现不稳定、经济增长预期不透明的结构变动期，企业会加大资产购入力度。这时候，土地资产是回避风险最为安全的预备资产。这并不仅局限于银行，系列的非银行金融机构和不动产公司，甚至延伸到制造业企业的子公司也是如此。系列关系的缓冲功能并不仅仅局限于雇佣调整(金子胜、森清，1993)。

根据基本模型，理论地价 P 是由各期土地收益 R 和未来出售时的期待地价 P^e 除以利息所得现值的总和。

$$P=\frac{R_1}{1+r}+\frac{R_2}{(1+r)^2}+\cdots+\frac{R_{n-1}}{(1+r)^{n-1}}+\frac{R_n^e}{(1+r)^n}$$

但是回顾 20 世纪 70 年代日本的地价走势，这个基本模型并没有说服力。经济高度增长期的地价上涨，可以用间接表示实际地租(土地收益率)的实际 GNP 的走势加以说明，石油危机以后虽然与预期实际利息率(全国银行贷款平均利息－前年度消费者物价上涨率)呈现出逆相关，但程度较弱。1986 年以后，两者都不再有说服力。这个基本模型对于地价上涨最多也就具有局部的说服力。理论地价需要对数十年的利息率、税率和预期地价上涨率等做出极为大胆的假设，如果假设稍加变更，其结论也极其容易发生变化。问题还不仅于此。这个模型并没有把家庭对土地的需要与企业对土地的需要分开来考虑，并且忽视了在第一章中提到的土地这个商品的特殊性和资金能力的差异。

该模型对两者并没有区分而作为同一主体进行考察。这样的分析方法并不能对地价上涨的原因做出很好的分析。

从地价上涨的角度来观察，20 世纪 70 年代以后，企业的土地购入数量与地价上涨率的走势保持一致，这个事实必须得到重视（金子胜，1991）。20 世纪 70 年代以前，与增长率相互联动的住宅施工数量开始增加，地价与此走势互动，1970 年以后却呈现了相反的走势。企业的土地购买带动了地价上涨，而住宅施工数却开始减少，地价上涨出现停滞后住宅施工数量再次出现上升，走势出现了彻底的改变。20 世纪 70 年代以后，企业的土地购买增加的时期与尼克松危机、两次石油危机，以及日元上涨导致的经济衰退等日本经济的结构变动期相吻合。集中表现为以下两个时期：一是设备投资的增长率（GNP 的增长率）低迷，未来的走势极不明朗的时期；二是为了抑制通胀和调整汇率，利率政策受到限制，地价走势与实际利率的走势并不完全一致的时期。

这一事实与进入 20 世纪 70 年代后企业资本累积条件发生变化有着紧密的联系。(1)在贸易收支顺差不断扩大，国内外并没有很好的投资项目的情况下，剩余资金得不到改善；(2)以石油危机为契机，设备投资增长率大幅度下降；(3)进入 20 世纪 80 年代以后，企业在可以从欧元市场更便宜地获取资金等的背景下，出现了银行可供贷款的资金总额超出企业设备投资所需金额总量的情况。在这一状况下，由于在进口处没有设置自动规则的安全网制度体系，企业为了生存下去，只能把资金投入土地和股票等较为有利的资产运用中。通过互持股份，企业不用担心被收购，就可以从欧元市场获得资金，由于不定型的政府干预而出现的银行和大企业的“不倒神话”，道德风险所带来的投机行为越来越严重，最终导致恶性循环。

企业选择把购买土地作为半永久的自我繁殖手段的背景，存在着几个条件。第一，以虚拟法人为前提的日本法人税制与企业的实际情况存在偏差，法人企业购买土地极为有利。企业如果以自我成长为本身的经营目标，那么现行的土地税制对于企业购买土地起到了推动效应。首先，为了购买土地而借贷的资金利息可以算入可扣除费用，并且对于原始成本（账面价值）还可以产生未实现资本收益（估价收益）等，企业可以压缩收益从而实现对企业所得税的节税。此外，如果可以把子公司账面作成亏损企业，那么甚至连短期要对出售土地获益的课税都能够回避。企业间带有回购条件的土地转让可以把转让金作为借贷资金，或者压缩记账①，以及把租赁计入可扣除费用等也具有相同的效果。事实上，1978 年至 1988 年的 10 年间，赤字亏损企业总数从大约 66 万家上升到 95 万家，全企业总数占比超过一半。

再看资本家为了逃避遗产税而成立非公开股票的“持股企业”、中小企业、赤字企业的情况，由于这些企业在继承时的股票评估是非公开的，根据企业规模可以采用以下方式评估：(1)根据相似行业的标准方式；(2)纯资产价格方式；(3)上述两种方式并用；(4)同族股东以外持有的股份可以按照股利返还方式。第四种评估方式，可以通过借贷来压缩利益和纯资产额，从而抑制股利，在继承时可以有意图地大幅度抑制股价。大量拥有土地和股票的资本家更为偏好这种方法。

第二，与欧美相比，日本的城市计划和土地用途限制较为柔弱，外加之前所述的以“资产所有民主主义”为基础的土地住宅政策，过高地评估了土地的最终需求。西欧各国，通过限制土地用途对宅地市场进行隔离，在保护居住环境的同时，有意图地降低土地收益率来规避投机性地价上涨（除德国以外，欧美各国进入 20 世纪 80 年代以后，由于放缓了对土地和住宅的限制并推动了民营化，土地住宅投机也相应而生……）。尽管在日本长期并没有一套较好的城市计划的传统，却实现了快速的城市化。城市的中心地区依然保留着众多与实际情况不符的限制，在郊外地区则不断事后修改，许多土地用途限制名存实亡。针对农地，像宅地一样，免税会扭曲土地用途限制，但由于现今土地会出现资产价值的跌落，居民反而不再希望解除土地用途限制了。

在信用制度上，土地资产成为一种具有特殊意义的资产。学者们之所以经常会拿金本位制类推出土地本位制这一表达方式，是有其原因的。首先，土地的物理供给受限，与“黄金”一样，土地具有“稀缺性”和半永久的耐久性。其次，如上所述，日本追求“资产所有民主主义”，住房需求长期并确实存在，因此价格跌落的风险相对较小。所以，在日本，作为一种政策偏好，土地资产可以

---

① 压缩记账，指的是根据日本税法规定，在购入有形固定资产时如果出现收益情况，就可以把购入价格进行减价处理（压缩）并计入压缩可扣除费用，由于收益金额和压缩可扣除费用可以“双杀”，因此可以减轻当年度税收负担。

和黄金起到相同作用的条件应运而生。如果信用制度的基础不稳定，贷款方既需要尽可能回避风险又需要扩大贷款，那就需要与黄金一样用最为安全而且能够回收的抵押资产做担保。当IMF体制崩溃时，由于金融自由化可以瞬时移动大量资金，信用制度就很容易失去自动调节均衡的功能。在这种情况下，因尼克松危机、石油危机、日元升值带来的经济衰退等而对未来无法做出正确预估的结构变动期，购买土地资产和扩大以土地为抵押的贷款就并非偶然了。如果没有土地资产这样既安全又切实的资产，日本就无法在多次发生结构变动期以后依然实现信用扩大，从而比其他国家更快地恢复景气。但是，由于在出口处没有设置自动规则的安全网制度体系，一旦泡沫经济崩溃，就无法形成事后处理的规则，呈现出拖景气恢复后腿的缺陷。在石油危机以后企业购买土地的行为，如上所述，随着企业的资本积累和劳动者的这一生活循环结构逐渐出现闭塞状态。

在形成“资本”和“土地”互相持有结构的过程中，“资本”和“劳动”这一对生产要素之间的关系到底起什么作用呢？为了考察这一问题，首先必须关注在石油危机以后为了抑制通胀和恢复企业的国际竞争力，日本经营者团体联盟(简称日经联)提出“经济整合性”问题，倡议把薪资上涨幅度抑制在劳动生产性上升率范围以内。众所周知，以国际金属劳联日本协议会(International Metalworkers’ Federation—Japanese Committee，简称IMF—JC)为中心的大企业工会接受了这一倡议，制造业的名目薪资指数与名目生产性上升指数基本保持一致，春斗[①]逐渐成为一种形式性产物。各个不同企业的工会开始斗争理论，并从“为保障生活而要求企业分配成长果实”的理论转向“有公司才有员工的雇佣和生活”的企业增长优先理论。工会只要接受企业增长优先理论从而放弃涨薪资的要求，就不容易形成薪资和物价的螺旋式上升。

很多工会以薪资减少为由要求提高名义薪资，但这样做会导致产品制造价格的上涨且最终会推动物价上涨，结果会导致实际薪资的减少。薪资和物价的螺旋式上升就是这样一种恶性循环。对于个别的工会也许存在合理性，但在整体上是不合理的，这是一种合成谬误。确实，在欧美各国，如果各个产

① 春斗指的是日本每年春季2月左右由工会组织举办的春季斗争(简称春斗)。——译者注

业组织的交涉能力很强，或者工会是由跨公司组织起来的，一个企业内存在着复数工会进行竞争的时候，也会出现同样的现象。如果多数工会不努力进行提高薪资的交涉，就有可能失去其本身的存在基础。但是，在石油危机以后，日本发生的情况完全是相反的合成谬误。如果工会是根据不同企业组织的，为了保障未来的雇佣，放弃提高名目薪资的要求，各个企业工会会被带入企业间竞争，即使日本经济整体有提高薪资的需要，也无法提出强烈要求。关于缩短劳动时间也一样，如果某个特定企业单独实施这一项，那么这个企业就有可能削弱企业竞争力。当企业社会内部制衡主体消失时，只有靠官厅（政府）对经营者团体自上而下加以调整。由此可见，日本的合成谬误与西欧各国是完全相反的。

劳动生产性标准原理也对法人企业的购买土地问题发挥着同样的作用。这是因为这里有促进企业作为资产运用来购买土地资产行为的理论。土地买卖相关的服务可以计入国民生产总值（GNP），但土地的资本收益并不计入附加价值生产 GNP。在“附加价值”除以“雇佣人数×劳动时间”的这一劳动生产性标准中，土地估价收益会被遗漏。这样会导致对现在的薪资水平做出过高评价。1988 年，法人拥有的土地账面价格为 110.5 万亿日元，而估价收益高达约 342 万亿日元，这个估计收益的金额基本与 GNP 整体持平。那么从流量角度来看，石油危机之后劳动分配率上升并没有任何意义。如果把土地和股票的估计收益也加入分母中，劳动分配率就会明显下降。问题在于，作为涨薪资标准，采用每个企业的经常性收益率也会出现同样的问题。这是因为只要用借贷收入来压缩购买土地和股票的收益，就会带来同样的效果。根据劳动生产性标准原理制定的涨薪规则虽然能够稳定消费者物价，但同时会带来存量通胀这一跛脚事态的发生。

如果存在“市场的失败”和“政府的失败”，企业只要具有“有限合理性”，当然就会存在“企业失败”的可能性。新古典派经济学虽然强化了博弈论，但日本还是需要从微观领域来解释战略合理性。这个问题并没有得到解决。

第三节 “制度的结构”与宏观变量之间的关联

我们反复强调，针对微观的“企业系统”分析无法替代“经济系统”整体的分析。企业也是被社会各种制度包围的“制度中的制度”。如果要纳入发展中国家进行制度比较，则基本生产要素市场之间形成的固有“制度结构”决定企业的资本积累的这一视点极其重要(金子胜，1995b，1996c)。但是从给予微观企业行为以宏观经济基础的视点出发，仅仅如此是不够的。从进口替代向出口主导转型并实现不断增长的日本经济，一方面存在汇率(国际货币制度)等对外因素影响，另一方面还受技术革新等对内因素影响，在总资本和总劳动中存在着独特的薪资裁定规则。这种宏观经济结构框架规定了企业行为，并出现了日本特有的生产性上升走势和通胀。

一、外生货币危机的“中立化”

(一)结构调整政策和韩国模型

首先需要关注以制造业为中心寻求经济增长的发展中，国家会尽可能让汇率浮动从而引起外生货币危机“中立化”。针对国际货币基金组织、世界银行结构调整政策模型的韩国案例加以探讨。韩国模型是以 1983 年至 1984 年韩国政府进行的政策转换为考察对象的。当时的韩国政府的结构调整政策的基础在于通过下调汇率和导入外资来推动出口主导型发展战略。这个出口主导型发展战略取代了到 20 世纪 70 年代为止适用于韩国的比较优势，从贸易和外汇政策的角度来看，这是“给予进口产品和出口产品(或者国内销售产品和出口产品)相同动机的政策”。也就是说，如同进口替代政策那样，韩国对于出口也不设置遏制政策，给予了一种“消极”的规定。另外还附加了紧缩的财政货币政策。

使用了这个平均有效汇率的韩国模型，虽然没有明示，但需要以下述两点作为前提:一个是稳定的国际货币制度需要在各国发挥均等的作用;另一个是，使用的模型是两国之间双向实行进出口贸易(或者其扩张形态)。但实际情况是，韩国的贸易关系是以美国、韩国、日本的三角关系(此外还可以加入产油国)为基础的。主要的出口国是美国，主要的进口国是日本，进出口的对象国家发生了偏差。而且以石油危机为契机，国际货币体制发生了动摇，韩国和日本、美国之间的货币汇率制度是不对称的。自 20 世纪 70 年代为止，韩元与美元挂钩实际上极其接近“固定汇率制”。其结果是，由于主要进口国日本转向了浮动汇率制，日元的浮动会直接影响韩元。20 世纪 70 年代发生的通胀、国际收支赤字、累计债务问题等，并不仅仅是进口替代工业化政策引起的，从国际环境方面看，因石油危机而诱发的石油价格的高涨和转向浮动汇率制后出现的日元升值效果也是重要原因。韩元挂钩于美元，日元兑美元的汇率直线上升，依赖于日本的资本进口和产品进口的韩国，进口额以及支付专利费、债务偿还额也激增，则进口通胀压力上涨无可避免。

针对这一事态，20 世纪 80 年代前半段时间，在管理浮动汇率制度体系下，通过改变一揽子货币内部的权重使得韩元对美元汇率贬值，对日元汇率则保持“固定”。假设韩元完全与美元挂钩，就会像 20 世纪 80 年代前半段时间一样美元升值而日元贬值，必然出现韩元对日元的升值。在这种情况下，韩元对美元的汇率出现贬值，是因为韩国对美国的出口竞争力加强的同时，还具有阻止日元贬值、不利于美国从日本进口的效应。从这里可以看到，在判断 20 世纪 80 年代前期汇率贬值效果时，导入出口主导型或是进口替代型这种两分法是毫无意义的。确实，韩元对美元的汇率贬值具有促进出口的效应，但与此同时，同样对美元汇率贬值的日元与韩元之间却会出现韩元贬值而日元升值的效果，对于韩国的重化工业会出现促进“进口替代”的效果。

在 1985 年广场协议以后陆陆续续发生美元贬值而日元升值的时候，情况又是怎样的？如果仅仅考虑出口促进效果，韩元最好是能与美元挂钩或者进一步贬值会更有效。但是由于出现急剧的日元升值，与 20 世纪 70 年代后半段时间一样，进口额和技术专利费支付金额急速增大并导致韩国的国际收支恶化。因此只能通过韩元对美元的汇率升值，并把升值率控制在比日元要低的范围之内。这基本上也是根据三角关系来规定的。首先，尽可能抑制从日本进口额的急速膨胀，在不损害进口替代工业的前提下迎合日元提升汇率水准。对于那些相对技术水准较低、在价格竞争力上能与日本竞争的量产产品，为了不让其失去国际竞争力，与日元相比，就需要控制韩元的升值幅度。但是，韩元对美元汇率的上升会导致劳动密集产品出口遇上难题，生产据点会向海外转移。进入 20 世纪 90 年代，韩元对美元的汇率重新出现贬值，对于大幅度升值的日元，韩元进一步贬值。在新古典派发展经济学的韩国模型中，这种激进的汇率政策都消失在有效汇率的平均值中。结果是，韩国的贸易和汇率政策最多也就留下了从平均值评估得到的关于“进口产品”和“出口产品”“中立性”的定论。当然，仅以此根本无法对韩国的“出口主导”做出准确说明。

在韩国模型中适用了抽象的结构调整政策，中南美洲各国完全没有成效的案例更具有象征性意义。由于这些国家的高通胀和贸易赤字，货币制度的信赖根基动摇，不仅仅是浮动性较大的美国短期资本，就连本国的投资家也不愿意承担本国产业风险，并一直在寻找资本逃避（Capital Flight）的机会。从20世纪80年代“失去的十年”中可以观察到，这些国家实施的紧缩政策虽然解决了通胀问题，但也带来了极高的失业率，根据结构调整政策实施的汇率贬值并没有出现资金回流、扩大出口的效果。而为了防止本国资金的价值跌落却加快了资本和劳动向海外逃离的速度。累积债务则随着汇率贬值不断膨胀，国际收支恶化更加显著。结构调整政策成为一个陷阱。

从以上事例中可以看到，受国际收支限制，不得不依赖于外资的发展中国家不可过度依赖于汇率的自动调节以及汇率贬值政策。如果汇率浮动风险过大，外国投资（特别是短期证券投资）流入的浮动会更激烈，这样就无法保障投资的稳定性。譬如1990年以后，针对外资流入激增的情况，印度政府（政府对海外资金流入本国进行管控）在完全恢复卢比的交换性的同时，把卢比和美元挂钩。也就是说，印度政府在转换为浮动汇率制的瞬间，就把卢比和美元的汇率固定了。当然，要维持过高的汇率是不可行的，但可以将其视为一种象征性的操作方式（金子胜，1996c）。

(二)曼德尔·弗莱明模型和战后日本财政货币政策

那么凯恩斯学派的曼德尔·弗莱明模型是否有效？虽然小国有可能可以使用此模型，但无法解释发展中国家的不均等发展过程。众所周知，在标准的教科书上，以劳动薪资的向下刚性和自由资本移动为前提的曼德尔·弗莱明模型可以区分固定汇率制和浮动汇率制来对财政政策和货币政策的有效性进行论证。其结果如表1所示，在固定汇率制体系下，中央银行由于需要承担无限制的汇率，因此货币政策是无效的而财政政策才是有效的；而在浮动汇率制体系下，汇率可以自由浮动，因此，财政政策是无效的，货币政策才是有效的。

表 1　不同汇率制下财政政策和货币政策的有效性

汇率制 / 政策	固定汇率制	浮动汇率制
财政政策	○	×
货币政策	×	○

但是,日本的财政政策和货币政策与曼德尔·弗莱明模型是完全相反的。采用固定汇率制的时期,财政政策一贯是以均衡财政主义为主的,作为调节景气的手段往往以货币政策为主。而进入浮动汇率制以后,财政政策以赤字财政为主,货币政策为了稳定汇率受到强烈制约。如果回顾政策走势,财政政策和货币政策一贯是为了维持实际汇率或者为货币贬值做准备。在固定汇率制体系下,(财政投融资制度发挥了巨大作用)政府财政采取了健全财政主义,为实现低通胀做出了巨大贡献。1965 年战后,日本首次发行了赤字国债,但这之后一直到 1970 年为止赤字规模急速下降。进入 20 世纪 70 年代,日本推行日本列岛改造论,采取了财政扩张政策,与其说这是景气对策,还不如说主要是为了回避因尼克松危机而带来的日元升值压力。这一时期,控制经济走势的手段主要采取的是货币政策。货币政策以人为抑制低利息政策从而削减资金成本为基础,为了不出现外币储备“过剩”现象,在经济情况较好时期,把获取的外币转为国内货币供给,如果景气扩大,碰到国际收支的“瓶颈”,就马上采取货币紧缩政策,这样的循环不断反复(与曼德尔·弗莱明模型不同),在固定汇率制时期,在一定范围内,是允许发展中国家对资本进行管控的。

在浮动汇率制时期,为了应对贸易顺差和急剧的日元升值唤起的内需,财政政策向扩张(赤字)方向转变。在一开始,虽然由于石油危机导致税收减少的原因也很重要,但是并没有立刻切换为急剧的紧缩政策。20 世纪 80 年代以后按照临时行政调查会(以下简称临调)的行政路线从名义值上看赤字国债发行额确实有减少倾向。但是,由于以特别会计(基金)等为主体的“隐藏借贷”,以及通过财政投融资和地方财政的总动员而实施的唤起内需的政策力度不断加大,1991 年以后的平成不景气,财政母体也不断扩大。货币政策上维持汇率这一约束的力度也不断加强。利率政策为了回避日元升值,不得不被束缚在相比美国利率更低的位置,每逢日元升值,日本银行就会投入巨额去购买美元。这样看来,一切都与曼德尔・弗莱明模型相反,不管是固定汇率制还是浮动汇率制,以制造业为中心实现经济发展的国家(特别是对外依存度较高的国家),其财政政策和货币政策都需要抑制汇率浮动。财政政策和货币政策是以回避外生货币危机、实现“中立化”为目的的。

二、宏观变量之间的关联结构——外汇汇率、技术、薪资裁定规则

如上所述,以回避外生货币危机、实现“中立化”为目的的财政政策和货币政策与曼德尔・弗莱明模型完全不同。如果外生条件(汇率浮动)可以尽可能“中立化”,那么对于提高制造业国际竞争力,就需要从如何定位生产要素价格和生产要素间的比值(生产性)的宏观政策结构来进行探讨。其中最重要的是汇率制度与技术以及薪资裁定规则之间的关系,曼德尔・弗莱明模型仅仅对薪资的向下刚性做出了假定,但并没有对这一问题展开讨论。接下来我们将分别对固定汇率制时期和浮动汇率制时期日本的特征加以探讨。

首先在固定汇率体制下,财政货币政策如果可以把本国的物价上升率控制在与其他国家相同水平或者更低水平,那就可以发挥“后发优势”,通过设备投资的连锁效应追求规模经济性和资本品价格下降。如果实际汇率较低,就可以加大该国的国际竞争力。事实上,这个时期的企业引进技术和投资的意欲极强,为了促进企业引进技术和加大投资力度,其他要素价格中的套利规则就需要能够为投资技术革新加以制度上的保护。为了降低资金成本,先是以银行重视型金融机构为基础,通过人为压低利率的政策和日本银行窗口指导来进行资金供应。但这个政策并不是完全没有差别的,而是采取了培养战略产业的方式。虽然此方式逐渐放缓,但在最早期采用了外币许可制对资本自由化进行了甄别,对战略产业也采取了税收特别措施,还通过行政指导来进行调节。

下一个问题是,根据汇率制度的不同,薪资成本如何连接宏观经济指标才是最有效的?在经济高度增长期,通过大规模设备投资提高了生产性。在固定汇率制下,生产性上升的成果并不会被汇率浮动所吸收,生产性上升可以确保实际国民收入的增加(图 3)。因此,工会以提高名义国民收入为目标要求上涨薪资,设备投资和技术革新所带来的经济增长的果实可以在事后得到分

配。同时可以支撑起消费需求并形成良性消费。但是,在这种情况下通过春斗方式(要求整体涨薪方式)在企业间保持劳动成本一致,企业间竞争则让其转向技术革新的设备投资和企业内部的技术改良。高须贺义博所说的生产性差距通胀就是在这一条件下发现的(高须贺义博,1965)。

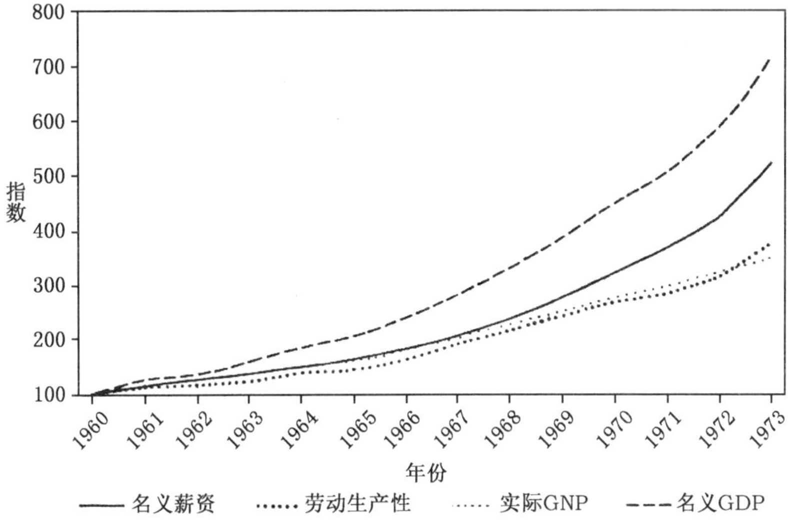

图 3 固定汇率制下生产性上升与国民收入的关系

进入浮动汇率制以后,有几个条件发生了变化。首先,由于规模经济达到了一定的追赶目标,国际竞争力的增强是由机器人化、ME 化、节约人力化等小规模的技术革新投资来实现的。在资金成本上,以大量发行国债为背景逐渐缓慢地推动了金融自由化,从欧元市场也可以获得低利率的资金。因此,在贸易顺差下,剩余资金成为一种常态。

由于转向浮动汇率制,因此生产性上升有可能会被汇率上升吸收(仔细观察服务产业的生产性可以发现,虽然其结果稍有缓和,但如图 4 所示,实际国民收入的增加要低于制造业的劳动生产性上涨的"成果")。而且,有汇率的浮动在伴随着不确定性因素的状况下,生产性上升的"成果"如果被汇率浮动所侵蚀,超过生产性上升的薪资成本会让日本丧失国际竞争力的可能性。如果生产性上升从追求规模经济的设备投资转向小规模投资,就会进一步增加危险。因此,需要用"生产性标准原理",把薪资上升率与生产性上升率直接连接。如图 4 所示，当呈现日元贬值倾向时，名义薪资会超越生产性“成果”；反之，当呈现日元升值倾向时，则名义薪资会低于生产性“成果”。从总体来看，薪资与生产性具有极强的相关性。

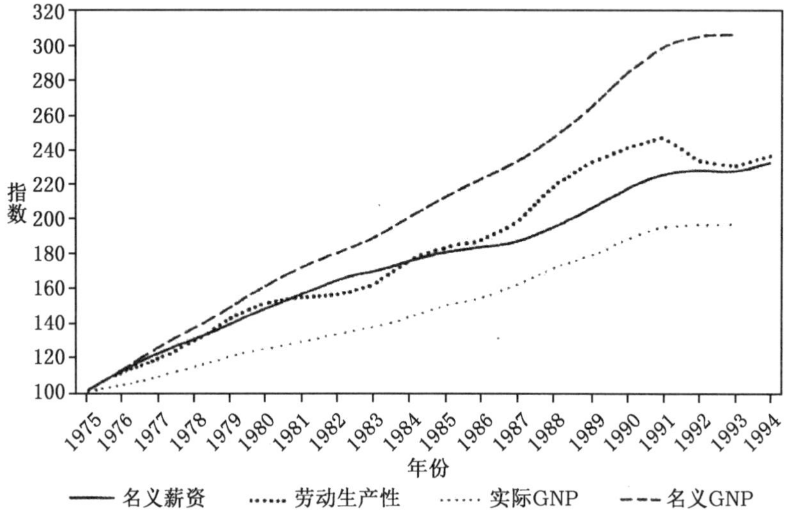

图 4　浮动汇率制下生产性上升与国民收入的关系

但是，这个“生产性标准原理”的分子是附加价值生产，分母是劳动时间×劳动者人数，因此存在两个效果：一个是分母越小，生产性上升越高，对于劳动方，会出现以多功能工为基础向节约人力化、机器人化、ME 化方向发展的动机；另一个是对于经营方，在拥有过剩流动性的结构变动期，会出现向不包括在附加价值生产中的土地和股票进行投资的动机。这样在流量上可以抑制通胀，但在存量上带来通胀的情况，之前已经论述。

当然，这两个效果是否对日本经济具有正面效应值得怀疑。首先来看前者，由于生产性上升会带来人员削减，即使在生产性上升率的范围内抑制薪资上升、扩大出口，也会带来贸易顺差和汇率上升，结果是跌入不断重复的恶性循环。为了摆脱外需依赖，唤起内需，如前所述，“生产性标准原理”最终会促进经济泡沫化。其结果是这一体系遇上“瓶颈”，产业出现空洞化。

不管是新古典派还是凯恩斯学派，都是以汇率自动调节能力为前提展开的，这无法对发展中国家(特别是以制造业为中心来实现经济增长的各个国家)的政策做出很好的解释。对于这些国家来说,它们采取的政策是不断地把汇率浮动的影响尽可能“中立化”,并根据国际货币制度这一外生条件和技术投资这一内生条件来决定金融体系和薪资裁定规则。之前讨论的生产要素的所有权结构和“制度结构”是对应这些宏观经济变量关系而形成的。从技术和积累行为的观点出发进行了重新整理的日本企业组织也是在这样的经济体系的整体结构中形成的。从这个角度来看,“制度的政治经济学”赋予了微观企业行为以宏观基础的分析框架。

进入 20 世纪 90 年代,世界银行的市场亲善论(Market Friendly Approach)和《东亚的奇迹》很显然是不完整的。如果不遵循各个国家固有的宏观变量间的关联、生产要素市场的“制度结构”、微观企业组织(以及其背后的消费世界)这三个层面的经济体系整体特征,而“强制”要求某一个特定国家套用相同的政策框架,很显然就是无效的。结构调整政策不容置疑,把所有国家的政策指标和统计拿来进行单纯核算并提供共通项目,以说明东亚各国的政府干预能够促进市场发展从而实现增长的理论(World Bank,1993),很显然同样受困于这一分析模式。但是,在各国嵌入安全网的生产要素市场中的制度和规则的可信度正在动摇,这会带动世界经济范围内国际货币制度和安全网的动摇。因此,最后我们还需要针对这个视角进行探讨。

第七章 自由主义理念与霸权国家的政治经济学

第一节 霸权国家与自由主义理念

最后,我们的分析视点将从国民经济的框架中解放出来。资本主义市场经济由于出自共同体间和地区间的交换和流通,因此其本性是全球化的。但是,为了应对市场的边界问题,人们创造出了国民国家这一人为的框架。近代工业化以后的资本主义市场经济针对生产要素设定了所有权涉及的范围。此后,在世界市场中嵌入了国民国家这个约束单位。但是,在这个世界市场至今仍然没有垄断暴力的世界政府和垄断货币发行权的世界中央银行,也没有世界货币。霸权国家的货币和军事力量代替了国际货币和国际警察功能。因此,世界市场并不能以单一的政治经济体系来概括,资本主义世界史是霸权国家反复盛衰的动态过程。霸权国家的货币和军事力量不能抹去民族主义的烙印,其国内政策与作为霸权国家的政策经常会存在相互冲突的可能性。资本主义世界史是民族主义(Nationalism)与世界主义(Internationalism)(也可以称为国民国家与世界市场)之间相克的历史过程。华勒斯坦的世界体系理论由于过度束缚于是一个国家还是世界市场这一转型论争,并且把世界体系视为一个“单一体”,因此,在分析的过程中失去了对上述观点的讨论(I. Wallerstein,1974)。

资本主义世界史并不能像黑格尔所说的绝对精神的自我运动那样来绘

制。如果资本主义世界史拥有具体的理念，那肯定是自由主义理念。自由主义理念才是归属于资本主义的各国国民经济统合为“单一体”的中心理念。但是如果由一个霸权国家来承担自由主义理念的旗手，那么这一理念就经常会碰到各种矛盾。

霸权国家要让自己成为霸权国家，需要以下几个前提条件：

第一，霸权国家的货币能够作为“国际货币”得到认可，需要给霸权国家货币信誉度提供保证的经济实力。基本上，这需要霸权国家存在领先的工业，出口竞争力也较强。当然，即使其轴心产业出现衰退，但留下的“遗产”构筑起的海外投资收益依然可以维持一定时期，使霸权国家货币信誉不崩盘。但是要长期维持下去则很困难。

第二，霸权国家的货币由于是国际货币，它的通用范围必须非常广，因此霸权国家需要有对国际开放的国内市场，霸权国家会率先成为“自由主义”经济政策的执行者。

第三，能够为霸权国家货币提供信誉度担保的另一个重要条件是，拥有能够维持世界市场“秩序”的军事能力，并负担其费用。

但是，如果把上述这些成为霸权国家的条件用实行自由主义理念来置换，就会发现霸权国家政策存在着深刻的困境。

一、霸权国家的军事费用负担与自由主义理念

在以下篇幅中，我将通过对比不列颠治世与美利坚治世来对霸权国家的军事费用负担与自由主义理念的关系进行考察。首先重新整理不列颠治世的一般理论。如前所述，不列颠治世是以废止谷物法和航海条令为顶点的，是以自由主义政策和金本位制为基础的金融网络而形成的。如同波兰尼所述，这与欧洲内部的军事力量和外交力量平衡相辅相成，实现了“和平的一百年”。不列颠走向衰退的情况也广为人知。如果英国可以遵循自由主义政策，率先面向欧洲各国开放国内市场，经常账户顺差就会逐渐减少，而在某一时刻终会转为逆差。这样一来，由英镑供给的金本位制虽可以得到维持，但渐渐需要通过投资收益来填补经常账户的逆差。英国国民购买外国产品，而其他欧洲各国（特别是德国）的追赶会使英国国内产业的进口竞争力相对低下。但是这一

不列颠治世走向衰退的解说也仅仅停留在表面。

在第三章的第三节中已经论述，不列颠治世的政治和经济的源泉在于殖民地。19 世纪英国古典自由主义之所以能成立，是因为可以把殖民地（特别是印度）财政作为“便宜”的政治和军事资源。从欧洲中心史观来看，“和平的一百年”根本就无法看清自由主义理念的本质。纺织工业产品是当时英国的轴心产业，19 世纪英国通过对亚洲和非洲地区扩大出口赢得了巨大的利益。而且从这些地区获取的黄金和外币在英国国内通过冲销支撑起了英镑＝金本位制。以殖民地为中心的铁路网络建设，不但带动了英国钢铁制造和机械产品的出口，而且通过发行铁路债为英国带来了更多在海外的投资机会和投资收益。我们已经反复强调，在这些地区通过暴力创造市场是由殖民地财政，特别是由印度财政和印度军队来实行的。不列颠治世的军费负担并不会对英国本土的“廉价政府”带来损害。欧洲“和平的一百年”的背后是由暴力的“开拓者”掌管的殖民地财政以及由此支撑起的世界市场，这才是不列颠治世的真相（以这种虚拟的西欧近代自由主义理念作为分析前提的宇野弘藏的阶段论，由于抽象的根据就出现了错误，因此其对于现实情况的分析无法发挥中间理论的作用）。

从这个观点看，“帝国主义”阶段针对殖民地的再分割引发了不列颠治世步入衰退，但这仅仅只是开始。真正的“结束”始于以全面战争和大恐慌引发的对内和对外的同权化。对国内是劳动者的同权化（承认社会基本权、普通选举权和福利国家化），而在国际上是殖民地的政治同权化（自治或者独立）。在第四章中已经论述，法律正式认可了普通选举权、工会的基本权、生存权，从而实现了劳动者的同权化。从表面上看是作为西欧“普遍”原理的“民主主义”的扩张，但实际上由于衍生出了关于所有权的个人主义，最终导致失去了另一个西欧近代“普遍”原理的自由主义政策基础。不仅仅是在魏玛共和国①，在霸权国家英国也一样，历史的转换点是全面战争。在英国，1920 年制定了国民代表法从而实现了男女平等选举权，以工会为基础的工党逐渐拥有了执政能力并登上了政治舞台。在市民社会层面开花结果的中间组织（工会），首次与

---

① 魏玛共和国是指 1918 年至 1933 年期间采用共和宪政政体的德国。这一称呼是后世历史学家的称呼，不是政府的正式用名。——译者注

作为政治社会和市民社会媒介的政党制衔接在一起，一个全新的以劳动者为基础的政治体制隆重登场。

以全面战争为契机的同权化并没有停留在国民国家内部。在国民国家与殖民地之间，以全面战争为契机，政治的同权化也在不断发展。在印度内部，民族主义开始崛起，英国为了进行全面战争，如果还像之前那样不与印度进行协商，就无法获得殖民地财政和殖民地军事上的“合作”。在第一次世界大战的时候，印度以参加战争和负担战争费用作为交换赢得了州的自治。印度军队不但出现在亚洲和非洲战场，而且出现在欧洲战场。在接下来的大恐慌时期，为了获得经济圈的合作，英国不得不和印度甘地召开了圆桌会议。最后，到了第二次世界大战的时候，英国为了让印度配合作战而不得已做出了让印度“独立”的承诺。由于答应了印度的“独立”，与之前印度财政支出的战争费可以直接算作英国的军费不同，这一次只能算作英国向印度的借贷（债务）。自此，不列颠治世名副其实地步入了末路。

殖民地的同权化——承认殖民地的国民国家和民族主义——如果产生，就意味着霸权国家自由主义财政失去了最后一块乐土。美利坚治世就不能以此作为前提条件，霸权国家为了维持其在世界上的军事霸权和政治霸权，只能依靠本国纳税人的税收来负担。美利坚治世是建立在不列颠治世步入衰退的“遗产”之上的，因此美利坚治世的短命性是无法避免的。事实上，战后美国在从推行马歇尔计划、占领区管理和救济资金（GARIOA）再到越南战争的这一过程中，作为霸权国家既要负担军事费用又要维持国家的自由主义财政政策，两者并立极为困难。美国只有通过单方面大量流通美元来维持霸权。美国原本拥有大量黄金储备，但在战后其黄金储备也出现了减少。而且在美利坚治世下，作为霸权国家而发动的战争需要在国内对国民进行战争动员，这带动了国内政治同权化的进一步发展。越南战争时期的市民权运动和约翰逊总统提出的“伟大社会”正是如此。虽然程度较弱但在美国国内以越南战争为契机的“福利国家”得到了发展，医疗、养老金、补助金等福利支出的膨胀也不可避免。此外，随着美国经济实力相对减弱，在军事费和援助费上不得不要求其他发达国家来共同承担。海湾战争就具有象征性。发达国家不得不接受这一共同负担的原因来自两次全面战争的“学习效果”（教训）。各个国家把自己的国家利益束缚在不破坏国际经济体制框架内，这样美利坚治世才得以延续。

但是，殖民地的同权化对于西欧的“自由主义”理论的侵蚀程度更深。拥有了国家主权的旧殖民地国家为了实现经济独立开始拒绝“自由主义”政策。对于那些拥有了新的国境的旧殖民地，单纯的自由贸易主义和比较优势理论只是“强者的理论”。因此它们纷纷通过公共部门主导来追求进口替代工业化政策。它们还以国家主权为基础成立了各种国际组织，就像在国民国家内部的福利国家化一样，开始要求在世界范围内展开再分配政策。发达国家开始要求发展中国家放弃民族主义和“保护主义”的要求。虽然最初出现了一定的成效，但是国际上的“弱者”如果陷入某种经济危机，就会引起国际货币体制和国际贸易体制的麻痹，货币和贸易商需要在国际制度和规则上嵌入安全网。正如之前提到的，不成体系的暂时性政府干预和市场经济化这一奇妙的政策组合不断重复出现。

二、轴心货币与自由主义理念

当霸权国家的货币取代世界货币的时候，霸权国家至少需要迎合世界贸易增长，提供本国货币。因此，霸权国家必然受到制约从而无法实行自由主义的紧缩政策。首先，这在金本位制的恐慌期引发了混乱。就如在第一章的第三节中论述的那样，霸权国家英国在皮尔条例的限制下，一旦出现由于黄金支付导致黄金储备减少的情况，根据金本位制的自动规则就需要紧缩货币量。这种紧缩政策会让经济进一步衰退，并进一步产生黄金兑换和黄金支付，最后国家不得不出来干涉，停止黄金兑换和黄金支付。

在管理货币制度体系下，为了维持固定汇率制，可以允许弱小国家对货币进行管制，各个国家被赋予一定的财政政策的裁量权，这样可以回避恐慌期出现的混乱。但是，霸权国家承担着不断向世界市场提供流动性的责任，其结果是，即使出现经常账户逆差，也无法实施紧缩政策。在无法实施紧缩政策的情况下，霸权国家还得向世界开放国内市场。在IMF体制下，只有霸权国家不被允许自身的货币贬值，却设定了黄金和美元的交换义务。正如特里芬所说，这样会出现流动性悖论。但这个非对称性是霸权国家获取特权的代价，也是不得不做出的牺牲。

在 1971 年黄金与美元停止交换和 1973 年史密森协定崩溃后，汇率制度由固定汇率制向浮动汇率制转移，这意味着霸权国家美国选择了放弃这一非对称的义务。还不仅仅如此。美国的做法与 IMF 体制完全相反，美国开始独享非对称所带来的特权。霸权国家美国作为轴心货币国家，需要不断提供美元的流动性，这一“宿命”是无法改变的，但是，一旦停止黄金与美元的交换，只有美国即使出现财政逆差（公债），也可以通过增加美元发行量来支付，而其他国家只能作为国外资产继续持有。这种体制，作为霸权国家只要不断提供开放的市场，在一定范围内还是可以容忍的，但是会带来中长期国际货币体系的不稳定。霸权国家为了提供轴心货币，在高举“开放市场”这个自由主义理念的同时很难削减财政赤字和贸易赤字。但是如果不削减财政赤字和贸易赤字，就无法保证轴心货币的价值。因此，霸权国家会借用“公正贸易”这一保护主义管理贸易的名义，强行改善贸易收支。这有可能会危及高举自由主义理念的霸权国家。大多数的国家现在不得不臣服于霸权的理由在于，它们需要回避国际经济整体框架的崩溃，两次全面战争带来的“学习效果”（教训）艰难地维持着浮动汇率制。

但问题还不仅如此。由于停止了黄金与美元的交换，国际货币体制在失去了“向心力”的状况下，如果美国贸易持续失衡，那么美元将不可避免地出现分配不均的现象。为了解决资金分配不均的问题并促进美元资金回流，就必须实行金融自由化。流向浮动汇率制过渡的金融自由化确实解决了由于石油危机导致石油美元存在国家间资金分配不均匀的问题。随着欧元市场的发展，国际资金流动更加顺畅，暂时性地解决了石油美元的回流。但是与此同时，国际金融自由化同样留下了众多“负遗产”。

其一，在浮动汇率体制下的金融自由化，开放了巨额国际资金的流动，与当初的意图相反，浮动汇率制的自动调节市场功能被麻痹了。事实上，浮动汇率制不像当初设想的一样，并没有发挥贸易收支的调整功能、景气的平衡作用以及通胀的隔离效果。反倾销诉讼和双边贸易谈判越来越频繁，自主限制出口和贸易管理化趋于重要，诸如欧盟（EU）和北美自由贸易区（NAFTA）的区域一体化动向趋于明显。此外，货币市场和外汇市场自动调节的局限性趋于明显，不断需要超越一个国家的经济主权来进行政策协调。因此，世界贸易组织(WTO)成立了,但美国并没有撤回301法案。

其二,就国民经济而言,自《广场协定》以后,在发达国家,浮动的资金流动引发了对土地和股票的投机,而崩溃则导致了负债通缩。金融自由化与货币可控性是不相容的,货币主义正受到由其亲自“解放”的货币产品的逆袭。与“货币的中立性”理论相反,金融(外汇)市场的波动对实体经济有很大影响。但是目前,虽然越往前越没有退路,但是除了推动市场自由化之外,似乎没有任何对症之药了。

其三,为了拆除IMF=GATT(关税及贸易总协定)体制中内置的安全网功能,向浮动汇率制度过渡和金融自由化往往会强调发展中国家生产要素市场中存在的脆弱性。此外,在浮动汇率制度下,由于金融自由化造成的短期资本流动的浮动性,发展中国家的经济会间歇性陷入国际收支危机。就好像是画出来的周期一样,发展中国家的累积债务问题和货币价值的暴跌,不仅仅会动摇发展中国家的金融秩序,而且会动摇国际金融秩序。20世纪80年代,像热病一样迅速蔓延的“自由主义复活”把在经历了大萧条和第二次世界大战后形成的各种安全网一一“瓦解”。当然,国际货币基金组织也采取了扩大紧急融资基金等措施,但这远未形成新的安全网。

在这种情况下,“新自由主义”促进了诸如资本和劳动等生产要素的国际流动。生产要素的国际流动加剧了不同起源的世界市场与国民国家之间的冲突,产生了自由主义和民族主义这一对奇妙的“结合”。正如已经提到的,资本主义国民经济的成立以形成生产要素市场为不可欠缺的条件,因此才需要国民国家这个人为的框架。但是,资本和劳动一旦开始国际流动,自由主义政策就会加速单独行进,而以国民国家框架为前提的生产要素市场的安全网则会被一个个破坏。另一方面,土地是非贸易品,它会成为资金大量流动的停泊地,成为投机的对象,而被土地锁定的农业则会让自由贸易问题难以调整。此外,对自然环境的破坏会超越国境。如此这般,我们进入了国际主义(Internationalism)与民族主义(Nationalism)反复相克的时代。国民国家这条界线已经被攻破的现在,我们要如何超越国民国家建立新的制度和规则?或者作为其中间形态的区域一体化会不会带来稳定,还是会出现更加不稳定的局面,至少到目前为止还没有找到正确的答案。

第二节　国际货币体制的动摇与安全网

一、金融制度的等级制度与货币制度的稳定性

在第一章中已经论述，由于生产要素的市场化存在边界，为了保障生产要素市场的稳定，需要某种制度结构。特别是货币制度需要赢得人们的信赖，金融等级结构的稳定性是不可或缺的前提条件。最早，这个等级制度是由商品货币（黄金）的可兑换性来加以最终保证的，因此等级被嵌入商品世界的内部。从表面上看，这似乎填补了货币经济与实体经济之间的偏差，但实际上，通过保证黄金可兑换性并不能避免恐慌的发生。当金本位制的重建由于经济萧条而彻底关闭时，自动规则被替代，为了不让弱小金融机构的倒闭影响整个金融秩序，利率上限、存款保险机构或者紧急融资制度等新制度出台了。

但即使是在管理货币制度体系下，国际金融制度的等级结构也会从顶点和末端两个层面崩溃。即使经常账户出现赤字，霸权国家也必须在没有全面的紧缩政策的情况下继续提供轴心货币，这将导致霸权国家的经济实力衰退，黄金储备枯竭。如果霸权国家仍然希望其货币继续保持轴心货币的地位，就必须放弃本国货币与黄金的联系并将本国货币作为赤裸裸的轴心货币。当商品货币（黄金）重新回到商品时，连接货币世界和商品世界之间的最后一条细线也就被切断了。商品世界（实体经济）对货币经济的偏离将不断扩大，国际货币体系在其顶点将会失去衡量"自动调节"以达到均衡的标准。从反方向来看，在等级的末端，为了填补与商品世界出现的偏离，货币的"商品化"得到了进一步发展，"货币商品"的市场交易迅速扩大。由于停止了黄金兑换，霸权国家的最终结算功能下降，为了调整资金在国际上的不均衡分布，就需要金融自由化，此外，由于固定汇率的丧失（转向浮动汇率制度）会产生货币变动风险，因此金融自由化需要发展对冲风险的金融中介手段。

但是，如前所述，金融自由化带来的"货币商品"的范围不断扩张，作为"最后的贷款人"的中央银行对于货币量的可控性明显下降。虽然信用范式可以替代货币范式，但是可控性无法恢复。由商品货币将货币世界与商品世界联

系起来的自动调节规则已经消失，在等级结构的顶部出现了漏洞。与此同时，由于需要对风险进行管理，“货币商品”不断膨胀，从而扩张到了等级结构的末端。货币制度等级结构的放松导致金融体系陷入不稳定状态，除了将国家的强制力推到最前沿之外，别无他法。但是与国民国家不同，世界市场并不存在具有单一强制能力的政府，也没有货币当局（中央银行）。如果霸权国家无法履行其应有职责，那就只有靠受国民国家这一框架束缚的发达国家政府通过政策协调来解决。

从具体的考虑可以看出，无法形成均衡的汇率处于一种极其不稳定的状态。当发生大规模的国际短期资金流动的时候，国际货币体制只能建立在各个国家之间利率差异的微妙平衡之上。如果对美元本身的信心逐渐波动，那么各国之间的利率差异平衡将变得越来越微妙。这种情况不仅发生在发达国家之间，而且发生在霸权国家与发展中国家之间。例如，20 世纪 80 年代前期，为了让日本和德国的贸易顺差资金回流到美国，如果通过提升美元和高利率来进行诱导，那么发展中国家的累积债务问题就会浮出水面。相反，在 1995 年春天发生墨西哥货币危机的时候，与达成北美自由贸易协定（NAFTA）的墨西哥和加拿大的货币贬值同步，美国对美元也采取了贬值措施，由于对日元和对马克的汇率大幅度贬值，亚洲各国出现了“脱离美元”的现象。

但是，问题并不局限于利率与汇率的相互调节。因为汇率的自动调节能力本身就存在着边界问题。由于技术水平或劳资关系等原因，仅通过改变汇率难以调整竞争不平等，也无法立刻解决贸易不均衡的问题。因此，为了纠正基本贸易的不均衡，就必须不断用经济政策来进行协调。但这种经济政策协调并不总是与每个国家的国家经济利益一致，因此难以迅速实施。霸权国家利用特权地位从政治上诱使汇率急剧贬值，或以“公平贸易”为借口要求对贸易加以管理，从政治层面要求国家减少贸易顺差。

像金本位制那样，发达国家的政策协调具有其“自动规则”会引起恐慌的一面。但是，双边贸易谈判、外汇协调干预，以及国际货币基金组织和世界银行针对发展中国家的累积债务对策，还有紧急协调融资体制等，并非市场自动调节的产物。这里出现了一个悖论，即越是提倡市场自由主义，非市场协调的作用就越高，而经济的政治化则变得不可避免。但是由于缺乏调整所需的客观标准来进行政治协调,“不稳定性”问题是不可避免的。在这里,“稳定性”也是通过与某种“不稳定性”进行交易而产生的。现代资本主义的不稳定性,并不仅仅是经济的政治化那么简单。其根本涉及现代金融体系的最深处。

二、金融衍生品与现代资本主义的不稳定性

20 世纪 80 年代后期,在霸权国家美国,通过出售非银行的可转换债券(CB)和证券公司出售的储蓄型商品,银行以外的资金获取渠道得到了发展,在金融自由化过程中,小型银行的优胜劣汰竞争极为激烈。进入 20 世纪 90 年代,金融机构的证券化发展更快。在 20 世纪 90 年代初期,实际利率显著下降,大量资金流入了共同基金(Mutual Fund)和对冲基金,国际证券投资因创造出新兴市场而促进了巨额国际短期资金流动。

另一方面,风险对冲工具也日益发展。如果通过向浮动汇率制转换和金融自由化来放松金融等级结构,市场就会以自卫方式对冲风险,关于利率和汇率的期货、期权交易等金融衍生品则层出不穷。实际上,自 20 世纪 90 年代初以来,金融衍生品交易额激增,如今,以大型银行为中心,金融衍生品交易比重越来越高,并且取代了传统的银行业务(存款和贷款业务)。

问题在于,从金融衍生品特性看,原本的目的是回避风险,但现实中却加大了风险。金融衍生品的第一个特征是,交易跨越了时间和空间从而扩大了货币量和信用量。这不仅仅是指通过电脑网络瞬间可以操控大规模的金融交易。譬如期货交易,交易对象是超越货币商品本身时间限制的商品。第二个特征是,在金融衍生产品交易过程中,由于利率差异和汇率差异成为中介交易的对象,因此本金部分并不需要拿出新的资金,依靠杠杆效果即可。因此,可以靠少量的资金来追求更多的利益。如果这样,金融衍生品交易的目的就完全没有必要停留在对冲风险。国际金融不稳定会增加商机,各个国家的金融股票市场和金融产品之间存在预期价格差异,套利交易就会不断扩大。如果这是一家大型银行,那它就会超越交易所的限制而扩大场外交易(店头交易),大量的金融衍生产品交易可以不为 BIS 所限,通过资产负债表的表外交易来处理。

这些特征,产生了极为复杂的信用交易连锁,并扩大了金融衍生品交易与

作为最终结算手段的基础货币之间的差距。以外汇交易为例，外汇交易量（货币交易）远远超过了贸易量（实物交易）。金融衍生品属于中介交易，那些拥有庞大网络和足够资本来回避风险的大型金融机构具有压倒性优势。因此，自由竞争会产生垄断和寡占这一陈腐的悖论会不断重复。英国商业银行因合并正不断消失，这正可以视为当今事态的象征。

假设将利息视为“消费时间偏好”的信号，如果金融产品可以超越时间和资本的限制，那就必然削弱利息所拥有的信号功能。因此，市场参与者的“期待”在金融市场中所起的作用会变得更为重要。但是问题的本质在更深处——尽管金融衍生品交易是为了减少由于信息不对称和不确定性而引起的风险，但其本质上却不断需要不对称性和不确定性，因此，拥有适度概率分布的信息不对称和市场参与者行为的不同是不可欠缺的前提条件。

随着“期待”作用的日益增长，模拟技术不断发展，金融衍生品交易通常会被认为能够有效地发挥作用，如果可以解决信息的不对称性并接近“合理的期待”，市场就会向均衡收敛。但现实完全相反。如果共享模拟技术且所有市场参与者都可以形成相同的“合理期待”，那么金融衍生品交易根本不可能成立。因为这样一来就根本不存在需要减轻由于信息不对称和不确定所带来的风险。真正的问题在于，在某一时点为了得到模拟相同结构而对信息进行同质化处理时，最初存在的信息不对称性消失。这时候，金融体系就有可能产生整体崩溃。如果人们的“期待”或“猜想”在基于某个时点上吻合，市场并不会趋于均衡，超越时间和空间不断扩散的金融衍生品反而会朝着一个方向收敛，并且加速不均衡的扩大。即投机出现超调（Overshooting）现象。金融衍生品交易是建立在悖论基础上的，是以“确实”存在市场参与者的信息不对称和不确定性为不可欠缺的前提条件。但是，如果导致国际货币体系对不稳定美元的信任度下降，那就无法保证信息不对称性分布在适度的概率分布范围内。当所有人都表示出对轴心货币美元的信任度下降的时候，市场参与者的“期待”则会出现“合理的”同质化（变得更容易一致）。

让我们把问题转换到差异化和同质化的幅度这个角度。在这里，把资本当成通过时间差异来追求利润的存在是没有意义的。最重要的不均衡并非由差异化产生，而是由同质化的幅度产生的。也就是说，当大家都想获利（或者大家都想回避损失),“期待”出现同质化的时候,投机和超调就会产生,这样就需要最终结算从而有可能引发系统整体崩溃。在这种情况下,经济的大幅波动会带动负债和收入比率的迅速上升,这反而会成为金融不稳定的前兆。

改为博弈论,也不会改变问题的本质。实际情况与“囚徒困境”的设定是完全相反的。并不是因为信息不对称导致市场的失败,而是因为,由于信息是不对称的,每个人都有自己的策略,金融衍生品市场才能够成立。换言之,只有在信息完全不一致的情况下,相互之间永远为了自身利益不断“欺骗”,这才是金融衍生品市场的本质。一旦相互之间共有战略,规则就无法形成,反而存在整体制度和规则崩溃的危险。如上所述,金融衍生品的发展所带来的现实的货币博弈与博弈论者设定的“智能”博弈的情况大不相同。

从这个意义上说,信息经济学本质上只是新古典经济学的一种延伸。信息经济学经常批评新古典经济学是有问题的,因为阿罗－德布鲁的一般均衡理论框架以信息的完整性为前提。换言之,在实际市场中,由于信息不完整且不对称,因此不存在均衡。但是,这种观点忽视了现代资本主义中“不稳定性”的本质。再次要重复的是,如果超越了时间和空间的金融衍生品交易成为银行业务的主要部分,则事态会完全向反方向发展。市场形成的条件不是因为信息不对称而“失败”,而是适度的信息不对称。

三、区域一体化与最优货币区理论

在国际货币体系“不稳定”的情况下,就会出现以新的货币来对抗美元这一轴心货币的举措。但是现实充满讽刺意义。向浮动汇率制度转换和金融自由化,并以市场机制为框架建立稳定的货币制度,虽然从经济层面来看是“失败”的,但从一个国家难以追求社会主义乃至社会民主主义这一政治层面来看则取得了巨大的“成功”。20 世纪 70 年代后期,英国工党和法国社会党等的政策失败以及资本外逃具有象征性意义。在毫无准备的情况下被扔进国际市场时,市场可以改变该国的收入分配结构,不只是社会主义的或是社会民主主义的各种制度,就连各种传统的社会制度都存在遭到损坏的压力。对于社会主义者和社会民主主义者来说,除了区域经济一体化外,(甚至那些曾经反对欧盟一体化的人)已经没有其他可以选择的道路了。

随着国家间相互依存关系和轴心货币美元信任度的下降，从某种意义上说，推动局部区域一体化是世界体系内部紧张的微型翻版。这是世界主义(Internationalism)与民族主义(Nationalism)、社会民主主义与保守主义或者保护主义与市场自由主义等各种相克关系的体现。欧盟一体化在各个方面都出现了这种内部紧张关系，在这里主要针对货币一体化问题来加以探讨。

从我们的观点出发，欧盟一体化实验具有两大意义值得讨论：第一，它尝试重建替代美元本位制和浮动汇率制的金融等级制度体系。统一货币或者在这一过程中的“半”固定汇率制度明显与 IMF＝GATT 体制的目标存在共通性。到目前为止，尽管它试图越过国民国家的障碍，但仍然没有构建出新制度的等级结构。第二，它尝试建立最优货币区。具体来说，在不完全破坏与美元浮动汇率制度关系的情况下能否在维持“半”固定汇率制度的同时实现货币一体化——这才是问题，关键在于对美元的信任动摇需要最优货币区。

(一)货币一体化和金融等级的重建

在第二次石油危机发生后不久推出的欧洲货币体系(EMS)对以美元为基础的浮动汇率制度构成了明显的挑战。从某种意义上说，货币一体化的进程是国际货币问题的缩影。如前所述，首先对于货币制度的稳定性，建立金融等级结构是不可或缺的。

第一，与国际货币基金组织一样成立了欧洲货币基金(FECOM)。每个成员每三个月需要回购自己的黄金和外汇储备，并有条件地将其出售给欧洲货币基金，以此来获得 ECU(欧洲货币单位)。这种人为创造出来的货币 ECU 是对作为欧洲货币体系加盟货币构成的货币做加权处理并定期进行审核的一个标准篮子。接下来，即使在私营部门中，为了避免汇率风险，用 ECU 计价的存款、债券发行和贷款可以进行交易的影响，形成了人造货币与市场之间一定的关联。

第二，这个 ECU 的表示单位用欧洲汇率机制(European Exchange Rate Mechanism，ERM)来运营。换言之，每个国家货币的基本汇率都是基于以 ECU 为中心的平价网(Parity Grid)[①]方法确定的，并且必须将汇率维持在上

① Parity Grid 指的是自 1972 年以来欧洲货币体系维持汇率的一种方法。如果两国货币的浮动率超过 2.25%，两国央行就有义务进行干预。——译者注

下浮动范围的2.25%以内。因此，在ERM体系中，各国需要承担无限制的汇率干预义务。

第三，在汇率干预的情况下，ECU成为欧盟货币当局之间的结算手段，并成为干预货币的单位。换言之，在相互干预时，在中央银行之间互相提供无限制的融资资金（央行持有的他国货币），并且在干预后的75天内，将其用ECU计价并在欧洲货币基金结算。但是问题在于，当弱势货币与ECU的中心价格出现大幅度偏离时，其他国货币计价的外币储备会耗尽，上述干预措施会出现超短期信用困境。如果碰到这种情况，则国际收支赤字严重的国家可以被允许长达18个月的最终结算延期，如果仍然无法解决，就会提供长达5年的中期金融支援。

但是，在这样的制度下，一个强大的货币国家总是会被迫出售自己的货币，因此，如果超出干预点，就会准备一个预备的干预制度。以此机制为前提，建议那些大幅度超出干预点的国家，实施协调货币政策在内的经济政策并更改对ECU的中心价格的措施。

第四，欧洲汇率机制包含了可以对货币进行调整的制度，该制度可以在一定时期后更改汇率平价。这样，欧洲货币体系创建了名为ECU的人工结算货币，作为"最后贷方"的欧洲货币基金位于顶端，要求各国政府必须实施那些限制国家主权的无限制维持汇率和调整经济政策，并且将那些弱小货币国家纳入安全网制度体系中。1991年底的《马斯特里赫特条约》试图以这种重建金融等级结构为基础，推动欧洲经济和货币统一。但是，由于1992年夏天发生的欧洲货币危机和1995年大幅度美元贬值，原定于1997年展开的欧洲货币统一被迫延期。这种趋势象征性地指明了国际货币体系的问题。

（二）马克本位制的特征

欧洲货币体系与战后IMF＝GATT体制的不同之处在于，至少在最开始时并没有特定的霸权国家和轴心货币，所有的加盟国家都是从平等和对称的关系出发，以最终完成各个国民国家货币形成统一货币的目标。但事实上，欧洲货币体系要维持各国货币的对称极为困难，事实上最终只能成为马克本位制。

第一，为了降低汇率风险，以ECU计价的私人资金交易开始活跃，但是

ECU 最多也就是各国货币当局之间进行最终结算的手段，其本身并非是私人市场流通的货币。因此，欧洲汇率机制也是一样的，并非先决定 ECU，而是先由实际流通的各国货币之间决定标准汇率，再反向计算各个国家货币对 ECU 标准汇率的汇率。虽然 ECU 是最终结算手段，但 ECU 作为标准货币并没有完全发挥其应有的作用。

第二，为了在平价网范围内维持汇率，如果各个国家的货币当局需要承担起无限制干预的义务，那么其中的最强货币马克就需要不断承担干预义务。如果弱势货币贬值，资金就会向强势货币国家流动。欧洲汇率机制不可能是在所有加盟货币国家形成平等的对称形态，而是以马克为中心的放射型。欧洲货币体系事实上必将成为马克本位制。

事实上，欧洲汇率机制虽然是马克本位制，但在形式上并没有选择霸权国家货币（轴心货币），这一点与 IMF 体制（美元本位制）是完全不同的。在 IMF 体制（美元本位制）下，霸权国家美国通过实施稳健的通胀的经济政策负担起世界军事费用和援助费用，不断地提供美元的流动性。在某些情况下，即使其经常账户出现赤字，但作为最终结算机制，它可以保证美元和黄金之间的可交换性。但是，德国马克从这个意义上讲并非霸权国家货币。德国作为中心国家，如果并不承担上述作为霸权国家的特权和义务，那么国际收支的不平衡会让欧洲汇率机制出现不稳定。为了回避出现这一情况，加盟的各国都必然需要采取整体抑制通胀的政策。

接着对 IMF 体制或者美元浮动制来进行比较。欧洲汇率机制为了维持目标汇率，如果各个成员都承担无限制的汇率干预义务，而没有为弱势货币国家提供干预资金的紧急融资系统，则无法获得对货币和汇率体系的信任。这是因为弱势货币国家没有足够的以他国货币计价的资产（强势货币国家）作为外汇储备，因此始终存在干预资金短缺的风险。但是，无限制的汇率干预和紧急融资制度也存在局限性。如果为了履行维持欧洲汇率机制目标汇率的义务，德国将对他国不断提供用于干预的马克资金，根据无限制的汇率干预义务，就需要不断地出售巨额的马克，那么在德国国内，货币供应量增加，通货膨胀压力也会不断增加。而且，从中期来看，这意味着会拉垮马克这个中心货币。

就像战后IMF体制一样，作为中心国家的德国如果不断采取扩张政策，就会产生过量需求，进口的增加会让德国的经常账户出现恶化现象。如果德国以这种方式不断加大马克的流动性，为了让发放出去的马克回流体系发挥功效，就必须结合德国相对较高的利率与其他成员相对较低的利率。结果，德国的汇率可能会保持高位。如果是这样，从中期来看就必须牺牲德国的国家经济利益，扩大其他成员的政策裁量范围。它可以作为一种让该地区的不发达国家赶上来的再分配系统，从而鼓励成员积极参与。但是，考虑到战后美元本位制所带来的经济衰退和货币体系"动摇"的教训，德国肯定不愿自己承担这样的风险以寻求货币统一。当然，由于德国背负着纳粹这一遗憾的过去，政治上不可能成为霸权国家，这一点也是不可忽视的条件。

如果是这样，那就需要采取与上述内容完全相反的政策组合。作为中心国家的德国以维持抑制通胀作为政策基调，其他成员则需要设定相对德国更高的利率。如果其他成员设定相对较低的利率政策，那么短期资金就会流入德国，资金回流机制将无法发挥作用，也就无法维持平价网（目标汇率区）。事实上，在"半固定"汇率制度下，如果中心货币国家采取紧缩政策而相对较弱的货币国家采取扩张性政策，那么该弱势货币国家会立即出现经常账户收支恶化的现象，最终无法维持汇率。因此，如果作为中心国家的德国的经济政策以抑制通胀为主，其他成员必然也采取削减财政赤字和抑制通胀的政策。

（三）美元浮动汇率制下的欧洲汇率机制

欧洲汇率机制成员并不像区域经济那样可以在区域内自成体系，其同样置于美元浮动汇率制度下。如果一个弱势的货币国家采取扩张政策而导致经常账户逆差扩大，则该国货币对美元的汇率就会变得不稳定，这样会导致来自外部对平价网的动摇。为此，成员需要遵守如下要求：(1)将财政赤字控制在GDP的3%以下；(2)将政府债务比率控制在GDP的60%以下。这是在货币统一的过渡过程中不可或缺的规定。如果实施货币统一，各个国家的财政赤字将成为欧盟整体的负担，这会促使各个国家采取"搭便车"行为，从而导致各个国家财政赤字激增。如果对各个国家的财政赤字不管不顾，最终将无法实现与美元匹敌的"强势货币"的初衷。

但是，即使所有成员都以控制通货膨胀政策为基础，以德国为中心的放射状方式采取相对较高的利率，也不一定能保证货币的稳定。

第一，上述利率结构具有固定德国与其他成员之间经济差距的作用。德国不仅无法采取激进措施来促进从其他成员的进口，而且由于相比其他成员德国要设置较高的利率，因此德国会处于竞争劣势。

第二，这种制度要求中心国家的通货膨胀率和利率始终处于较低水平，并且在同一时间各国经济需要具有一体性遵循相同的景气循环过程。如果失去这些条件，则中心国家与其他成员之间就有可能发生利益冲突。当然，这将导致失去维持汇率的政策协调的基础。特别是由于德国这个中心国家在陷入通胀和高利率时会引起短期资金流入，其他成员为了防止短期资金流出，就需要设定比德国更高的利率以防止汇率下跌。但是，如果这些国家处于经济衰退中，加息将与国内经济政策相抵触。最后，即使是欧洲汇率机制，如果中心国家的经济绩效恶化，其他成员也就无法维持其国内经济政策与汇率义务的协调。1992 年夏季发生的欧洲货币危机就是这种情况。

1992 年夏，欧洲货币危机以伴随着东德与西德统一所产生的巨额复兴资金需要为契机，为了应对财政赤字和通货膨胀的扩大，德国政府不得已提高了利率。结果是，大量资金流入德国，导致马克升值，欧洲货币体系大幅度后退。在不断上升的通胀压力下，德国实施无限制汇率干预并对其他国家实施马克干预资金的融资。为此，意大利在贬值平价后不得不脱离了欧洲汇率机制，英国在最初曾尝试提高利率来对应，但最终由于无法与国内的经济政策达成协调便也脱离了欧洲汇率机制。欧盟内的西班牙、葡萄牙、爱尔兰等弱小国家不得不对外汇交易进行直接限制。此外，对于平价网方式设定的目标汇率范围也从上下 2.25％扩大到 15％。各个成员维持汇率的义务也得到了大幅度放宽，事实上，以接近浮动汇率制的方法才得以克服困难。在这里也可以看到“稳定性”需要与“不稳定性”进行的交易。

第三，欧洲汇率机制事实上“恢复”为浮动汇率制，意味着，只要它被置于美元浮动汇率制下，欧洲货币体系成员就无法避免对美元信任度下降的影响。如果考虑到欧洲货币体系的主要目标之一是阻止美元浮动汇率制度带来的不稳定影响，那么问题就又回到了起点。美元的信任度是随着美国的“双赤字”而下降，而“恢复”为事实上的浮动汇率制则意味着美元资金会不断流入强势货币国家德国,从而有可能导致欧盟汇率的不稳定。如果对资本不加以管控,那就会加快马克的升值和弱势货币的资本外逃,其货币价值也会不断下跌。因此需要频繁地对欧洲汇率机制平价网进行修改。这是在1995年春季美元急剧贬值过程中发生的情况。

当然,如果限制短期美元资金的流动,那就意味着欧盟一体化会成为与区域经济化相同的概念,而且如果欧洲货币体系还要把伦敦国际金融市场也纳入其中,那么限制短期美元资金流动就是完全不可能的选项。因此,只要对美元的信任度继续下降,在美元浮动汇率制下就很难实现局部的最优货币区构想。若假设实现了三极(或两极)货币体系,则它也更接近于货币的寡头垄断体系,自动调整汇率的能力将进一步降低,不可否认,货币问题将成为政治权力博弈的对象。如上所述,浮动汇率制原本就存在着市场调节能力的边界,因此需要发达国家之间进行政策协调,但是,如果它们之间没有为了维护国际经济秩序而抑制本国的民族利益和国家主权的强烈意愿,则货币区的扩大所带来的交涉能力的扩大,并不一定会来带来社会秩序的稳定。在世界范围内需要的是,形成可以超越国民国家框架的金融等级结构的重建以及支撑起信任度的制度和规则。

第三节　国际劳动力移动与“自由主义”

一、国际劳动力移动与经济理论

除了资本的国际流动外,另一个生产要素即劳动力也正在跨越国界。如果包括政治难民在内,国际劳动力移动在地理空间中的迁移方式是多种多样的。这种国际劳动力移动超出了所有经济理论的假设,这些理论的前提正在“崩溃”(《国际劳动力流动的机制》,山本健儿著,法政大学比较经济研究所金子胜编,1996)。

在国际贸易领域,李嘉图提出的比较生产成本理论[或者作为发展形态的赫克歇尔—俄林定理(别名“要素禀赋说”)]为自由贸易主义提供了理论依据。根据比较生产成本理论,如果一个国家有两个行业(例如,工业和农业),则这个国家能够专门从事劳动力投入量相对较低的商品生产(或产业),从而可以形成最有效的国际分工体系。赫克歇尔—俄林定理认为,基于资本、土地、劳动力等生产要素的存量具有比较优势的产业(在该国更多地使用相对丰富的生产要素来进行产品生产)具有比较优势。如果进行自由贸易,那么遵循这种比较优势的国际分工将自然实现。

当然,“生产要素的存量”并不是固定的,并且由于可变部分存在调节能力,有可能会部分恢复。在资本层面上,引进资本密集、生产性较高的机械设备;在土地层面上,城市的高层化、农村的土地改良项目和肥料使用提高了土地的生产性;在劳动层面上,“教育投资”都是可变部分。现实情况更富有动感。这些理论最初并不是以劳动力和资本的国际移动为前提的,但实际情况是,这些生产要素开始跨越国境进入了移动的时代。比较生产成本理论没有设想到快速流动的巨额国际资金以及不同种族、宗教的国际劳动力的移动。

即使在直接投资的情况下,如果资本流动,则比较生产成本理论的说服力也会降低。如果具有与发达国家相同技术水平的资本设备为了寻找低薪资劳动力而转移到发展中国家,则可以绕过由两个产业之间的边际变形率确定的比较优势作为比较标准。比较优势理论表明,当某种商品的生产边际增加,与其他贸易伙伴相比,要牺牲的其他商品的产量相对较小时,该商品的生产就有比较优势。如果资金流动,由于投资的调整成本低,比较优势的关系就有可能出现逆转。例如,在东亚和东南亚国家经常见到这种情况,受过一定程度教育的均质劳动力得以保障,存在着合作伙伴国家的财阀或企业集团这一投资承接主体,并且在其周边存在着潜在的配套产业,如果是这样,则国际资本流动就会发挥迅速的后发效应。

但是问题出在低发展中国家(LDC)。在寻求短期利润但缺乏进行长期投资的制造业时,这个过程就很脆弱。在这种情况下,国际资本流动的主要目的是运用短期资金和低薪资,这样对经济发展的影响也会减弱。依附理论只是把这些案例做了“理论化”处理。

其次,比较生产成本理论不仅忽略了资本转移,而且忽略了国际劳动力移动。古典派和新古典派在分析实际的国际劳动力移动问题上也是无效的。

第一,国际劳动力移动不一定是从最贫穷的国家到最富有的国家,也不一定是最贫穷的收入群体在移动。通常，没有一定的教育水平和收入的移民根本无法在国家间移动。农村的过剩劳动力先走出农村后进入城市再移民这一逐步(Step Wise)假设(森田桐郎，1987)也未必成立(山本健儿，1995b)。

第二，研究国际劳动力移动的原因，我们可以找到个人主义无法把握的方法论。从连锁型迁移中可以看出，由血缘和地缘等的互相链接在国际劳动力移民中形成网络作用。另外，为了能在其他国家定居，在接受移民的国家内部形成的移民中间组织起着重要作用。这些中间组织是由宗教、民族、地缘等多样的构成原理形成的，从介绍工作到找房子等为生活提供方便、相互扶助和资金援助、母语教育再到文化活动等，这些中间组织提供着各种市场所无法替代的各种服务。不仅仅是生活所需的必要信息，还对移民所在国为了避免“孤独”生活提供了人与人之间的共同纽带。

第三，这些国际劳动力移动受到政府移民政策的干预，而政府的移民政策在很大程度上取决于接收国和发送国的移民政策。当然，在某些情况下，如20世纪60年代德国和土耳其政府之间的政策安排一样，采用了促进移民的政策，近年来也采用了各种移民限制措施(山本健儿，1995b)。另外，送出大量移民的政府也有意识地输出其劳动力。面临国际收支危机和失业问题的亚洲国家虽然程度有所不同，但都有意识地通过职业培训和介绍制度或汇款和外币存款的优惠措施，有意识地促进了“劳动力输出”。主要的转折点在于通过劳动力输出获得的技能，与外国移民汇款如何与国内经济发展联系起来。劳动力“输出”政策是临时措施还是永久措施，其意义是不同的。相对“成功”的案例是石油危机以后的韩国，出现了大量移民，移民的汇款也持续了相当长的时间。而在许多情况下，劳动力“输出”和移民的汇兑并不一定对国内经济的发展做出了贡献。菲律宾、巴基斯坦、孟加拉或者印度的喀拉拉邦等就是典型。在这些国家和地区中，除去一些例外，从海外学习的技术和汇款不一定会投资本地制造业企业。为了保护资产，汇款被直接用于购买房地产或以本外币存款形式持有。在这种情况下，即使实施了降低汇率政策，也不会提高出口企业的竞争力，相反，靠“输出”劳动力更容易获得收入，越是有技术的人越会走出去，越是有可能造成资本和劳动力流出从而使这个国家陷入陷阱(《亚洲的国际劳动力移动和劳动者汇款》，岛根良枝著，法政大学比较经济研究所、金子胜编，1996)，结构调整政策中的汇率贬值政策并不能加强出口竞争力。

这些事实警告了在发展中国家不能不加思考地就使用“交易成本经济学”。如第四章所述，“交易成本经济学”对市场交易成本与管理监督成本进行了比较，企业因此有可能会出现，但也有可能不会出现。但是，在发展中国家，由于生产要素市场疲软，“交易成本”很高，与此同时，由于存在禁止破产和解雇的企业法和劳动法等规定，劳动者的管理监督成本也很高。即使在相同的情况下，企业是否会出现依然不是定数。“交易成本”这个概念模棱两可，无法衡量，仅仅靠相对比率来解释企业的形成很明显是不可行的。企业的形成不仅取决于这个国家的国际环境、经营者精神与人们的社会文化行为、基础设施与教育以及卫生等其他社会基础设施、政府与投资者之间的独立性和信赖关系，还取决于生产要素的市场化程度、安全网的制度化等种种错综复杂的条件。如果没有对“制度结构”的系统分析，那么要分析企业形成就是不可能的。

二、国际劳动力移动与“自由主义”悖论

如上所述，国际劳动力移动虽然违背了支撑起“自由贸易主义”和“自由主义”理论的各种前提，但可以用与这些假设完全不同的方式把发达国家和发展中国家硬拖入“自由主义”政策框架中。这是因为国际劳动力移动能够在发达国家和发展中国家之间形成互补的“自由主义”关系。

首先，在发达国家内部移民社会的定居会从根基上动摇福利国家体制。西欧福利国家的最初目标是消除同一“国民”内部的阶级和等级差异，但并没有想到需要对肤色、宗教和文化存在差异的人纠正差异。与“异质性”的共存是超越了原有社会民主主义框架的问题。特别对于盎格鲁－撒克逊国家来说，这个问题一直可以扩张到普通民众。在英美各国，大部分社会服务由地方行政和财政部门提供，其大部分收入取决于白人中产阶级承担的地方财产税。

在国家需要搞基建的阶段，地方财产税具有一定利益说的课税依据。地方政府投入的社会资本支出将提高土地价格和租赁价格，如果一定比例的利润(土地价格上涨部分)被地方财产税吸收，则受益和税收负担的循环就可以完成。但是，一旦基建阶段完成，并且将地方服务的重点转移到具体的人和社会服务上，作为受益人的黑人和移民与作为负担者的白人中产阶级之间就会

出现受益与负担的偏离。这种情况将加剧以白人中产阶级为中心对减税和“行政改革”的要求。这正是“新保守主义”要求解体“福利国家”的根源。

实际上，在20世纪70年代后期，加利福尼亚州的第十三号提案引发了该州的反课税运动(纳税人暴动)，并在美国各地蔓延。其间，这一反课税运动成为里根政权隆重登场的背景。日本的地方财政学者和地方行政学者一直以欧美国家的公民和地方自治为榜样，这场运动被视为具有纳税人意识的运动。但是，这一场运动的潜在背景很明显，尽管服务的受益人是黑人和西班牙裔，但白人中产阶级承担着税收负担，他们的不满是这场运动的主要原因。在本质上，反课税运动直接针对地方财产税而不是联邦所得税。此外，基于新古典派发展经济学的结构调整政策并不成功，来自拉丁美洲大量的“非法”移民不断流入美国，美国已经没有接受他们的经济余力。在1995年春季美国中期选举之前，由“市民团体”提出了加利福尼亚第一百八十七号提案。该提案要求中止对非法移民提供教育和医疗等社会服务。即便从歧视的视角来描述，这场反课税运动也是有问题的，这无疑也是基于公民自治的“自由主义”要求。

英国的情况也一样。在20世纪70年代后期，撒切尔夫人作为环境部长打着废除财产税(对房地产租赁价格征收的唯一地方税)以及进行地方行政和财政改革的旗号，于1979年赢得执政地位。根据1980年的住房法启动了出售公营住宅的政策，1982年实施了财产税封顶政策，1985年废除了大伦敦市议会(Greater London Council，GLC)和大都会县议会(Metropolitan County Councils，MCCS)，1987年采纳贝克教育法等，各种抑制社会服务的政策相继出台。这对当时与黑人团体(Black Section)[①]一起推行多文化教育等并寻求增加针对移民社会服务的工党左派地方首长而言，打击力度可想而知。好不容易废除了财产税并导入了人头税，但同时这也成为撒切尔夫人“下台”的诱因。在此期间，包括1982年的布里克斯顿暴动在内发生了多起移民骚乱。

国际劳动力移动带来的移民社会的定居，从发达国家福利国家体制的深处开始松动并起到了不断渗透市场经济意识形态的作用。与此同时，我们不能忘记，移民向本国的汇款会带给发展中国家支撑起国家结构调整政策(经济

---

① 20世纪80年代在英国工党内代表当地黑人利益的非官方团体。——译者注

自由化)的反作用。贸易自由化至少在一定时期内会使国际竞争力低的发展中国家的贸易不平衡。因此,发达国家和海湾国家的移民汇款作为结构调整政策的过渡资金非常重要(当然,移民汇款也有提高汇率的不利影响……)。从国际收支的角度来看,发展中国家会尝试通过采取移民政策并提供税收和财政激励措施来确保移民汇款。因此,背离古典理论和新古典理论假设的国际劳动力移动会进一步创造出市场经济的全球性联系。

我们将再次遇到历史的讽刺。如前所述,在古典"自由主义"时代,殖民地财政和殖民地军队支撑起了宗主国的"自由主义"财政,到了现代,与之完全相反,旧殖民地国家"输出"的移民却在促进旧宗主国"自由主义化"(福利国家)的"解体",移民的汇款支撑起了旧殖民国家的"自由主义"经济政策。

但是,从欧洲国家的新法西斯主义政党的崛起以及由于市场经济改革而引起的种族冲突和暴动中可以看出,市场经济并不会自动带来民主主义政治制度。相反,当市场经济深入生产要素的深处时,会暴露出种族、宗教和文化的差异,而这反而加剧作为西欧社会的普遍原则的民主主义、自由主义和地方自治等各种价值内在的紧张关系。在经历了市场经济之后,移民排斥(排外主义)的兴起以及关于贸易的毫无意义的民族主义对立这一历史将不断重复。

但是解决这个问题并不容易。因为与 20 世纪 60 年代的民权运动不同,移民少数民族社会也不再抱团。随后的国际劳动力移动,与 20 世纪 60 年代相比,移民社会的内部结构更加复杂。

第一,在移民社会内部被引入了更为复杂的民族与宗教间的对立。1982 年发生的英国布里克斯顿暴动中,非裔加勒比海人袭击了印度人经营的商店。美国的洛杉矶暴动(1994 年)中,韩国人经营的商店也成为黑人袭击的对象。

第二,在移民社会内部,代沟也开始出现。与担心失去母国宗教和文化身份的第一代人相比,第二代及其后代则试图与当地同化,在他们尝试的过程中仍然存在歧视问题。在移民社会中定居程度越高,第二代以后的移民缺乏母国情怀的情况就越多。

第三,移民社会内部也会出现因雇用其他移民而在经济上取得成功的移民。这种现象被称为黑人资本主义,在移民社会内部也产生了各阶层之间的差距。这种现象通常会与上述第一种的内部分裂重叠并一起出现。

如上所述，资本和劳动力这些生产要素的国际移动建立了市场经济的全球联系，但它降低了国民国家的地位，并带来国际主义和民族主义之间的冲突，在全球范围内必将提高生产要素市场化边界至极限。然而，用马克思的话说，“所有国家的劳动者都不团结，而所有国家的资本家却团结一致”，当今，在全球范围内没有单一的政府和银行的背景下，各国政府面临着必须共同管理资本主义“缺陷”的“社会主义”任务。历史一如既往地颇具讽刺意味。

后　记

我们一直在寻求新的“制度的政治经济学”，虽然路途依然遥远，但我们终于走了一半。让我们重新确认基本观点来作为本书的结尾。

首先，最重要的是，我们在寻找世界和日本现在面临的结构性变化的根本原因时，所有的问题都指向了生产要素市场化的边界，因此我们以此为出发点进行了讨论。由于生产要素具有市场化的局限性，因此，需要与安全网相关的制度和规则。如果最薄弱部分的持续可能性被剥夺，则整个系统可能会崩溃。社会需要预先建立防止出现此类故障的机制，就像制定处理故障时可以局部停止的规则一样。如果生产要素市场中嵌入的制度和规则无法链接安全网，从而保护那些被排斥在市场外的人，那么制度和规则就无法稳定。只有嵌入了安全网的制度和规则才能赢得信任，市场才能稳定运行。问题在于这些市场与制度和规则之间的互补关系，这正是我们制度设计的基础。只有从这样的基本视点出发，才能从“市场失灵”还是“政府失灵”，抑或是效率还是公平这样不毛的二分法式问题中摆脱出来。为此，笔者对既有的经济学的诸多问题提出了批评，同时，在几个方面又选择了与既有的各种论述不同的立场。

不管是新古典派经济学还是马克思经济学，都对以现有经济学作为理论前提的所有权理论的二分法从根本上进行了批评。当然，我们也对现在已经成为“常识”的公共产品理论进行了批评。越是要探索问题的本质，就越要怀疑经济学的出发点。因此，我们必须超越波兰尼的局限性，对“稀缺性”这一模糊的概念的本质特征加以考察，其中包括劳动力、土地、资本（其基础为货币）等生产要素。此外，如果在生产要素的市场化边界存在制度或规则的根源，那么从理论上确立了制度和规则的近代西欧的政治思想和法律思想也必须作为批评的对象来加以讨论。寻找今天仍是经济学主流的近代西欧的政治思想和法律思想的悖论，同样也是寻找现代经济学悖论的过程。近年来，最为流行的交易成本经济学和信息经济学也不例外。从西方近代史中可以看出，自由主义、民主主义、个人主义、平均主义等西方近代的各种普遍价值之间一直存在着内部的紧张关系。

我们把问题的层面降到驱动经济社会的个人层面。我们把近代的人类群体看作分裂的。一个人在“个人的自我决定权”与“共同性”之间不断摇摆，这是我们对作为失去故国故乡的近代人类做出的细微的本质规定。当然，这种降至每个个人层面的本质规定是与以生产要素市场的局限性为前提的讨论交叉。当生产要素市场中的制度和规则不稳定，信任开始瓦解时，人们就找不到“个人的自我决定权”与“共同性”之间的平衡点，这种平衡就会发生动摇。鉴于生产要素市场的局限性，人们只能根据嵌入了安全网的稳定的制度和规则来行使自我决定权。当制度和规则不稳定时，只有在理论的“真空状态”中才可能成立的功利主义或契约论中完全“独立”的所有主体（独立的个人）这一假设就会失效。实际上，如果缺乏稳定的规范和行为准则，人们就无法保持内部独立和自我责任。市场的本质只要求“朝着利益前进”，但市场并没有内生的创造道德的力量。市场并不会通过自动调节带来均衡点，制度和规则的稳定性可以满足人们的“自我决定权”，并在一定方向上规范人们的行为。在这里，相互独立的效用判断的可能性并不是一种先验的前提条件，而是因为它们有限的合理性，所以必须相互承认人们行为的社会正义和道德。

泡沫经济进程表明，市场自由化反而可能会导致其瓦解。如果市场自由主义消除了与安全网相联系的关键生产市场的制度和规则，那就有可能剥夺人们的自制行为。只要人类是生存在与他人互动的环境中，如果丧失了公共准则和规则，则彼此之间反而需要对对方的“自我决定”给予最大程度的关注。这是因为人们认为自己的行为准则只能作为他人行为准则的镜像而实现。因此，当以市场自由的名义最大限度地保证“个人的自我决定权”时，人们就会被“共同性”这一无形之手带向社会经济的不断失衡。

最终，在泡沫崩溃后，在生产要素市场，大量劳动力和资本被排除的危险将步步紧逼。但是,那些对自由主义和市场经济所带来的债务不承担责任的“市场万能主义”者们,并不是从制度设计的基本观点出发来进行制度改革,而是为了回避自己的责任,不断要求进一步实施自由化来破坏制度和规则从而达到自身目的。但是,尽管以“市场自由”的名义撤销了既有安全网,但并没有针对体制改革准备新的安全网。最终,当大量人被排除在生产要素市场之外时,“不安”将笼罩整个社会。因此,作为那些满怀无名怨愤(Ressentiment)的人们的一个新去处,新的中间组织开始出现,现有的中间组织也会尝试通过自我改革来进行对接。但是,这些中间组织并不一定会出现社会的制度化,有些会形成对抗文化,而另一些则最终由于无法整合成员而走向消亡。这些中间组织也将面临“个人的自我决定权和共同性”的紧张关系。

但是我们讨论的关于“生产要素市场的边界”中“制度”的产生和演变起源的问题,在这里并没有结束。在生产要素市场中嵌入制度和规则同样也为进行制度比较提供了视点。它包括两个坐标轴,一个是经济和社会比较(水平的国际比较),另一个是经济和社会历史结构变化(垂直的动态过程)。我们的讨论涵盖了超越种族和宗教影响的跨文化框架的国际比较,也包括了经济和社会环境中历史动态变化的方法论观点。我们所提倡的“制度政治经济学”需要为制度中的国际摩擦和无意义的民族主义的兴起提供批判性的观点。但是,我们的制度政治经济学绝不能陷入民族中心主义(Ethnocentrism)或地区社会排他的特殊性理论的漩涡中。因此,在我们的框架中,基于对生产要素的市场化边界这一共通的理解,需要从与安全网相链接的生产要素市场的制度化特征,给出各国经济社会的类型论的基础。在每个国家“制度结构”上的差异都被认为是处理生产要素市场化边界这一共通课题的制度框架上的差异。其特征可以通过两种情况显现:一是生产要素市场的进口和出口之间垂直的关系,二是各个生产要素市场之间的制度和规则水平相交。当然,在发展中国家,我们还必须考虑共同体的习惯取代了某些安全网功能。

在起源不同的世界市场和国民经济这两个集合的交点,是生产要素市场化的边界。只要国民国家不能孤立生存,包括国民国家的世界市场范围内也需要与安全网相连的生产要素市场的制度化。迎合国际经济框架的转换,如果无法完成生产要素市场的制度化,则国民经济也无法保持稳定。因此,包括

“国际货币制度”在内的外部约束条件和以“技术与积累”这一内部约束条件规定的“制度结构”就会同时形成，包括薪资裁定规则等在内的各个国家的宏观经济变量之间就会产生互动。微观的企业行为需要受这些宏观结构的约束。企业也是“制度中的制度”。但是，在世界市场层面，生产要素市场的制度化方法与国民经济的差异很大，而且会出现变化。首先，为了建立由劳动、土地、货币等生产要素构成的资本主义市场，需要国民国家的框架，但是在世界市场层面上，并不存在单一的世界政府或中央银行。因此需要有霸权政府来替代。但是正如我们回顾对霸权国家的自由主义理念的观察，这只能建立在悖论基础上。它始于英国地主贵族政治的“自由主义”改革，在古典“自由主义”时期的“廉价政府”和殖民地财政的作用等西欧近代的悖论，再到国际货币体系中霸权国家政策的矛盾，或者国际劳动移动与“自由主义”政策的关系等现代的悖论，在“自由主义”理念的历史中，随处都是悖论。

霸权国家作为霸权的“自由主义”理念中的矛盾随处可见，这也反证了霸权国家的霸权是不会永久存续下去的。资本主义世界史是根据霸权国家的兴衰来区分的。具体而言，以市民革命和摆脱殖民地统治为起因，原本已形成的生产要素所有权结构和社会组织原则，随着两次全面战争、大萧条、石油危机等动摇了霸权国家的霸权，世界历史也出现了划时代的转变。在对内层面，通过实现劳动者同权化创造出的超越所有权的社会基本权和生存权，从根本上改变了近代国家的组织原则。再看对外层面，以全面战争为契机，殖民地的同权化导致霸权国家的“自由主义”理念失去了最后的乐土，与此同时，他们还需要在不破坏国际经济框架的前提条件下把那些摆脱了殖民地统治的发展中国家吸收进来。

战后 IMF＝GATT 体系是因包括大萧条在内战争期间的教训而发起的，是以凯恩斯主义政策和战后福利国家体制来开展的。这可以说是继不列颠治世后嵌入安全网的生产要素市场制度化的一种表现。但是，由于石油危机这一体系也无法维持，因此如果不出现可以替代霸权国家美国的国家，美利坚治世就不会轻易崩溃，但要恢复原状也不是一件容易的事情。事实上，在石油危机以后，资本主义世界体制也发生了巨大的结构变化。其特征在于资本和劳动力等生产要素的大量国际移动。资本的国际流动产生了超越时间和空间限制的金融衍生品交易，为了实现“稳定”，信息的不对称性和市场参与者行为的差异必须停留在适当的概率分布之内。因此，自相矛盾的是，为了对冲风险而进行的金融衍生品交易越是膨胀，风险就越大。另外，劳动力的国际移动无意识地创造了自由主义的全球联系，但是劳动力市场的国际自由化并不一定能保证实现自我调节的民主主义。资本和劳动这两种生产要素的国际移动降低了国民国家的地位，使国际主义与民族主义之间的冲突比以往任何时候都更加激烈。

由于篇幅的关系，本书并没有提及煤烟、二氧化碳、化学物质等跨国排放会不会导致对土地和自然环境（生产要素）的破坏。这并不局限于资本和劳动，这个问题需要超越国民国家的框架来寻求解决的方案。新的“制度的政治经济学”需要的是超越国民国家主权的框架而形成的制度和规则，并且提供支持它的文化思考和伦理规范。为了让国民国家“安乐死”（自然消亡），我们必须在漫长而曲折的道路上勇敢地向前迈出坚实的一步。

参考文献

青木昌彦(1984)『現代の企業』岩波書店。

——(1989)『現代企業の組織と情報』東洋経済新報社。

——(1992)『日本経済の制度分析:情報・インセンティブ・交渉ゲーム』筑摩書房。

——(1995)『経済システムの進化と多元化』東洋経済新報社。

青木昌彦・小池和男・中谷厳(1986)『日本企業の経済学』TBSブリタニカ。

青木昌彦・奥野正寛著(1996)『経済システムの比較制度分析』東京大学出版会。

伊藤元重・西村和彦編(1989)『応用ミクロ経済学』東京大学出版会。

井上達夫(1986)『共生の作法』創文社。

今井賢一・小宮隆太郎編(1989)『日本の企業』東京大学出版会。

岩井克人(1985)『ヴェニスの商人の資本論』筑摩書房。

——(1993)『貨幣論』筑摩書房。

宇沢弘文(1977)『近代経済学の再検討』岩波書店。

——(1986)『近代経済学の転換』岩波書店。

——(1987)『公共経済学の転換』岩波書店。

——(1989)『経済学の考え方』岩波書店。

宇野弘蔵(1962)『経済学方法論』東京大学出版会。

——(1974)『経済政策論(改訂版)』弘文堂。

海老塚明・磯谷明徳・植村博恭(1996)「戦後日本経済へのレギュラシオン・アプローチ:『階層的市場—企業ネクサス』論(1)(2)」『経済学雑誌』第96巻第5・6号,第97巻2号。

遠藤公嗣(1989)『日本占領と労働関係政策の成立』東京大学出版会。

——(1995)「電産賃金体系における能力給と人事査定」『大原社会問題研究所雑誌』

№437。

大内力(1980)『大内力経済学大系 第1巻 経済学方法論』東京大学出版会。

大沢真知子(1993)『経済編かと女子労働:日米の比較研究』日本経済評論社。

大沢真理(1986)『イギリス社会政策史:救貧法と福祉国家』東京大学出版会。

——(1993)『企業中心社会を超えて一現代日本を＜ジェンダー＞で読む』時事通信社。

大塚久雄(1980)『国民経済一その歴史的考察』岩波書店。

——(1969)「マックス・ウェーバーにおける資本主義の『精神』」『大塚久雄著作集』第8巻、岩波書店。

岡崎哲二・奥野正寛(1993)『現代日本経済システムの源流』日本経済新聞社。

岡田与好(1986)『独占と営業の自由』木鐸社。

置塩信雄(1976)『近代経済学批判』有斐閣。

——(1988)『景気循環:その理論と数値解析』青木書店。

奥村宏(1984)『法人資本主義』御茶の水書房。

——(1992)『会社本位主義は崩れるか』岩波書店。

戒能通厚(1980)『イギリス土地所有権法研究』岩波書店。

——(1995)「イングランドにおける土地所有思想と公共観念」『土地と農業』№24。

加藤栄一(1973)『ワイマル体制の経済構造』東京大学出版会。

——(1974)「現代資本主義の歴史的位置」『経済セミナー』227号。

——(1987)「福祉国家と社会主義」『社会科学研究』第38巻第5号。

——(1989)「現代資本主義の歴史的位相」『社会科学研究』第41巻第1号。

加藤哲郎(1986)『国家論のルネサンス』青木書店。

金子勝(1980)「『安価』な政府と植民地財政一英印財政関係を中心にして」福島大学『商学論集』第48巻第3号。

——(1982)「『自由主義』的行政財政改革の形成(一)(二)」『社会科学研究』第34巻第2号,3号。

——(1983)「段階論と『世界市場』像の再検討一イギリス綿業資本の資本蓄積と植民地インド」『社会科学研究』第35巻第6号。

——(1984)「産業革命期における教区制度の動揺一イギリス近代国家の世俗化と統治原理の転換」『社会科学研究』第35巻第6号。

——(1986)「イギリス近代国家における中央と地方」『思想』746号。

——(1989)「イギリス近代地方自治の歴史理論」大島通義・宮本憲一・林健久編

『政府間財政関係論』有斐閣。

——(1985)「高度成長と国民生活」歴史学研究会・日本史研究会編『講座日本史』第12巻,東京大学出版会。

——(1991)「企業社会の形成と日本社会—『資産所有民主主義』の帰結」東京大学社会科学研究所『現代日本社会 第5巻』東京大学出版会。

——(1992)「IMF・世銀の構造調整政策と途上国財政—スリランカ財政を素材にして」『経済志林』第60巻第1・2号。

——(1993)「インドにおける財政赤字削減政策とその影響」海外経済協力基金『基金調査季報』№79。

金子勝・森清(1993)「日本経済のサービス化・ソフト化と企業課税—サービス化・分社化のクロスワード」『経済志林』第61巻第1号。

金子勝(1994)「インド地方財政調査報告:第1章第2章」海外経済協力基金『開発援助研究』Vol. 1,№2。

——(1994—95)『市場・所有・制度(上)(中)(下)』法制大学比較経済研究所,Working Paper №43,44,&49。

——(1995a)「地方分権化と税財源改革」『年報自治体学』第8号。

金子勝・鄧奕威(1995b)『中国の分税制改革と問題点』法政大学比較経済研究所,Working Paper №45。

法政大学比較経済研究所・金子勝(1996a)『現代資本主義とセイフティ・ネット』法政大学出版局。

金子勝(1996b)「市場と制度—規制緩和の落とし穴」『月刊フォーラム』第8巻第6号。

——(1996c)「構造調整とインド経済」佐藤宏編『南アジア諸国の経済改革と社会階層』アジア経済研究所。

——(1997)「世界史の中の行政改革」『経済と社会』第10号。

上井喜彦(1993)『労働組合の職場規制—日本自動車産業の事例研究』東京大学出版会。

川上忠雄・増田寿男編著(1989)『新保守主義の経済社会政策』法政大学出版局。

岸田紀(1977)『ジョン・ウェズリ研究』ミネルヴァ書房。

君村昌・北村裕明編著(1992)『現代イギリス地方自治の展開:サッチャリズムと地方自治の変容』法律文化社。

喜安朗(1994)『近代フランス民衆の<個と共同性>』平凡社。

栗田健編著(1992)『現代日本の労使関係:効率性のバランス・シート』労働科学研究所出版部。

小池和男(1977)『職場の労働組合と参加』東洋経済新報社。

——(1981)『日本の熟練』有斐閣。

——(1991)「仕事の経済学」東洋経済新聞社。

——(1993)「知的熟練再論—野村正實氏の批判に対して」『日本労働研究雑誌』1993年7月号。

——(1994)『日本の雇用システム:その普遍性と強み』東洋経済新報社。

佐伯啓思(1985)「隠された思考:市場経済のメタフィジックス」築摩書房。

佐伯胖(1980)『「きめ方」の論理』東京大学出版会。

佐口和郎(1991)『日本における産業民主主義の前提—労使懇談制度から産業報国会へ』東京大学出版会。

——(1992)「書評 小池和男『仕事の経済学』」『社会政策学会年報 第36集:現代日本の労務管理』。

——(1995a)「いわゆる『日本モデル』論と労働問題研究—野村,上井両氏の著作の検討を通じて」『経済学論集』第61巻2号。

——(1995b)「高度成長期移行の雇用保障—雇用調整の展開に即して」武田晴人編『日本産業発展のダイナミズム』東京大学出版会。

佐和隆光(1982)『経済学とは何だろうか』岩波書店。

塩沢由典(1983)『近代経済学の反省』日本経済新聞社。

——(1990)『市場の秩序学』築摩書房。

——(1997)『複雑さの帰結:複雑系経済学試論』NTT出版。

神野直彦(1994)「市場経済化と租税制度—中国の税制と政府間財政関係」『甲南経済学論集』第34巻第4号。

鈴木光男(1994)『新ゲーム理論』勁草書房。

盛山和夫(1995)『制度論の構図』創文社。

高須賀義博(1965)『現代価格体系論序説』岩波書店。

髙橋誠(1990)『土地住宅問題と財政政策』日本評論社。

中西洋(1982)『日本における「社会政策」・「労働問題」研究—資本主義国家と労資関係』東京大学出版会。

中根千枝(1978)『タテ社会の力学』講談社。

中野実(1984)『現代国家と集団の理論:政治的プルラリズムの諸相』早稲田大学出

版部。

——(1989)『革命』東京大学出版会。

中山幹夫(1995)「経済学と数学,そしてゲーム理論」『経済志林』第63巻第1号。

西村清彦・三輪芳郎編(1990)『日本の株価・地価—価格形成のメカニズム』東京大学出版会。

日本労働研究機構(1992)『調査研究報告№26:生産分業構造と労働市場の階層性—自動車産業編』。

根井雅弘(1989)『現代イギリス経済学の群像—正統から異端へ』岩波書店。

野下保利(1995)「金融構造と金融不安定性の諸類型」青木達彦編『金融脆弱性と不安定性』日本経済評論社。

野村正實(1993a)『熟練と分業:日本企業とテイラー主義』御茶の水書房。

——(1993b)『トヨティズム—日本型生産システムの成熟と変容』ミネルヴァ書房。

橋本秀一(1993)「日本型経営の人口と出口—雇用慣行の行方」東京都労働研究所『労働研究所報』№14。

馬場宏二(1981)『現代資本主義の透視』東京大学出版会。

——(1986)『富裕化と金融資本』ミネルヴァ書房。

——(1988)『教育危機の経済学』御茶の水書房。

浜田宏一・黒坂佳央(1984)『マクロ経済学と日本経済』日本評論社。

林健久(1992)『福祉国家の財政学』有斐閣。

林健久・加藤栄一(1992)『福祉国家財政の国際比較』東京大学出版会。

兵藤釗(1971)『日本における労資関係の展開』東京大学出版会。

——(1981)『現代の労働運動』東京大学出版会。

兵藤釗・戸塚秀夫編著(1991)『労使関係の転換と選択』日本評論社。

兵藤釗(1997)『労働の戦後史』上・下,東京大学出版会。

樋渡展洋(1991)『戦後日本の市場と政治』東京大学出版会。

間宮陽介(1989)『ケインズとハイエク』中央公論社。

——(1993)『法人企業と現代資本主義』岩波書店。

宮崎義一(1988)『ドルと円』岩波書店。

——(1992)『複合不況』中央公論社。

宮島洋(1992)『高齢化時代の社会経済学』岩波書店。

村上泰亮・公文俊平・佐藤誠三郎(1979)『文明としてのイエ社会』中央公論社。

上村泰亮(1994)『反古典の政治経済学要綱』中央公論社。

毛利健三(1978)『自由貿易帝国主義』東京大学出版会。

森建資(1988)『雇用関係の生成—イギリス労働政策史序説』木鐸社。

森田桐郎編(1987)『国際労働力移動』東京大学出版会。

山本潔(1981)『自動車産業の労資関係』東京大学出版会。

山本健児(1995a)『国際労働力移動の空間—ドイツに定住する外国人労働者』古今書院。

——(1995b)「国際労働力移動の理論の実態(1)(2)」『大原社会問題研究所雑誌』435号,436号。

吉川洋(1992)『日本経済とマクロ経済学』東洋経済新報社。

吉沢英成(1981)『貨幣と象徴』日本経済新聞社。

渡辺治(1990)『「豊かな社会」日本の構造』労働旬報社。

Aglietta,M. &Orlean,A. [1982,1984],*La Violence de la Monnaie*,Presses Universitaires de France(井上泰夫・斎藤日出治訳[1991]『貨幣の暴力』法政大学出版局).

Arrow,K. J. &Debreu,G[1954],"Existence of an Equilibrium for a Competitive Economy,"*Econometrica*,Vol. 22,July.

Arrow,K. J. [1963],*Social Choice and Individual Values*,Wiley(1st ed. 1951).

Baudrillard,J. [1970],La Societe de Consommation,PLANETE(今村仁司・塚原史訳(1980)『消費社会の神話と構造』紀伊國屋書店).

Becker,G,S. (1975),*Human Capital:A Theoretical and Empirical Analysis with Special Reference to Education*,2nd ed. ,Columbia University Press(佐藤陽子訳(1976)『人的資本:教育を中心とした理論的・経験的分析』東洋経済新報社).

Ben,T. (1979),*Arguments for Socialism*,edited by C. Mullin,Penguin Books.

Bentham,J. (1789),*An Introduction to the Principles of Morals and Legislation*(山下重一訳(1967)「道徳および立法の諸原理序説」関嘉彦編集『世界の名誉 第38巻』中央公論社所収).

Bowles,S. ,Gordon,D. M. and Weisskopt,T. E. (1983),*Beyond the Waste Land:A Democratic Alternative to Economic Decline*,Anchor Press(磯谷明徳・都留康訳(1986)『アメリカ衰退の経済学』東洋経済新報社).

Boyer,R. (1986),*La Theorie de la Regulation:Une analyse critique*,Editions La Deceouvte(山田鋭夫訳(1990)『レギュラシオン理論(新版)』藤原書店).

Braudel,F. (1979),*Civilisation Materielle,Economie et Capitalisme*,XVe—XVIIIe Siecle,Libraric Armand Colin(村上光彦訳(1985)『物質文明・経済・資本主義:15—18世

紀 Ⅰ－1&2：日常性の構造 1&2』みすず書房，山本淳一訳(1986・88)『同上 Ⅱ－1&2：交換のはたらき 1&2』みすず書房).

Brewer,J. (1989), *The Sinews of Power : War, Money and the English State 1688－1783*, Unwin Hyman.

Buchanan,J. M. (1971), *The Demand and Supply of Public Goods*, Rand McNally(山之内光躬・日向寺純雄訳(1973)『公共財の理論』文真堂).

Burke,E. (1790), *Reflections on the Revolution in France*(水田洋訳(1980)『フランス革命についての省察』中央公論社).

Coase,R. H. (1988), *The Firm, The Market, and The Law*, University of Chicago(宮沢健一・後藤晃・藤垣芳文訳(1992)『企業・市場・法』東洋経済新報社).

Dicey, A. V. (1905), *Lectures on the Relation between Law and Public Opinion in England during the Nineteenth Century*(清水金二郎訳(1978)『法律と世論』法律文化社).

Foucalt,M. (1975), *Surveiller et Punir-Naissance de la prison*, Gallimard(田村俶訳(1977)『監獄の誕生』新潮社).

Friedman,M. &R. (1979－80), *Free to Choose*(西山千明訳(1980)『選択の自由』日本経済新聞社).

Fromm,E. (1955), *The Sane Society*, Rinehart&Company, Inc. (加藤正明・佐瀬隆夫訳(1979)「正気の社会」『世界の名誉 第 76 巻』中央公論社所収).

Galbbraith,K. (1967), *The New Industrial State*, Houghton Mifflin(都留重人監訳(1968)『新しい産業国家』河出書房新社).

Gamble,A. (1988), *The Free Economy and the Strong State : The Politics of Thatcherism*, Macmillan(小笠原欣幸(1990)『自由経済と強い国家：サッチャリズムと政治学』みすず書房).

Gibbons,R. (1992). *Game Theory for Applied Economists*, Princeton University Press (福岡正夫・須田伸一訳(1995)『経済学のためのゲーム理論入門』創文社).

Gramsci,A. ,Opere Scelte di Antonio Gramsci(山崎功監修(1961－65)『グラムシ選集 1－6』合同出版).

Harrod,R. F. (1951), *The Life of John Maynard Keynes*, Macmillan(塩野谷九十九訳(1967)『ケインズ伝』上・下巻，東洋経済新報社).

Hayek,F. A. (1973－79), *Law, Legislation, and Liberty*, Ⅰ－Ⅲ, Routledge&Kegan Paul(矢島鈞次他訳(1987－89)『法と立法と自由』春秋社).

Hayek, F. A. (1949), *Individualism and Economic Order*, Routledge&Kegan Paul(賀治元郎他訳(1990)『個人主義と経済秩序』春秋社).

Hayek, F. A. (1969), *A Theory of Economic History*, Clarendon(新保博・渡辺文夫訳(1970)『経済史の理論』講談社).

Hicks, J. R. (1979), *The Crisis in Keynesian Economics*, Basil Blackwell(早坂忠訳(1977)『ケインズ経済学の危機』ダイヤモンド社).

Hicks, J. R. (1989), *Market Theory of Money*, Oxford University Press(花輪俊哉・小川英治訳(1993)『貨幣と市場経済』東洋経済新報社).

Hodgson, G. M. (1988), *Economics and Institutions: A Manifesto for a Modern Institutional Economics*, Polity Press(八木紀一郎・橋本昭一・家本博一・中矢俊博訳(1997)『現代制度派経済学宣言』名古屋大学出版会).

Keynes, J. M. (1919・1971), *The Economic Consequences of Peace* (Collected Writings, Vol. 2), Macmillan, 1971(早坂忠訳(1997)『平和の経済的帰結』ケインズ全集, 第 2 巻, 東洋経済新報社).

Ketnes, J. M(1923・1971), *A Treaty on Money Reform* (Collected Writings, Vol. 4), Macmillan, 1971(中内垣夫訳(1978)『貨幣改革論』ケインズ全集, 第 4 巻, 東洋経済新報社).

Ketnes, J. M(1930・1971), *A Treaty on Money* (Collected Writings, Vol. 5&6), Macmillan, 1971(小泉明・長澤惟恭訳(1978・80)『貨幣論』ケインズ全集, 第 5 巻・第 6 巻, 東洋経済新報社).

Keynes, J. M. (1936・1973), *The General Theory of Employment, Interest, and Money* (Collected Writings, Vol. 7), Macmillan, 1971(塩野谷祐一訳(1983)『雇用・利子および貨幣の一般理論』ケインズ全集, 第 7 巻, 東洋経済新報社).

Kindleberger, C, P. (1973), *The World in Depression 1929－1939*, University of California Press(石崎昭彦・木村一郎訳(1982)『大不況下の世界: 1929－1939』東京大学出版会).

Kindleberger, C. P. (1978), *Mainas, Panics, and Crashes*, Basic Books(吉野俊彦・八木甫訳(1980)『金融恐慌は再来するか』日本経済新聞社).

Kindleberger, C. P. (1981), *International Money*, Allen&Unwin.

Kornai, J. (1971), *Anti-equilibrium*, Kozgazdasagi es Jogi Konyvkiado(岩城博司・淳子訳(1975)『反均衡の経済学』岩波書店).

Krugman, P. R. &Obsfeld, M. (1994), *International Economics: Theory and Policy*,

Harpercollins College Publishers, 3rd ed.（石井菜穂子・浦田秀次郎・竹中平蔵・千田亮吉・松井均訳（1996）『国際経済：理論と政策』新世社）.

Leijonhufvud, A.（1966）, *On Keynesian Economics and the Economics of Keynes : A Study in Monetary Theory*, Oxford University Press（根岸隆監訳（1978）『ケインジアンの経済学とケインズの経済学』東洋経済新報社）.

Locke, J.（1690）, *Two Treatises of Government*（鵜飼信成（1968）『市民政府論』岩波書店）.

Luxemburg, R.（1921）, *Die Akkumulation des Kapital oder Was Die Epigonen aus der Marxschen Theorie gemacht haben : Eine Antikritik*（長谷部文雄訳（1955）『資本蓄積論』上・中・下巻, 青木書店）.

MacFarlance, A.（1978）, *The Origins of English Individualism*, Basil Blackwell&Mott（酒田利夫訳（1990）『イギリス個人主義の起源：家族・財産・社会変化』リブロポート）.

Macpherson, C. B.（1962）, *The Political Theory of Possessive Individualism : Hobbes to Locke*, Oxford University Press（藤野渉・将積茂・瀬沼長一郎訳（1980）『所有的個人主義の政治理論』合同出版）.

Marglin, S. A. and Schor, J. B（1990）, *The Golden Age of Capitalism : Reinterpreting the Postwar Experience*, World Institute for Development Economic Research（磯谷明徳・植村博恭・海老塚明訳（1993）『資本主義の黄金時代』東洋経済新報社）.

Marx, K.（1872, 1885, 1894）, *Das Kapital, Kritik der Politischen Oekonomie*, Bd. 1－3（大内兵衛・細川嘉六監訳（1965－63）『資本論』全 5 冊, 大月書店）.

Mill, J, S.（1859）, *On Liberty*（水田洋訳「自由について」『世界の大思想 第 6 巻』河出書房）.

Mill, J, S.（1863）, *Utilitarianism*（水田珠枝・永井義雄訳「功利主義」前掲書所収）.

Mill, J, S.（1873）, *Autobiography of John Stuart Mill*, edited by H. Haylor（朱牟田夏雄訳（1960）『ミル自伝』岩波書店）.

Minsky, H. P.（1982）, *Can ・it' Happen Again ・－Essays on Instability and Finance*, M. E. Sharpe（岩佐代市訳（1988）『投資と金融：資本主義経済の不安定性』日本経済評論社）.

Mundell, R. A（1968）, *International Economics*, Macmillan, New York（渡辺太郎・箱木真澄・井川一宏訳（1971）『国際経済学』ダイヤモンド社）.

Mundell, R. A.（1971）, *Monetary Theory : Inflation, Interest, and Growth in the*

World Economy, Goodyear Publishing Co.（柴田裕訳（1976）『国際秩序の貨幣的分析』東洋経済新報社）.

Muoulin, H. & Roemer, J.（1989），"Public Ownership of the External World and Private Ownership of Self," *Journal of Political Economy*, Vol. 97, No. 2.

Musgrave, R. A.（1959），*The Theory of Public Finance*, McGraw－Hill（大阪大学財政学研究会訳（1961－62）『財政理論Ⅰ・Ⅱ・Ⅲ』有斐閣）.

Musgrave, R. A.（1969），*Fiscal Systems*, Yale University Press（大阪大学財政学研究会訳（1972）『財政組織論』有斐閣）.

Northe, D. C. & Thomas, R. P.（1973），*The Rise of the Western World*, Cambridge University Press（速水融・穐本洋哉訳（1994）『西欧世界の勃興（増補版）』ミネルヴァ書房）.

North, D. C.（1989）*Structure and Change in Economic History*, W. W. Norton $ Co., Inc.（中島正人訳（1989）『文明史の経済学：財産権・国家・イデオロギー』春秋社）.

North, D. C.（1990），*Institutions, Institutional Change and Economic Performance*, Cambridge University Press（竹下公規訳（1994）『制度・制度変化・経済効果』晃洋書房）.

Polanyi, K.（1957），*The Great Transformation: The Political and Economic Origins of Our Time*, Beacon Press（吉沢英正・野口建彦・長尾史郎・杉村芳美訳（1975）『大転換一市場社会の虚構性Ⅰ・Ⅱ』岩波書店）.

Rawls, J.（1970），*A Theory of Justice*, Blecknap Press of Harvard University（矢島鈞次訳（1979）『正義論』紀伊國屋書店）.

Ricardo, D.（1817），*On the Principles of Political Economy and Taxation*（小泉信三訳（1960）『経済学および課税の原理』上・下巻，岩波書店）.

Riesman, D.（1961），*The Lonely Crowd: A Study of the Changing American Character*, Yale University Press（加藤秀俊訳（1964）『孤独な群衆』みすず書房）.

Robinson, J.（1951－79），*Collected Economic Papers*（山田克己訳（1988）『資本理論とケインズ経済学』日本経済評論社）.

Robinson, J.（1956），*The Accumulation of Capital*, Macmillan（（杉山清訳（1957）『資本蓄積論』みすず書房）.

Robinson, J. J.（1755），*Discours sur L'origine de Linegalite*（本田喜代治訳（1972）『人間不平等起源論』岩波書店）.

Robinson, J. J.（1762），*Du Contrat Social*（桑原武夫・前川真次郎訳（1954）『社会契約論』岩波書店）.

Samuelson, P. A. (1954), "The Pure Theory of Public Expenditures," *Review of Economics and Statistics*, November.

Samuelson, P. A. (1955), "Diagramatic Exposition of a Theory of Public Expenditure," *Ibid*..

Samuelson, P. A. & Nordhaus, W. D. (1985). *Economics*, 12th ed., McGraw-Hill.

Sen, A. K. (1982). *Choice, Welfare. and Measurement*. Basil Blackwell(大庭健・川本隆史訳(1989)『合理的な愚か者:経済学=論理学的探求』勁草書房).

Sen, A, K. (1985), *Commodities and Capabilities*, *North－Holland*(鈴村興太郎訳(1988)『福祉の経済学:財と潜在能力』岩波書店).

Sherman, H. J. and Evans, G. R. (1988), *Macroeconomics: Keynsian. Monetarist and Marxist View*, Harper&Row(野下保則・原田善哉・水田洋訳(1947)『グラスゴウ大学講義』日本評論社).

Smith, A. (1759), *The Theory of Moral Sentiments*(水田洋訳(1973)『道徳感情論』筑摩書房).

Smith, A. (1776), *An Inquiry into the Nature and Causes of the Wealth of Nations*(大内兵衛・松川七郎訳(1969)『諸国民の富』岩波書店).

Smith, W. A. (1988), "Skill Formation in Comparative Perspective: Malaysia and Japan," *Labour and Industry*, Vol. 1, No. 3.

Sraff, P. (1960), *Production of Commodities by Means of Commodities*, Cambridge University Press(菱山泉・山下博訳(1962)『商品による商品の生産』有斐閣).

Stiglitz, J. (1988), "Economic Organization, Information and Development." Chenery and Srinivasan ed., *Handbook of Development Economics*, Vol. 1, Northe-Holland.

Stiglitz, J. (1993), "Post Walrasian and Post Marxian Economics," *Journal of Economic Perspectives*, Vol. 7, No. 1.

Strange, S. (1986), *Casino Capitalism*, Basil Blackwell(小林襄治訳(1988)『カジノ資本主義』岩波書店).

Thompson, E. P. (1963), *The Making of English Working Class*, Victor Gollancz

Veblen, T. (1899), *Theory of the Leisure Class*, Macmillan(小原敬士(1961)『有閑階級の理論』岩波書店).

Wallerstein, Ⅰ. (1974), *The Modern World System: Capitalist Agriculture and the Origins of the European World－Economy in the 16th Century*, Academic Press(川北稔訳(1981)『近代世界システム:農業資本主義と「ヨーロッパ世界経済」の成立』Ⅰ・Ⅱ,岩波

書店).

Walras,M. E. L. (1926),*Elements d'economie Politique pure ou Theorie de la richessesociale*,1974—77(久武雅夫訳(1983)『純粋経済学要論』岩波書店,手塚寿郎訳(1953—54)『純粋経済学要論』岩波書店).

Webb,S. &B. (1897),*Industrial Democracy*(高野岩三郎監訳(1969)『産業民主制』法政大学出版局).

Webb,S. &B. (1920)*The Constitution for the Socialist Commonwealth of Great Britain*(岡本秀昭訳(1979)『大英社会主義社会の構成』木鐸社).

Weber,M. (1920),*Die Protestanlische Etheik und der Geist des Kapitalismus*,*Gesammelte Aufsatze zur Religionssoziologie*(梶山力・大塚久雄訳(1962)『プロテスタンティズムの倫理と資本主義の精神』上・下,岩波書店).

Weber,M. (1921),*Wirtschaft und Gesellschaft*,*GrundriB der Sozialokonomie*,Ⅲ. Abteilung,J. C. B. Mohr.

Williamson,O. E. (1975),*Market and Hierarchies*,Free Press(浅沼万里・岩崎晃訳(1980)『市場と企業組織』日本評論社).

Williamson,O. E. (1986),*Firm*,*Markets and Policy Control*,Wheatsheaf Books Ltd. (井上薫・田中善啓訳(1989)『エコノミーク・オーガニゼーション—取引コストパラダイムの展開』晃洋書房).

World Bank(1993),*The East Asian Miracle*:*Economic Growth and Public Policy*, Oxford University Press(白鳥正喜監訳・海外経済協力基金開発問題研究会訳(1994)『東アジアの奇跡:経済成長と政府の役割』東洋経済新報社).

译丛主编后记

财政活动兼有经济和政治二重属性，因而从现代财政学诞生起，“财政学是介于经济学与政治学之间的学科”这样的说法就不绝于耳。正因如此，财政研究至少有两种范式：一种是经济学研究范式，在这种范式下财政学向公共经济学发展；另一种是政治学研究范式，从政治学视角探讨国家与社会间的财政行为。这两种研究范式各有侧重，互为补充。但是检索国内相关文献可以发现，我国财政学者遵循政治学范式的研究并不多见，绝大多数财政研究仍自觉地或不自觉地将自己界定在经济学学科内，而政治学者大多也不把研究财政现象视为分内行为。究其原因，可能主要源于在当前行政主导下的学科分界中，财政学被分到了应用经济学之下。本丛书的两位主编，之所以不揣浅陋地提出“财政政治学”这一名称并将其作为译丛名，是想尝试着对当前学科体系进行纠偏，将财政学的经济学研究范式和政治学研究范式结合起来，从而以“财政政治学”为名，倡导研究财政活动的政治属性。编者认为，这样做有以下几个方面的积极意义。

1. 寻求当前财政研究的理论基础。在我国的学科体系中，财政学被归入应用经济学之下，学术上就自然产生了要以经济理论为财政研究基础的要求。不过，由于当前经济学越来越把自己固化为形式特征明显的数学，以经济理论为基础就导致财政学忽视了那些难以数学化的政治视角研究，这样就让目前大量的财政研究失去了理论基础。在现实中已经出现并将更多出现的现象是，探讨财政行为的理论、制度与历史的论著，不断被人质疑是否属于经济学，一篇研究预算制度及其现实运行的博士论文，经常被答辩委员怀疑是否可授予经济学学位。因此，要解释当前的财政现象、推动财政研究，就不能不去寻找财政的政治理论基础。

2. 培养治国者。财政因国家治理需要而不断变革，国家因财政治理而得以成长。中共十八届三中全会指出:“财政是国家治理的基础和重要支柱,科学的财税体制是优化资源配置、维护市场统一、促进社会公平、实现国家长治久安的制度保障。”财政在国家治理中的作用,被提到空前的高度。因此,财政专业培养的学生,不仅要学会财政领域中的经济知识,也应该学到相应的政治知识。财政活动是一项极其重要的国务活动,涉及治国方略;从事财政活动的人是重要的政治家,应该得到综合的培养。这一理由,也是当前众多财经类大学财政专业不能被合并到经济学院的原因之所在。

3. 促进政治发展。在18～19世纪,在普鲁士国家兴起及德国统一过程中,活跃的财政学派与良好的财政当局曾经发挥了巨大的历史作用。而在当今中国,在大的制度构架稳定的前提下,通过财政改革推动政治发展,也一再为学者们所重视。财政专业的学者,自然也应该参与这样的理论研究和实践活动中去。事实上也已有不少学者参与到诸如提高财政透明、促进财税法制改革等活动中去,并成为推动中国政治发展进程的力量。

因此,“财政政治学”作为学科提出,可以纠正当前财政研究局限于经济学路径造成的偏颇。包含“财政政治学”在内的财政学,将不仅是一门运用经济学方法理解现实财政活动的学科,也是一门经邦济世的政策科学,更是推动财政学发展、为财政活动提供指引、并推动中国政治发展的重要学科。

“财政政治学”虽然尚不是我国学术界的正式名称,但在西方国家教学和研究中却广有相似的内容。在这些国家中,有不少政治学者研究财政问题,同样有许多财政学者从政治视角分析财政现象,进而形成了内容非常丰富的文献。当然,由于这些国家并没有像中国这样行政主导下的严格学科分界,因而不需要有相对独立的“财政政治学”的提法。相关的研究,略显随意地分布在以“税收政治学”、“预算政治学”或者“财政社会学”为名称的教材或论著中,本译丛提倡的“财政政治学(fiscal politics)”的说法也不少见。

中国近现代学术进步历程表明,译介图书是广开风气、发展学术的不二良方。因此,要在中国构建财政政治学学科,就要在坚持以“我”为主研究中国财政政治问题的同时,大量地翻译国外学者在此领域的相关论著,以便为国内学者从政治维度研究财政问题提供借鉴。本译丛主编选择了这一领域内的多部英文著作,计划分多辑陆续予以翻译和出版。在文本的选择上,大致分为理论基础、现实制度与历史研究等几个方面。首先推出的有《财政理论史上的经典文献》《税收公正与民间正义》《战争、收入和国家构建》《发展中国家的税收与国家构建》《为自由国家而纳税：19 世纪欧洲公共财政的兴起》《信任利维坦：不列颠的税收政治学（1799～1914）》《欧洲财政国家的兴起》等著作。

本译丛的译者，主要为上海财经大学公共经济与管理学院的教师以及已毕业并在高校从事教学的财政学博士，另外还邀请了部分教师参与。在翻译稿酬低廉、译作科研分值低下的今天，我们这样一批人只是凭借着对学术的热爱和纠偏财政研究取向的希望，投身到这一译丛中来。希望我们的微薄努力，能够成为促进财政学和政治学学科发展、推动中国政治进步的涓涓细流。

刘守刚　上海财经大学公共经济与管理学院
魏　陆　上海交通大学国际与公共事务学院
2015 年 5 月

财政政治学译丛书目

1.《财政理论史上的经典文献》
理查德·A.马斯格雷夫,艾伦·T.皮考克 编　刘守刚,王晓丹 译
2.《君主专制政体下的财政极限——17世纪上半叶法国的直接税制》
詹姆斯·B.柯林斯 著　沈国华 译
3.《欧洲财政国家的兴起 1200～1815》
理查德·邦尼 编　沈国华 译
4.《税收公正与民间正义》
史蒂文·M.谢福林 著　杨海燕 译
5.《国家的财政危机》
詹姆斯·奥康纳 著　沈国华 译
6.《发展中国家的税收与国家构建》
黛博拉·布罗蒂加姆,奥德黑格尔·菲耶尔斯塔德,米克·摩尔 编　卢军坪,毛道根 译
7.《税收哲人——英美税收思想史二百年》(附录:税收国家的危机 熊彼特 著)
哈罗德·格罗夫斯 著　唐纳德·柯伦 编　刘守刚,刘雪梅 译
8.《经济系统与国家财政——现代欧洲财政国家的起源:13～18世纪》
理查德·邦尼 编　沈国华 译
9.《为自由国家而纳税:19世纪欧洲公共财政的兴起》
何塞·路易斯·卡多佐,佩德罗·莱恩 编　徐静,黄文鑫,曹璐 译　王瑞民 校译
10.《预算国家的危机》
大岛通义 著　徐一睿 译
11.《信任利维坦:英国的税收政治学(1799～1914)》
马丁·唐顿 著　魏陆 译
12.《英国百年财政挤压政治——财政紧缩·施政纲领·官僚政治》
克里斯托夫·胡德,罗扎那·西玛兹 著　沈国华 译
13.《财政学的本质》
山田太门 著　宋健敏 译
14.《危机、革命与自维持型增长——1130～1830年的欧洲财政史》
W.M.奥姆罗德,玛格丽特·邦尼,理查德·邦尼 编　沈国华 译
15.《战争、收入与国家构建——为美国国家发展筹资》
谢尔登·D.波拉克 著　李婉 译
16.《控制公共资金——发展中国家的财政机制》
A.普列姆昌德 著　王晓丹 译
17.《比较历史分析方法的进展》
詹姆斯·马汉尼,凯瑟琳·塞伦 编　秦传安 译
18.《市场与制度的政治经济学》
金子胜 著　徐一睿 译
19.《政治转型与公共财政——欧洲 1650～1913 年》
马克·丁塞科 著　汪志杰,倪霓 译
20.《税收的全球争论》
霍尔格·内林,佛罗莱恩·舒伊 编　赵海益,任晓辉 译
21.《金钱、政党与竞选财务改革》
雷蒙德·J.拉贾 著　李艳鹤 译
22.《赤字、债务与民主》
理查德·E.瓦格纳 著　刘志广 译
23.《西方社会中的公共财政(第三卷)——政治经济学的新思维》
理查德·A.马斯格雷夫 编　王晓丹,王瑞民,刘雪梅 译　刘守刚 统校

《财政学手册》

于尔根·G.巴克豪斯,理查德·E.瓦格纳 编　何华武,刘志广 译

《政治对市场》

戈斯塔·埃斯平一安德森 著　沈国华 译

《荷兰财政金融史》

马基林·哈特,乔斯特·琼克,扬·卢滕·范赞登 编　郑海洋 译　王文剑 校译

《来自地狱的债主——菲利普二世的债务、税收和财政赤字》

莫里西奥·德里奇曼,汉斯乔亚吉姆·沃斯 著　施诚 译

《福利国家的兴衰》

阿斯乔恩·瓦尔 著　唐瑶 译　童光辉 校译

《公共经济学历史研究》

吉尔伯特·法卡雷罗,理查德·斯特恩 编　沈国华 译

《牛津福利国家手册》

弗兰西斯·G.卡斯尔斯,斯蒂芬·莱伯弗里德,简·刘易斯,赫伯特·奥宾格,克里斯多弗·皮尔森 编　杨翠迎 译

《西方世界的税收与支出史》

卡洛琳·韦伯,阿伦·威尔达夫斯基 著　朱积慧,苟燕楠,任晓辉 译

《经由税收的代议制》

史科特·格尔巴赫 著　杨海燕 译

《政治、税收和法治》

唐纳德·P.雷切特,理查德·E.瓦格纳 著　王逸帅 译

《18世纪西班牙建立财政军事国家》

拉斐尔·托雷斯·桑切斯 著　施诚 译

《美国现代财政国家的形成和发展——法律、政治和累进税的兴起,1877～1929》

阿贾耶·梅罗特 著　倪霓,童光辉 译

《另类公共经济学手册》

弗朗西斯科·福特,拉姆·穆达姆比,彼得洛·玛丽亚·纳瓦拉 编　解洪涛 译

《财政理论发展的民族要素》

奥汉·卡亚普 著　杨晓慧 译

《联邦税史》

埃利奥特·布朗利 著　彭骥鸣,彭浪川 译

《旧制度法国绝对主义的限制》

理查德·邦尼 著　熊芳芳 译

《债务与赤字:历史视角》

约翰·马洛尼 编　郭长林 译

《布坎南与自由主义政治经济学:理性重构》

理查德·E.瓦格纳 著　马珺 译

《财政政治学》

维特·加斯帕,桑吉·古普塔,卡洛斯·穆拉斯格拉纳多斯 编　程红梅,王雪蕊,叶行昆 译

《英国财政革命——公共信用发展研究,1688～1756》

P.G.M.迪克森 著　张珉璐 译

《财产税与税收抗争》

亚瑟·奥沙利文,特里A.塞克斯顿,史蒂文·M.谢福林 著　杨海燕 译

《战争、葡萄酒与关税:1689～1900年期间,英法的政治经济贸易冲突》

约翰V.C.奈 著　邱琳 译

《社会科学的比较历史分析》

詹姆斯·马奥尼,迪特里希·鲁施迈耶 编　秦传安 译

《汉密尔顿悖论》

乔纳森·雷登 著　何华武 译

《税收逃逸的伦理学——理论与实践观点》

罗伯特·W.麦基 编　陈国文 译

《税收幻觉——税收、民主与嵌入政治理论》

菲利普·汉森 著　倪霓,金赣婷 译